찐 UXer가
알려주는 UX/UI
실무 가이드

찐 UXer가 알려주는 UX/UI 실무 가이드

초판 1쇄 발행 2022년 3월 15일

지은이 조은정 / **그림** 스튜디오 브살렐 / **펴낸이** 김태헌
펴낸곳 한빛미디어(주) / **주소** 서울시 서대문구 연희로2길 62 한빛미디어(주) IT출판부
전화 02-325-5544 / **팩스** 02-336-7124
등록 1999년 6월 24일 제25100-2017-000058호 / **ISBN** 979-11-6224-513-2 93000

총괄 전정아 / **책임편집** 홍성신 / **기획** 홍성신 / **편집** 김민경
디자인 윤혜원 / **전산편집** 이경숙
영업 김형진, 김진불, 조유미 / **마케팅** 박상용, 송경석, 한종진, 이행은, 고광일, 성화정 / **제작** 박성우, 김정우

이 책에 대한 의견이나 오탈자 및 잘못된 내용에 대한 수정 정보는 한빛미디어(주)의 홈페이지나 아래 이메일로
알려주십시오. 잘못된 책은 구입하신 서점에서 교환해드립니다. 책값은 뒤표지에 표시되어 있습니다.

한빛미디어 홈페이지 www.hanbit.co.kr / **이메일** ask@hanbit.co.kr

지금 하지 않으면 할 수 없는 일이 있습니다.
책으로 펴내고 싶은 아이디어나 원고를 메일(writer@hanbit.co.kr)로 보내주세요.
한빛미디어(주)는 여러분의 소중한 경험과 지식을 기다리고 있습니다.

조은정 지음
스튜디오 브샬렐 그림

한빛미디어
Hanbit Media, Inc.

석사 논문을 준비하던 어느 날, 교수님께서 '인터랙션사이언스학과'라는 새로운 학과를 추천하였다. 알 수 없는 이름이지만 인문학과 공학을 융합해서 새로운 것들을 만들 수 있다는 내용에 혹해서 가기로 했다.

새로운 학과에서의 수업은 정말 재미있었다. 당시만 해도 국내에는 UX라는 직업은커녕 용어조차 낯설 때였는데, 도널드 노먼의 책도 신선했고 IDEO나 MIT의 사례들도 새로운 세상을 보는 것 같았다. 인터뷰나 설문조사가 대부분이었던 석사과정과는 달리 실험 설계를 해서 뇌파나 신체반응을 데이터로 읽고 분석하는 것도 즐거웠고, 온종일 논문을 읽는 것조차도 즐거워 이제야 적성을 찾은 기분이었다.

힘들지만 즐거웠던 박사과정을 무사히 마치고, L사의 연구소에 입사하게 되었다. 그 당시 분위기는 스티브 잡스 덕에 UX가 관심을 받기 시작하자 여러 기업에서 UX가 대체 뭔지는 잘 모르겠지만 일단 사람을 뽑아 적용하면 뭐라도 좋아질 것 같고 애플 같은 신박한 제품을 만들어낼 수 있지 않겠냐는 기대감이 퍼지고 있던 때였다(10여 년이 지난 지금도 마찬가지인 것 같기는 하다).

사회로 첫발을 디딘 1년은 그야말로 멘붕이었다. UX라는 직군 자체가 갓 생긴 시점이니 선배도 없고 참고할 만한 자료도 없었다. 내가 배운 것들은 무엇을 위한 것인가라는 회의에 빠져 있던 차에, 신설사업부에서 사람을 구한다는 소식을 듣고 자원하게 되었다. 역시나 지독히 힘든 곳이었지만, CES에 출품하는 선행 제품부터 개발한 양산 제품까지 삽질도 많이 하고 배우기도 많이 배웠다. 그리고 지금은 S 통신사의 연구소로 옮겨 선행부터 양산 그리고 엔터프라이즈(Enterprise)까지 개발자들에게 과외를 받아가며 UX를 하고 있다.

대학원, 연구소, UX팀, 제품 UX, 서비스 UX, 그리고 양산부터 선행까지. 역사가 그리 길지 않은 국내의 UX 분야에서 나름 다양한 경험을 했다고 생각한다. 사회에 처음 나와 기댈 곳이 책밖에 없다 보니 여러 UX 관련 책을 읽어보곤 했지만, 번역서는 국내 실정에 맞지 않는 경우가 많고, 개론서는 실무에 적용하기에는 부족함이 많았다. 요즘은 UX 실무 서적들이 많이 나와 있기는 하지만, 책을 위한 정제된 사례들로 이루어지다 보니 속 터지는 현실이 크게 반영되지는 않은 것 같아 아쉬움도 있었다.

지금도 어느 스터디룸에서 포스트잇을 붙이며 멋진 UXer의 꿈을 키우고 있을 후배들, 혹은 난 그동안 뭘 배운 거냐며 실의에 빠져 있을 UX 새내기들. UX를 개선하긴 해야겠는데 뭐부터 어떻게 해야 할지 모르겠는 개발자들. 다른 회사나 다른 분야의 UX, 인하우스에서는 어떤 일을 하고 있는지 알고 싶은 UX 기획자들. 굳이 새로운 길로 들어섰다가 삽질의 길을 겪어 온 UXer 동지들과 경험을 나누고 싶다. 그리고 UX를 바라지만 UX가 무엇인지 모르는 수많은 보스들에게 전하고 싶은 말들을 담아보았다.

출간하도록 동기부여해 준 S 통신사 기술 블로그 DEVOCEAN의 김상기님, 블로그가 책이 될 수 있게 이끌어 주신 한빛미디어에 진심으로 감사한다. 마지막으로, 굳이 책을 쓰겠다며 유세 부리는 내게 싫은 소리 한 번 없이 격려해 준 가족들과 사랑하는 아들 은우. 그리고 하나님께 감사한다.

프로필

조은정 putyourhope@gmail.com

컴퓨터공학과 중퇴 후 영상제작 연출을 전공한 뒤 신문방송학과에서 석사를 받았다. 공학, 예술학, 인문학을 거치고 나서 마지막으로 융합학과인 인터랙션사이언스학과에서 HCI 박사학위를 받았다. L전자 CTO 연구소에 UX로 입사해서 WebOS에 잠시 참여하다가, VC(Vehicle Components) 사업부로 이동해서 선행부터 양산까지 열과 성과 혼을 다해 UX를 겪었다. 지금은 S 통신사 연구소에서 선행부터 양산, 그리고 Enterprise까지 UX를 맡아 진행하고 있다.

스튜디오 브살렐

인스타그램 @studiobezalel24

이 책의 구성

1부 UX란

1장 사용자 경험

UX란 무엇이며, 좋은 UX를 위해 전반적으로 지켜야 할 것들을 HCI의 이론들과 함께 살펴본다.

"가장 좋은 메뉴 구조는 새로운 브라우저를 처음 사용해 보는 사용자가 '여기에 있을 것 같아서 메뉴를 열었을 때' 바로 거기 있는 것"

2장 UX를 한다는 것

서비스 기획에서만 UX를 하는 것이 아니다. UX를 하는 분야들을 알아보고, 각 분야에서 어떤 일들을 하는지 살펴본다.

"'UX를 한다는 것'은 여러 분야에서 제품에 대해 고민하고 개선해 오던 것을 사용자의 경험에 중점을 두어 바라보는 것"

2부 프로젝트 진행하기

3장 프로젝트 준비

프로젝트를 시작하기 전에 미리 파악해 두어야 하는 정보들이 무엇인지 살펴본다.

"의견을 명확히 전달하고 소통하지 않으면 프로젝트가 산으로 가거나 병목현상이 발생할 수밖에 없다"

4장 프로젝트 시작

기획 작업을 시작하기에 앞서, 관련 부서들과 협의하고 확인해야 할 내용들에 대해 살펴본다.

"뭔가를 미뤘을 때는 누군가는 그만큼 고생하게 된다는 것을 명심해야 한다"

5장 UX 기획

UX를 기획할 때 어떤 자료들을 수집해야 하는지 알아보고, 콘셉트를 세우고 아이디어를 선택하는 과정을 살펴본다.

"제품이나 서비스 결과가 좋으면 모두의 덕이거나 임원의 선견지명 덕분이고, 잘 안되면 'UX가 별로여서'라는 말을 듣는 자리가 UX팀이다"

3부 UI 기획 5 단계

6장 정리의 신 – 메뉴 트리

중복된 내용을 정리하고, 묶어서 다시 정리하기까지 서비스의 메뉴를 구성해 나가는 과정을 살펴본다.

"집안 정리 능력과 UI 설계 능력은 어떠한 상관관계가 있지 않을까 싶을 정도로 닮아 있다"

7장 일관성은 반드시 – General Rule

공통된 영역을 정하고 요소들을 배치하는 작업을 통해 서비스 전반에 걸쳐 일관성이 유지될 수 있도록 하는 과정을 살펴본다.

"일관성이 잘 지켜졌는지만 봐도 이 서비스가 얼마나 UI 설계에 신경 썼는지 알 수 있다"

8장 5초 안에 시선을 잡아라 – 키스크린

메인 화면에 넣을 정보와 표현 방법을 알아보고, 디자이너에게 넘기는 과정을 살펴본다.

"첫 화면에서 이 서비스가 당신의 필요를 모두 만족시켜 줄 수 있다는 것만 증명하면 된다"

9장 길은 명확하고 단순하게 – UI Flow

UI 설계의 가장 중요한 작업인 순서도와 UI Flow를 그리는 방법을 살펴본다.

"사용자가 서비스 안에서 내가 지금 어디에 있는지, 어디로 가야할지 모르겠다고 느끼는 것은 단연코 최악의 경험이다"

10장 목적을 잊지 말자 – 유지보수

유지보수를 하는 동안 생기는 요청들에 대해 알아보고, 버전을 관리하는 방법에 대해 살펴본다.

"메뉴가 많은 집 치고 맛집은 없는 법이다"

11장 무인 매장 프로젝트

현업에서 진행했던 프로젝트를 일정에 따라 짚어보면서 프로젝트 준비부터 UX/UI 기획에 이르기까지의 과정이 어떻게 진행되는지 알아보고, 인하우스와 에이전시의 협업이 어떤 식으로 이루어지는지 살펴본다.

"모든 프로젝트는 각기 다른 상황을 갖고 있다. 예산 규모나 인력 차이, 개발 기간이나 목표 수준 등이 모두 다르기 때문에 유연하게 대처해 나가면 된다"

12장 UI 문서 작업

UI 문서의 구성을 표지부터 마지막 장까지 어떤 순서로 어떻게 구성해야 하는지 살펴본다.

"UI 문서를 만들 줄 모르면 서비스 UX/UI를 한다고 볼 수 없다. 설계도를 그릴 줄 모르면서 집을 지을 줄 안다고 하는 것과 다름없다"

이 책은 서비스 UX/UI의 개념부터 실제 서비스에 적용되는 모든 과정을 현장 전문가가 생생하게 전달하고 있다. 새로운 서비스를 준비하고 있는 개발자와 경영진에게 이 책을 적극 추천한다.

_이종민 SK텔레콤 T3K(CTO) Innovation CO 그룹장

이 책은 저자의 UX 기획, 개발, 디자인, 그리고 시제품 출시에 이르는 실무 가이드를 담고 있다. 각 장마다 UX의 실제와 HCI, 인지심리 이론을 잘 반영하여 누구라도 쉽게 이해해서 실무에 적용할 수 있다. 삽화를 통해 쉬운 이해를 도왔으며 단순한 설명을 통해 실무의 예측이 가능하게 구성하고 있다. 누구라도 이 책을 접하는 순간 UX 전문가가 되고 싶어지는 책으로 추천한다.

_ 권상희 성균관대학교 미디어 커뮤니케이션학과 교수

현업에서 프로젝트를 진행할 때마다 느낀 어려움은 프로세스 동안 만난 담당자들과의 커뮤니케이션이었다. 출시를 위한 실무에 치이다 보면 나 또한 중요한 걸 놓치고 있을 때도 있었는데, 그럴 때면 그 설득에 보낸 시간이 아쉬울 뿐이다. 이 책은 저자가 학업과 현업에서 배운 경험을 바탕으로, 실무에 치여 정신없는 UX/UI 디자이너가 현업의 과정에서 중요한 점들을 이해하기 쉽고 체계적으로 정리되어 있다. UX/UI 디자이너로서 디자인한 UX를 사용자에게 전달하는데 어려움을 겪고 있다면, 이 책이 당신에게 큰 도움이 될 것이다.

_오영일 삼성전자 Mobile eXperience사업부, CX 전략그룹 Senior Designer

UX라는 분야는 참 어렵다. 가장 이론적인 것에서부터 시작해서 가장 실무적인 영역에서 평가받는 분야이기 때문이다. 그런 의미에서 이 책은 UX를 제대로 배우고 싶은 사람들에게 필요한 내용만 꾹꾹 모아서 담은 귀중한 책이다. 마치 앞서서 가고 있는 선배의 보물 주머니를 엿본 느낌이랄까.

_박은일 성균관대학교 소프트웨어융합대학 인터랙션사이언스학과 조교수

소프트웨어 UX를 신경 써야 한다는 건 알지만 어떻게 해야 하는지는 그간 아무도 알려주지 않았다. 원리부터 시작해서 사소한 실무 디테일까지 꼼꼼하게 짚어주는 등대와 같은 책이다. 우리 학생들에게도 추천한다.

_이진호 연세대학교 공과대학 컴퓨터학과 조교수

훌륭한 UX가 서비스에 적용되기 위해서는 우선 함께 일하는 동료들부터 설득해야 한다. 이 책은 어떤 실무에 어떻게 설득해야 하는지 현장감 있는 내용들로 가득하다. UX 업무를 하는 사람들뿐만 아니라 사업, 개발 등 UX/UI에 대해 고민하고 함께 협업하는 사람들에게 막연했던 'UX 실무'에 대해서 통찰력을 높여줄 수 있는 책이다.

_안병율 엔씨소프트 플랫폼사업실 PM팀 팀장

이 책은 UX의 개념부터 실제까지 전체를 조망하기에 좋은 책이다. UX는 제품 또는 서비스와 관련된 일을 하는 사람이라면 반드시 알고 있어야 하는 개념이다. 그런 측면에서 이 책은 실무자에게 좋은 가이드가 되어주고, 초심자가 가질 수 있는 환상과 오해를 바로잡는다.

_신호철 현대자동차 TaaS본부 자동차부문 책임매니저

저자의 UI/UX에 대한 이론적 고민과 다년간의 실무 경험이 고스란히 담겨있는 책이다. UX/UI 분야에 새롭게 입문할 분들이나 현업에 계시면서 체계적인 업무 진행에 아쉬움을 느끼는 분들에게 읽기 좋은 가이드북이 될 것이다.

_사영준 서강대학교 지식융합미디어학부 미디어&엔터테인먼트전공 조교수

저자는 UX 담당자로서 그동안 프로젝트를 진행하면서 겪어온 실무 경험을 이 책을 통해 생생하게 전달하고 있다. 프로젝트를 고민하고 있는 UX 담당자라면 이 책에 담긴 노하우가 큰 도움이 될 것으로 생각한다. 또한 UX 담당자가 아니더라도 그들이 하는 일을 이해하기를 원한다면 누구나 쉽게 읽어볼 수 있는 책이다.

_김상기 SK텔레콤 Tech HR팀 매니저, SKT 기술 블로그 DEVOCEAN 담당자

UX는 모바일뿐만 아니라 AI, 사물인터넷 등 여러 곳에서 필요하다. 이 책은 다양한 현장에서 UX 실무자가 대기업 속 이해관계를 헤치고 UX 이론을 현실로 가져오기 위해 얼마나 노력했는지 보여준다. 특히 중반부 이후, 담긴 고단함, 자부심, 해학을 '찐' 실무자라면 공감할 수 있을 것이다.

_이미준 카카오스타일 PO, 『현업 기획자 도그냥이 알려주는 서비스 기획 스쿨』 저자

기본 개념부터 실무 기술까지 UXer로서 갖추어야 할 필수 역량을 풍부한 경험과 사례를 통해 알차게 담아낸 책이다. 책의 구성과 전개 방식이 잘 설계되어 있어 책을 읽는 경험조차 UX의 영역으로 승화시켜나가고 있다. 본인 직함에 UX라는 단어가 붙어 있지 않더라도 UXer와 함께 일하는 모두에게 일독을 권한다.

_박충렬 SK텔레콤 T3K(CTO) Marketing Tech팀 매니저

베타리더 후기

실무적인 웹사이트/시스템 IT 기획 과정을 생생하게 보여주는 책이다. 고객의 긴급한 요구사항을 받아서 화면을 설계해야 하는 상황에서 창의성을 짜내고 짜내는 동시에, 수많은 잠재적인 개발 문제점을 예상하고, UX 최적화를 진행해야 하는 실무자의 고민이 엿보인다. 10년 넘게 현업에서 유사한 업무를 맡고 있지만 이 책을 통해 한 번도 생각해보지 못한 디테일 몇 가지를 새롭게 배웠다. IT 기획이나 화면 레이아웃 설계 업무를 하는 사람은 누구나 읽어 볼만한 책이라고 생각한다.

_이요셉 지나가던 IT인

책에서 소개하는 사례를 통해 다양한 실무 사례를 참고할 수 있었고, 특히 UX/UI 실무 프로젝트 챕터에서는 실제 진행 프로젝트를 설명하여 좋은 사수가 옆에서 친절하게 가르쳐주는 느낌이라서 기획 업무를 처음 하는 분이라도 쉽게 따라 배울 수 있을 것 같다.

_류난희 지나가던 PO

목차

지은이의 말 4

이 책의 구성 6

추천사 9

베타리더 후기 11

1부 UX란

1장 사용자 경험

1-1. 발명과 UX의 차이   18

1-2. 적재적소: 있어야 할 곳에 생겨야 할 모양으로   22

   1-2-1. 학습에 의해서   23

 * 지식 더하기_ 학습과 행동 그리고 반응속도   31

   1-2-2. 본능에 의해서   33

 * 지식 더하기_ 사람의 모든 행동은 설명할 수 있다   39

1-3. 과유불급: 과한 것은 아니함만 못하다   42

 * 지식 더하기_ 마음 이론과 불쾌한 골짜기   53

2장 UX를 한다는 것

2-1. 하드웨어 UX: 앱이 UX의 전부는 아니다   61

2-2. 소프트웨어 UX: 많이 들어 본 UX   68

   2-2-1. UX 기획: 하고 싶은 것   70

   2-2-2. UI 기획: 해야 하는 것   75

3장 프로젝트 준비

3-1. 의도와 목적 파악하기   83

3-2. 관련 인원 구성(조직도)   84

3-3. 최종 결과물 형태 정하기   87

3-4. 주요 분기점 찍고 가기   96

＊더 알아보기＿ 프로토타이핑 툴   98

4장 프로젝트 시작

4-1. 진행 방법 결정하기   106

4-2. 구체적인 일정 짜기   110

4-3. 사양 확인하기   112

5장 UX 콘셉트 기획

5-1. 리서치(자료 수집)   113

5-1-1. 보스에 관하여   113

5-1-2. 자료 조사: 적들의 동향 파악   116

5-1-3. 개발자 인터뷰: 적인가 동지인가   118

5-2. 콘셉트 빌딩 & 아이디에이션   121

5-2-1. 퍼소나: 쓸모없지만 안 하자니 아쉬운 것   121

5-2-2. 콘셉트 빌딩: 광팔기의 기술   123

5-2-3. 아이디어 골라내기: 될 법한 걸 고르자   126

6장 정리의 신 – 메뉴 트리

6-1. 중복 아이템 정리   136

6-2. 유사한 것끼리 묶어 주기   136

6-3. depth를 나눌 것인지 결정하기   138

6-4. 메뉴 간 이동 및 메뉴 제목 정리하기   138

＊지식 더하기_ 마법의 숫자 7   144

7장 일관성은 반드시 – General Rule

7-1. 영역 정하기   150

7-2. 요소 배치하기   154

8장 5초 안에 시선을 잡아라 – 키스크린

8-1. 표시할 내용 정하기   164

8-2. 중요도 정하기   166

8-3. 표현 방법 정하기   169

8-4. 디자이너에게 넘기기   171

9장 길은 명확하고 단순하게 – UI Flow

9-1. 순서도 그리기   176

9-2. UI Flow 그리기   179

10장 목적을 잊지 말자 – 유지보수

＊더 알아보기_ 인하우스와 에이전시   189

4부 | UX/UI 실무 프로젝트

11장 무인 매장 프로젝트

STEP 1 프로젝트 파악하기   195

STEP 2 UX 기획 – 리서치   199

STEP 3 UX 기획 – 콘셉트 정하기   208

STEP 4 UI 기획 – 대시보드 디자인   218

STEP 5 UI 기획 – BI 서비스 디자인   249

12장 UI 문서 작업

STEP 1 기본 구성   295

STEP 2 General Rule   306

STEP 3 키스크린   311

STEP 4 UI Flow   314

STEP 5 E.O.D   317

1부

UX란

1 사용자 경험

2 UX를 한다는 것

사용자 경험

십여 년 전만 해도 UXUser Experience는 애플Apple과 스티브 잡스Steve Jobs의 인기에 편승한 일시적인 트렌드일 뿐이라는 시선이 많았다. 부정적이었던 그때와 달리 이제 UX라는 개념은 어떤 제품이나 서비스를 만들 때 기본적으로 고려해야 하는 필수 요소로 자리 잡았다. 그러나 여전히 UX에 대한 명확한 정의를 떠올리기는 쉽지 않다. 우선 사전적인 의미를 살펴보자.

> 사용자 경험은 사용자가 어떤 제품이나 서비스를 직·간접적으로 이용하면서 단순히 그
> 기능뿐만 아니라 지각 가능한 모든 면에서 축적하게 되는 총체적 경험을 의미한다.
>
> *출처: 두산백과*

UX는 '지각 가능한 모든 면의 총체적 경험'이라는 애매하고 포괄적인 개념으로 기술되어 있다 보니 별다른 의미 없이 UX를 가져다 붙여 그럴듯하게 보여주기 식의 용어로 쓰이기도 한다. 널리 알려졌지만 명확한 정의나 형태가 없는 채로 이곳저곳에 사용되고 있는 것이다.

1-1. 발명과 UX의 차이

UX하면 가장 먼저 떠오르는 인물은 아마도 스티브 잡스Steve Jobs일 것이다. 물론 그가 UX의 창시자는 아니다. UX 용어를 처음 사용한 사람은 도널드 노먼Donald Norman으로 알려져

있다. 그러나 사용자에 대해 학문적인 접근을 시도하고 기존 개념들을 취합해 정의한 것에 의미가 있는 것일 뿐 이전에도 '사용자의 경험'에 대한 고민은 당연히 존재해 왔다. 구석기시대의 뗀석기를 떠올려 보자. 뗀석기는 무언가를 타격하거나 자르기 위해 자연에 굴러다니던 돌을 깨서 날카로워진 면을 사용한 도구이다. 돌을 쥐고 이것저것 만들던 사람들은 손에 쥐기 불편하고 들이는 힘에 비해 효율이 떨어지는 뗀석기의 사용성을 높이기 위해 손에 쥐기 좋은 크기의 나뭇가지에 돌을 묶어 돌도끼를 만들어 낸다.

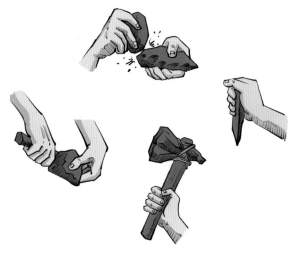

돌도끼도 UX의 결과물이다

영화를 생각해 보자. 동일한 영화라도 집에서 TV로 보는 것과 영화관에서 보는 것은 전혀 다른 몰입감과 감동을 준다. 이유는 다양하다. 스크린 크기 차이도 있지만, 조명이나 사운드, 좌석 등과 같은 공간적인 요소뿐만 아니라 주위 사람과 함께 집중하는 분위기도 영화를 관람하는 관객의 경험에 영향을 미치게 된다. 특히 더 크고 와이드wide한 스크린으로 바꾼다거나, 현실감을 높이기 위한 3D 영화는 물론, 관객이 직접 체험하는 것처럼 좌석이 움직이고 향기나 물을 뿌리는 4D 영화가 제작되는 등 영화를 관람하는 관객의 사용자 경험을 개선하기 위한 여러 기술이 개발되고 있다.

사용자의 불편함을 개선하거나 더 나은 경험을 위해 고민하는 측면에서 UX는 발명과 일

맥상통하는 부분이 있다. 다만 발명은 기존에 없는 것을 새로 만들어 내는 것이고, UX는 새로운 것이든 기존의 것이든 상관없이 사용자에게 최적의 무언가를 찾아내는 것을 가장 우선한다는 차이가 있다. 예를 들어 돌도끼를 처음 만들었을 때 나무에 돌을 매단다는 자체는 발명으로 볼 수도 있고 뗀석기에 대한 UX의 개선으로도 볼 수 있다. 여기서 나무를 어떤 모양으로 깎아야 손에 쥐기 편한지, 돌은 어느 정도의 크기로 다듬어야 적당한지 등을 지속적으로 고민하는 것은 발명이 아닌 UX 개선에 해당한다. 영화관의 스크린 크기도 마찬가지이다. 기존에 가로 10m이던 스크린을 30m 크기로 만들어 상영이 가능하도록 하는 것은 기술적인 진보, 즉 발명이 있어야 가능하다. 하지만 무조건 큰 스크린이 관객에게 최적의 경험을 선사한다고 보장할 수 없다. 지나치게 큰 스크린이라면 한눈에 들어오지 않아 내용을 파악하기 힘들어서 몰입을 방해할 수도 있다. 이때 관객에게 가장 적절한 스크린 사이즈가 무엇인지 고민하는 것이 UX에 해당한다.

이처럼 사용자 경험에 대한 고민은 인류가 도구를 사용한 이래로 계속되었다. 그럼에도 불구하고 스티브 잡스가 UX의 선구자라고 불리는 이유는 기존 방식대로 제품의 일부분을 개선하는 것을 넘어 사용자의 경험을 전체적으로 고려한 제품을 출시해 대중적으로 크게 성공했기 때문이다.

좌: iRiver MP3(2002) / 우: Apple iPod MP3(2001)

일례로 초창기 MP3 플레이어를 살펴보자. 당시 대부분 업체는 새로운 제품을 출시할 때마다 더 작은 크기, 더 많은 용량과 빠른 속도 등 일부 기술적인 측면의 개선에 집중했고, 마케팅 역시 제품에 적용된 최신 기술 홍보에 중점을 두었다. 반면 애플의 아이팟iPod은 화이트 컬러와 라운딩rounding을 메인 디자인 콘셉트로 잡고 스크롤 휠Scroll Wheel을 적용하는 등 사용자가 사용하기 편리한 설계에 중점을 두었다. 한 손에 쥐거나 조작하기 편한 크기에 기존 CD 플레이어와 달리 수많은 곡을 담는 기기의 특성에 맞게 여러 곡을 한눈에 볼 수 있는 적절한 디스플레이 크기, 시인성 좋은 밝기와 폰트, 간격은 물론 버튼을 누를 때 느껴지는 키감까지 고려했다.

고도의 기술을 소형화하거나 구현하기 어려운 하드웨어 형태로 생산할 수 있다는 것은 제조사의 기술력을 상징하는 중요한 부분이다. 그렇기 때문에 지금도 여전히 여러 하드웨어 제조업체는 새로 개발한 첨단 기술을 드러낼 수 있는 외관을 우선적으로 고려한 금형 개발에 집중한다. 그러다 보니 금형에서는 볼 수 없는 디스플레이상의 인터페이스나 콘텐츠 개발에 소홀한 흔적이 드러나기 마련이다. 제조업의 시선으로 볼 때 디스플레이는 불량 픽셀 없이 빠르게 잘 작동하면 통과PASS이기 때문이다.

스티브 잡스는 아이팟이 출시되기 이전에도 애플의 PC 제품군인 맥Mac의 운영체제인 macOS에서 소프트웨어의 디자인과 사용성을 통해 그의 사용자에 대한 철학을 보여줬다. 다만 PC라는 특성상 디바이스의 외형적인 면에서 타제품과 크게 차별화를 두기엔 한계가 있었다. 하지만 아이팟은 하드웨어와 소프트웨어적 사용성을 종합적으로 고려한 설계 제품이라는 평가를 받는다. 잡스 역시 아이팟 용량을 늘리기 위해 대용량 하드디스크 적용을 위한 하드웨어적 개선을 강하게 요구했다. 다만 이런 요구는 '우리는 대용량 하드디스크를 넣고도 이렇게 작게 만들 수 있다' 식의 기술력 과시가 아니라 한 손에 들어오는 사용하기 편한 디지털 허브 MP3 플레이어를 만들려는 사용자 중심의 철학이 우선이었다.

많은 업체가 애플을 롤 모델로 삼고 있지만, 따라 하기 힘든 이유는 하드웨어와 소프트웨어를 동시에 끌고 갈 수 있는 제품 개발 환경을 갖추기 어렵기 때문이다. 제조 업체에서는 소프트웨어 개발 비용 부담, 인력 확보의 어려움 등을 이유로 소프트웨어 개발이 뒤로 밀리고, 소프트웨어 업체에서는 원하는 형태의 디바이스를 만들고 싶어도 공정에 따른 물량이나 금형 제작의 어려움, 직접 생산의 비용 부담 등 때문에 결국 기존 제조 업체에서 대량 생산한 기성품을 사용하게 된다.

1-2. 적재적소: 있어야 할 곳에 생겨야 할 모양으로

UX 분야에서 '수학의 정석' 같은 책이 있다. 바로 도널드 노먼Donald Norman의 『디자인과 인간 심리(원제: The Design of Everyday Things)』로, UX 개념을 처음으로 대중화시킨 책이다. 이 책에서 가장 먼저 소개하는 사례가 바로 '잘못된 문door'이다.

위와 같은 문 앞에 서 있다고 생각해 보자. 문을 잠갔다가lock 열어보고unlock 문을 열어open 보자. 잠시라도 멈칫했다면 이 문은 좋은 UX가 아니다. 이 문은 왜 사용자를 망설이게 만들었을까?

어포던스Affordance는 제품 UX나 서비스 UI 설계를 고민할 때 가장 기본이 되어야 하는 개념이다. 어포던스는 사용자의 행동을 유도한다는 의미로 '행동유도성'라고도 한다. 사용법을 설명하지 않아도, 생각한 대로 작동한다면 그 대상은 '적절한 어포던스를 지녔다'고 말할 수 있다. 그렇다면 제품이나 서비스에 적용하려는 요소들의 어포던스가 적절한지 아닌지를 어떻게 알 수 있을까? 사용자가 생각하는 과정을 이해하면 된다.

1-2-1. 학습에 의해서

인간이 태어난 순간부터 지금까지 학습의 경로는 매우 다양하다. 부모나 선생님, 친구처럼 그동안 만났던 사람들에 의한 것일 수도 있고 교육기관이나 책 혹은 미디어에 의해 학습된 것일 수도 있다. 이처럼 여러 경로를 통한 학습은 나의 행동과 생각이 바람직한 것인지 아닌지를 무의식적이거나 의식적으로 습득하게 해준다.

아랍 문화권의 내비게이션

예를 들어 아랍 문화권에서는 우측에서 좌측의 방향으로 글을 읽고 쓴다. 그렇기 때문에 아랍권에 출시된 차량 내비게이션은 운전자에게 익숙한 방향인 우측을 기준으로 UI를 변경해서 출시한다. 국내에선 아이콘이 왼쪽, 텍스트는 오른쪽에 있다. 아이콘으로 의미를 먼저 파악하고 세부 정보(시간이나 남은 거리 등)를 읽는 것이 익숙하지만, 아랍 문화권에서는 우측에 아이콘을 두어야 의미를 먼저 파악할 수 있다. 우리나라도 서양의 표기법에 따라 좌측에서 우측으로 글을 읽고 쓰게 된 지 그리 오래되지 않았으니, 기존의 표기법을 고수했다면 아랍의 내비게이션이 더 익숙하게 느껴졌을 것이다.

그렇다면 익숙하다는 건 사용자에게 좋은 것일까? 더 손쉽고 빠르게 사용할 수 있는 방법이 있다면 사람들이 선호할 수 밖에 없지 않을까? 사실 제품이나 서비스를 기획하면서 늘 하는 고민이기도 하다. 90여 년 전에도 이러한 고민을 하던 어거스트 드보락August Dvorak 교육 심리학 교수는 오랜 연구와 개발을 거쳐 쿼티QWERTY 자판에 도전장을 내밀었다.

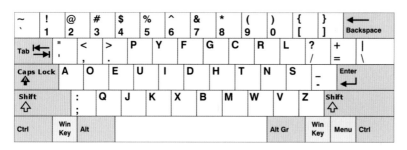

드보락 자판

드보락Dvorak 자판은 한 번 익히고 나면 쿼티 자판보다 입력 속도도 빠르고 손의 피로도 덜 했다. 객관적인 측면에서 볼 때 드보락 자판이 더 유용했지만, 재학습에 시간을 투자할 정 도의 매력을 느끼지는 못했다. 간혹 개인적으로는 바꿔보고 싶어도 회사나 학교 같은 공용 작업 공간에서는 다수의 사람이 사용하는 쿼티 자판을 사용해야 했다. 이러한 이유로 쿼티 보다 효율적인 드보락 자판은 사장되어 갔고, 시장을 선점한 쿼티 자판은 지금까지도 널리 쓰이고 있다. 더 나은 방법이 있다는 것을 알지만, 익숙한 쪽이 살아남은 것이다.

사용자는 새로운 걸 좋아하는 듯 보여도 '다시 배우는 것'을 그다지 좋아하지 않는다. 이미 학습해서 자연스럽게 사용하고 있는데 그 습관을 바꾸기 위해 다시 노력을 기울이고 싶어 하지 않는다는 뜻이다.

리모컨 UX

새로 출시할 TV의 리모컨 UX 개선 프로젝트를 맡았다고 생각해 보자. 사실 참 어려운 과 제가 아닐 수 없다. 수많은 버튼을 그대로 두어도 불편하고, 일부 버튼을 빼도 불편하다. 그야말로 계륵인 버튼들이 대부분이다. 그럼에도 불구하고 볼륨과 채널 버튼은 어찌 됐던 살아남기 마련이다. 이제 이 두 가지 기능을 어디에 어떻게 배치할지 생각해 보자. 볼륨을 위에 두고 채널을 아래 둬볼까? 채널은 좌우로 움직이는 버튼을 두고, 볼륨은 아이팟처럼 휠wheel로 돌리게 해볼까? 아니면 터치스크린으로 만들어 볼까? 결론부터 말하면, 좌측에는 볼륨, 우측에는 채널 혹은 십자로 배치한 뒤 위아래는 볼륨, 좌우는 채널로 사용하게 된다.

제품의 UX를 기획할 때는 다양한 상황use case을 고려해야 한다. 기획자에게 있어 최악의 TV 시청 행태는 아마도 '소파에 누워서 불을 끄고 시청' 정도가 되겠다. 그 상황에서 반드시 고려해야 하는 니즈needs는 다음과 같다.

어두워도(보지 않고도)
- 리모컨을 찾을 수 있을 것
- 원하는 버튼의 위치를 잘 찾을 수 있을 것

이러한 상황에서 수십 년간 사용해 온 리모컨들의 볼륨과 채널 위치에 반하는 배치를 한다면 사용자의 불편과 짜증은 당연히 따라오기 마련이다. 평소에 별생각 없이 사용해 왔겠지만, 곰곰이 떠올려 보면 볼륨은 늘 왼쪽에, 채널은 늘 오른쪽에 있었다. 그 반대로 위치한 리모컨이 있다면 분명히 잘못 누른 경험이 있을 것이다. 이것은 바로 학습readiness 효과 때문이다.

그럼에도 불구하고 새로움을 추구하고 싶다면 리모컨 본질에 대해 생각해 볼 필요가 있다. 아이팟의 휠을 도입하거나 조이스틱처럼 움직이는 버튼 등을 도입하면 단가가 올라갈 수밖에 없다. 리모컨은 TV에 딸려 오는 부속품이라는 인식이 대부분이라서 TV 구매 결정에 매우 미미한 영향을 미친다. 생각해 보면 TV 구매 후 설치할 때나 되어서야 리모컨을 보게 되곤 한다. 이런 현실에서 야심 차게 리모컨 UX 개발 기획을 보고했다가는 부정적인 피드백을 받을 가능성이 매우 높다. 차라리 버튼을 효율적으로 배치해서 단가를 낮추는 방안을 마련하는 편이 나을 것이다.

한편, 리모컨을 마케팅 수단으로 사용하는 경우도 있다. 한때 마법봉으로 불리던 L사의 매직 리모컨이 그중 하나이다. 리모컨을 휘둘러 화면상의 커서를 컨트롤하는 것이었다. 그야말로 야심 찬 신제품이었다. 나름 이슈가 되기는 했으나, 마찬가지로 본질을 놓친 기획이라고 볼 수 있다. TV 기본 시청 행태는 꼼짝하지 않고 소파에 파묻혀서 감자칩을 먹는 카우치 포테이토couch potato이다. 손가락 하나 까딱하기 귀찮은 자세에서 팔을 들어 리모컨을 휘둘러야 하는 건 사용자에게는 지나친 노동을 요구하는 것이다.

L사 매직 리모컨

디스플레이가 내장된 리모컨도 같은 맥락에서 바람직하지 못하다. 시선이 TV에 고정된 상태에서 원하는 버튼을 찾아 누를 수 있어야 하는데, 디스플레이로 된 리모컨은 직접 보면서 정확히 눌러줘야 한다. 최근에는 음성 인식이 탑재된 – 엄밀히 말하면 '마이크가 탑재된' 이겠지만 – 리모컨들이 등장하는데, 인식 정확도만 뒷받침된다면 꽤 괜찮은 UX라고 여겨진다. 말 한마디로 원하는 채널로 바로 이동하거나 검색을 해주는 것은 카우치 포테이토 자세로도 한 번에 일을 처리할 수 있는 편한 방법이기 때문이다.

브라우저 메뉴 UI

이번엔 새로운 웹 브라우저의 메뉴를 구성해 보자. 먼저 해야 할 일은 기존 브라우저들의 메뉴 구성이 어떻게 되어 있는지 살펴보는 것이다. 기존의 브라우저들은 사용자들이 오랜 시간에 걸쳐 적응하고 익숙해져 있기 때문에 드보락 자판의 실책을 되풀이하지 않으려면 꼭 필요한 과정이다.

크롬의 메뉴 구성

- **Chrome**: 파일 / **수정** / **보기** / 방문기록 / **북마크** / 프로필 / 탭 / 창 / **도움말**
- **Safari**: 파일 / **편집** / **보기** / 방문기록 / **책갈피** / 개발자용 / 윈도우 / **도움말**
- **Explorer**: 파일 / **편집** / **보기** / **즐겨찾기** / 도구 / **도움말**

브라우저들의 메뉴 구성을 살펴보면 방문 기록 메뉴 여부나 북마크, 책갈피, 즐겨찾기 같이 이름을 조금씩 다르게 한 것 이외에는 **파일 – 편집 – 보기 – 즐겨찾기 – 도움말** 명칭이나 순서를 동일하게 가져가고 있다. 생각해 보면, 웹 브라우저에 '파일'이나 '수정'이라는 명칭이 조금 이상하다는 생각이 들기도 한다. 그 안의 목록을 살펴봐도 그다지 제목이 잘 들어맞는 것 같지도 않다. 그럼에도 기존의 브라우저들이 동일한 명칭을 유지하는 이유는 바로 사용자의 '학습'에 관한 부분 때문이다.

2000년대 후반까지 점유율 70%를 갖고 있던 익스플로러Explorer는 1983년 출시한 워드Word에서 크게 벗어나지 않는 메뉴 구조와 형태로 만들어졌다. 그리고 익스플로러의 아성에 도전장을 내민 크롬Chrome 역시 기존 브라우저에서 외형적인 변화를 주기보다는 Google 계정으로 생태계를 만드는 쪽에 집중했다. 이처럼 기존 사용자가 많고, 오랫동안 익숙해져 있는 소프트웨어나 서비스를 대체하고자 할 때는 대대적인 개편보다는 익숙한 형태로 접근한 다음에 서서히 바꿔나가는 것이 리스크risk를 줄일 수 있다.

그렇다면 사용자에게 익숙한 구조는 어떻게 파악할 수 있을까? 메뉴를 추가/삭제하거나 새로운 기능을 추가할 때 어느 그룹에 속해야 사용자가 잘 찾을 수 있는지 파악해야 한다. 결국 사용자의 멘탈 모델mental model, 즉 그동안 쌓아온 경험이 머릿속에 어떻게 구축되어 있는지를 파악하고 여러 사용자들이 공통적으로 생각하는 값을 찾아내야 하는 것이다.

'카드 소팅card sorting 기법'은 사용자의 멘탈 모델에 구축되어 있는 메뉴 구조 파악에 적합한 조사 방법이다. 조사 결과 여러 사람이 동일한 형태의 구조를 보여준다면, 그 구성이 바로 '사용자에게 익숙한 구조'라고 볼 수 있다. 조사 방법은 매우 간단하다. 아래의 카드를 순서대로 배치해 보도록 하는 것이다.

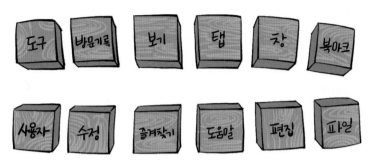

메뉴들을 늘어 놓자

이 작업을 할 때는 빠르게 진행해서 자세한 의견이 개입되지 않도록 해야 한다. 예를 들어 '파일이 맨 앞에 있는 게 익숙하지만, 북마크를 자주 사용하니 맨 앞에 두어야겠다'라는 의견이 들어가는 순간 조사의 원래 목적에서 벗어나게 된다. 조사 결과를 보면, 하단의 리스트는 '빼지 말아야 할 메뉴'이고 위에 떨어져 나온 리스트는 '빼거나 바꾸는 것을 고려해 봐도 좋은 메뉴'로 볼 수 있다.

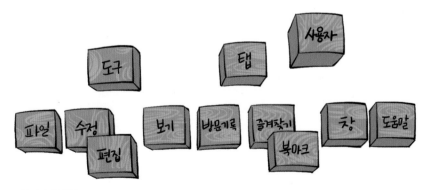

그룹 지어 배치한다

간단하게 메뉴 배치 정도만 예로 들었지만, 수십 개의 하위 메뉴를 쭉 늘어놓고, 비슷하다고 생각하는 것끼리 모아놓는 것부터 시작할 수도 있다. 여러 개의 그룹이 생기면 그룹에 적절한 제목을 붙이고, 생각하는 순서대로 제목을 배치하도록 한다. 당연히 많은 사람이 참여하면 신뢰도가 높아지겠지만, 현장에서 사용자 조사를 위해 시간과 비용을 들이는 것은 이루어질 수 없는 꿈이다. 메뉴 구성이나 구조를 '대체로' 파악하기 위한 목적이라면 주변에서 이 환경에 '적당히 익숙한' 사람을 대상으로 3~5명만 간단히 해봐도 답을 얻을 수 있다. 사실 시간과 비용을 들여 조사한 결과와 별반 차이가 없다 보니, 사용자 조사의 필요가 점점 줄어드는 추세이기도 하다.

정리해 보면 가장 좋은 메뉴 구조는 새로운 브라우저를 처음 사용해 보는 사용자가 '여기에 있을 것 같아서 메뉴를 열었을 때 바로 거기에 있는 것'이다.

인지심리학에서 '좋다' 혹은 '옳은 방법이다'를 객관적으로 측정하는 방법 중 하나는 '빠른 반응속도fasten reaction'이다. 반응속도가 느리다는 것은 잘못된 UX의 문 앞에서 문을 어떻게 열어야 할지 망설이는 것처럼 오류가 발생할 확률이 높다는 것을 뜻하기 때문이다.

학습이 사용자의 행동에 영향을 미치는 것인지에 대해 조금 더 근원적인 물음을 가져본다면 뇌에서 일어나는 반응부터 시작해 보자. fMRI로 촬영한 뇌 사진에서 검게 표시된 부분은 새로운 과제가 주어졌을 때 활성화되는 부분이다. 연습을 반복할수록 이 영역의 활성이 사라지게 된다. 영역이 활성화되었다는 것은 혈액의 흐름이 올라간다는 것이고 혈액 흐름은 신경 활동의 정도를 나타낸다는 것이 일반적인 정설이다. 즉 새로운 활동은 뇌의 특정 부분에 변화를 주고, 이는 신경 활동과 관계된다는 것이다. 사용자에게 어떤 영향을 얼마나 미치는지는 알 수 없다. 그 반응이 긍정적인지 부정적인지도 뇌 사진만으로는 알 수 없으나 새로운 것을 접할 때와 익숙한 것을 접할 때 신체적인 차이가 있다는 것은 분명하다.

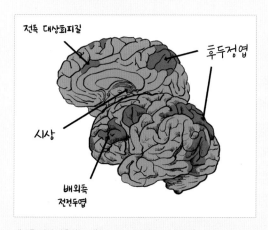

새로운 것에 반응하는 뇌(Schneider & Chein, 2003)

이러한 뇌의 변화는 새로운 것과 익숙한 것에 대해 '무언가 다르다'는 것만을 보여주기 때문에 경우에 따라 다양한 가설을 세울 수 있다. 긍정적으로 해석해 보면, 새로운 자극이 호기심을 유발하거나 활기찬 상태를 만들어 과제를 수행하는 효율을 높여줄 수도 있다. 반대로 부정적으로 해석해 보면 이 영역의 활성화에 에너지를 소모하는 바람에 평상시 과제를 수행하던 것보다 효율이 떨어질 수도 있다. 또 다른 측면에서 생각해 보면 그동안 겪어보지 못했거나 쌓아 온 경험과 어긋나는 대상을 접하며 '새로운 것'을 받아들이는 스트레스 혹은 과부하 상태를 보여주는 것일 수도 있다.

그렇다면 경험의 차이에 따라 실제로 반응속도가 달라지는 것인지 학습 정도에 따라 반응속도가 달라지는 스트룹STROOP의 색채 실험을 한 번 살펴보자.

A			B			C		
GREEN	YELLOW	RED				BLUE	YELLOW	BLUE
GREEN	RED	BLUE				GREEN	YELLOW	RED
RED	YELLOW	BLUE				GREEN	RED	GREEN
YELLOW	YELLOW	GREEN				YELLOW	RED	YELLOW
GREEN	YELLOW	BLUE				BLUE	RED	YELLOW

스트룹의 색체 실험(Botvinick et al., 2004)

세트마다 15개의 글자 혹은 색상이 있다. 15개를 읽는 데 걸리는 시간을 각각 재어 보자. A는 큰 어려움 없이 읽어나갔을 것이다. B는 A보다 조금 버퍼링이 걸리는 느낌이 들지만, 그런대로 수행을 완료했을 것이다. 우선 A와 B를 비교해 본다면, 단순히 글을 읽는 쪽이 색의 이름을 말하는 것보다 빠르다는 것을 알 수 있다. 마지막으로 C를 읽을 때는 첫 번째 글자인 'BLUE'를 쓰인 글자대로 읽는다면 큰 어려움이 없지만 색의 이름인 'GREEN'으로 읽으려 하면 시간이 오래 걸리고 실수가 생기기도 한다. 글을 읽는 것은 우리가 지속적으로 학습해 온 익숙한 행동이지만, 색의 이름을 말하는 것은 글을 읽는 것보다는 '덜 학습된' 행동이기 때문에 두 조건이 충돌했을 때보다 경험이 많은 쪽의 반응속도가 더 빠른 것이다.

즉, 학습 여부에 따라 신체적으로 뇌의 반응이 다르게 나타날 뿐만 아니라 얼마나 많은 학습을 했는지에 따라서 반응속도가 다르게 나타난다.

1-2-2. 본능에 의해서

시각적 절벽visual cliff라는 실험을 살펴보자. 이제 겨우 기어 다니는 유아를 대상으로 큰 테이블의 한쪽을 투명하게 만들고 그 반대편에서 엄마가 아이를 부른다. 아이는 엄마한테 기어가다가 '절벽'을 만나게 된다. 과연 아이는 어떤 행동을 보일까? 물론 아이는 그동안 높은 곳에서 떨어져 본 적이 없고, 그것이 위험하다는 학습을 해 본 적도 없지만 신기하게도 그 앞에서 돌진하던 것을 멈추고 심지어 심장박동도 더 빠르게 뛴다.

시각적 절벽 실험

이와 같이 생존에 관련한 본능적instinct 반응은 매우 즉각적이다. 한번 상상해 보자. 자다가 눈을 떠서 비몽사몽인 채로 불을 켜러 가는데, 방바닥에 커다란 뱀이 있다면 기겁하고 물러날 것이다. 도시 한가운데 10층이 넘는 아파트 내 방 안에 저렇게 큰 뱀이 있을 리가 없으니 착각이 분명하지만, 아마 열에 아홉은 소름 돋는 경험을 하게 될 것이다.

생존은 무엇보다 우선시 되는 과제이다

집 주변에 견고한 담을 쌓고 살기 이전의 인류는 늘 자연 속에서 위험에 노출되어 있었다. 특히 야생동물은 목숨과 직결되는 위험요소 중 하나였다. '위험할 수도 있는' 상황이 닥쳤을 때, 인류는 두 가지 행동 중 하나를 취할 수 있다. 하나는 일단 피하고 보는 것이고, 다른 하나는 정말 위험한 것인지 살펴본 다음 위험하다면 그때 피하는 것이다. 두 가지 행동 모두 장단점이 있다. 전자는 매번 달아나야 하기 때문에 많은 에너지를 소모한다. 심지어 대부분이 잘못된 판단일 가능성이 높지만 어쨌든 생존할 확률은 높아진다. 반면 후자의 경우 에너지를 낭비하는 일은 줄어들지만 살펴보는 사이에 목숨을 잃을 가능성이 높아진다. 그렇다면 인류는 어느 쪽을 택했을까? 물론 전자이다. '생존'은 무엇보다 우선시 되는 과제task이기 때문이다.

UX 기획에서 특히 '위험'에 관련된 제품이나 서비스라면 반드시 이러한 본능적 반응을 염두해야 한다. 위험에 처한 급박한 상황에서 사람은 다른 생각을 할 여유가 없이 본능적으로 직진해서 달아난다. 이 길이 맞는지 혹은 잠시 멈춰 있는 것이 더 나은 선택인지 생각할 여유조차 없다. 예를 들어, 부모와 떨어져 길을 헤매는 아이는 보호자가 사라진 것에 위험을 느껴 당황하게 되고 무조건 앞으로 직진한다. 평소에 부모와 떨어지게 되면 제자리에 멈춰 있으라는 교육은 패닉에 빠진 아이에게는 무용지물이다. 이때 팔찌나 시계 등을 통해 급격히 상승한 심박수를 측정하고, 진동이나 소리를 통해 아이의 주위를 환기시킬 수 있는 자극을 준다면 적어도 부모로부터 점점 멀어지는 아이를 잠시 멈출 수 있게 할 수 있을 것이다. 위험 상황은 아이에게만 해당하는 것은 아니다. 화재가 발생했을 때 비상문이나 방화문은 무조건 돌진하는 방향으로 열려야 한다. 평소 사용하는 일반적인 문이라면 필요나 여건에 따라 당겨서 열기도 하고, 옆으로 밀어 열 수도 있겠지만 생존이 달린 긴급한 상황에서는 직진 외에 다른 생각은 떠오르지 않기 때문이다.

본능에 의한 사용자의 행동을 유도하는 것이 위험한 상황에만 있는 것은 아니다. 타고난 신체적 조건에 의해 행동이 달라지기도 한다. 예를 들어 같은 공이 있어도 사람은 손으로 공을 집지만, 강아지는 입으로 공을 집는다. 강아지의 장난감 UX를 고려한다면, 하루에도 수십 번씩 던져줬던 고무공이 과연 입에 물고 핥아도 괜찮은 건지 생각해야 한다. 손으로 가지고 노는 장난감의 안전 기준이 아니라 입으로 가지고 놀아도 안전한 기준을 적용해야 하는 것이다.

또 다른 예로 60cm 높이에 문 손잡이가 있다고 생각해 보자. 키가 1m 남짓인 아이는 이 손잡이를 잡고 아래로 내려 문을 열려고 한다. 하지만 키가 1m 80cm인 성인이라면 이 손

잡이를 잡고 위로 올려 문을 열려고 할 것이다. 둘 다 '그렇게 하면 될 것 같아서' 행동했지만, 결과는 한 사람에게만 옳은 방향으로 작동했을 것이다. 문에 손잡이를 위치시킬 때는 평균적인 키와 손의 높이 등을 고려해서 위치시켜야 한다. 혹 60cm 높이에 손잡이가 달린 문이 아이들만 출입하게 만들고 싶었던 목적이라면 좋은 UX라고 볼 수도 있다.

생체 인식 도어 핸들

자동차 키 없이도 정맥 인식vein recognition으로 문을 열 수 있는 기술을 도입하는 프로젝트를 맡았다고 생각해 보자. 정맥 인식은 사람의 혈류가 흐르는 정맥의 패턴이 지문과 같이 모두 각기 다른 것에 착안해 개발한 기술이다. 손바닥 전체의 패턴을 인식하거나 손가락을 통해 인식한다. 사후에는 혈류가 흐르지 않아 인식이 불가능하므로 차량 도난 범죄가 잦은 지역에서는 지문 인식보다 안전하다고도 볼 수 있다. 그렇다면, 이 기능을 차량의 어느 곳에 배치하는 것이 좋을까? 이럴 때 사용자가 무의식적으로 취하는 행동 패턴을 살펴볼 필요가 있다.

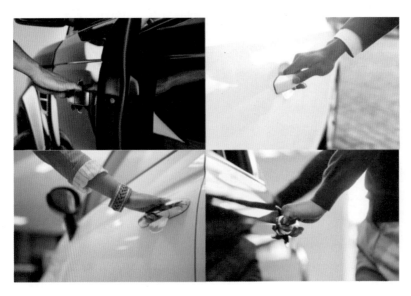

차량의 문을 여는 행동 패턴

사람들은 차량 문을 열기 위해 손잡이를 움켜쥔다. 물론 차량 손잡이가 그러한 행동을 유도하게끔 만들어진 덕분이다. 손잡이를 움켜쥐는 모양이 다르다 보니 엄지손가락 위치는 도어 핸들의 중앙이나 윗부분이어서 엄지 손가락을 정맥 인식으로 사용하기는 어려워 보인다. 새끼손가락도 사람마다 달라서 사용하기에 무리가 있다. 그러나 공통적으로 나머지 세 개의 손가락은 안쪽에 위치하므로 그 손가락들을 대상으로 도어 핸들 안쪽에 정맥 인식기를 위치시킨다면 자연스럽게 정맥을 인식해 잠긴 문을 열 수 있게 된다. 움켜쥐는 행동을 유도한 도어 핸들을 활용해서 사용자가 추가적인 행동 없이 과제를 해결할 수 있도록 하는 것이다.

잘못된 예제

이제 다시 처음으로 돌아가 '잘못된 문'을 살펴보자. 우선 잠금장치 옆 문구를 보면 그 동안 학습해 온 잠금장치의 물리적 구조나 경험에 대해 혼란을 느끼게 된다. 경험을 통해 학습한 문은 레버를 돌리는 반대 방향으로 잠금장치가 내려가서 벽에 걸리게 되는데, 그림에선 화살표와 텍스트는 반대로 했을 때 문이 잠긴다고 말하고 있다. 만약 이 문이 화장실 문이었다면 잘 잠겼는지 수십 번 확인하거나 사용하는 것을 포기했을 것이다.

다른 한 가지는 문의 손잡이가 사용자 행동을 명확히 유도하고 있지 않다는 것이다. 손잡이 오른쪽은 문에 붙어 있는 것처럼 보여서 문을 밀거나 당겨야 할 것 같지만, 왼쪽을 보면 돌려서 여는 장치가 달려 있어서 손잡이를 아래로 내려서 열어야 할 것 같다. 문이 잠기긴 하는지 문을 열려면 어떻게 열어야 하는지 사용자를 망설이게끔 만드는 부적절한 어포던스를 지닌 문인 것이다.

지식 더하기   사람의 모든 행동은 설명할 수 있다

HCI^{Human-Computer Interaction} 분야 연구에는 다음 두 가지 대전제가 존재한다.

- 사람의 행동(혹은 신체 반응)은 사고^{mental process}에서 비롯한다.
- 마음은 컴퓨터와 같다(The mind is a computer).

쉽게 설명하자면 멘탈 모델 혹은 본능적인 행동에 의해 사람이 하는 모든 행동은 설명이 가능하다는 뜻이다. 그리고 마음^{The mind}은 컴퓨터로 치자면 소프트웨어와 같아서 하드웨어가 달라지더라도 소프트웨어를 복사해서 옮기는 것처럼 유전자^{gene}를 통해 후손에게 전달이 가능하다는 것이다.

내 마음이 나의 자식에게 전달된다는 것을 어떻게 증명할 것인가? 이러한 의문에 대해 HCI는 진화심리학^{Evolutionary psychology}의 연구들을 통해 증명을 시도했다.

최초의 인류라고 불리는 호모 사피엔스는 15만 년 전 아프리카에서 등장했고 15만 년을 거치며 생존에 유리한 방향으로 진화해 왔다. 여기서 생각해 볼 것은 인류가 아프리카 밖으로 나오기 시작한 것은 10만 년 전이며, 농경을 기반으로 문명이라고 부를 수 있을 만한 것들을 이루기 시작한 지는 불과 1만년 정도밖에 지나지 않았다. 15만 년 동안 축적된 생존법이 희석되기에는 지나치게 짧은 기간이다. 그래서 급격한 환경 변화로 야생동물의 위험을 염려할 필요가 없게 된 지금도, 그때의 성향을 그대로 유지하고 있는 것이다.

이러한 성향을 본능 혹은 사람의 본성이라고 부른다. 예를 들어 예쁜 여자 혹은 잘생긴 남자를 보고 시선이 가는 것을 본능적인 행동이라고 말한다. 그렇다면, '예쁜'과 '잘생긴'의 기준은 무엇일까? 한동안 황금마스크를 기준으로 그 선에 일치하면 아름다운 얼굴이라는 주장이 논란이 된 적이 있었다. 이러한 주장은 시대나 지역에 따라 기준이 다를 수 있어 논란의 여지가 많다. 그러나 외적 기준에 대해 논란의 여지가 없는 부분은 '대칭^{symmetry}'에 관한 부분이다. 좌우의 대칭이 완벽하면 아름답다고 여긴다는 것이다.

얼굴이 아닌 여성의 몸매에 대한 기준도 있다. 시대나 지역에 따라 풍만함과 스키니함에 대한 차이는 있지만, 일관된 기준은 모래시계^{hourglass} 모양으로 허리와 히프의 비율이 0.7인 경우에 가장 아름답다고 느끼고 선호한다는 것이다. 그렇다면 '아름답다'는 것은 생존과 어떤 관련이 있을까? 대칭에 관한 연구들을 보면, 신기하게도 신체의 좌우가 완벽한 대칭을 이룰 때 부상뿐만 아니라 감염의 확률도 낮아지고, 허리와 히프의 비율이 0.7에 가까울수록 출산력gertility이 높아진다. 이 두 가지는 인류 생존에 도움이 되는 중요한 요인들이다. 그래서 지금까지도 인류의 유전자에 각인되어 '아름답게' 여겨지고 시선을 끌어 후손을 이을 가능성이 높아진다는 것이다.

이처럼 생존을 위해 유전자에 정보를 담아 대를 이어 생존법을 축적해 왔다는 내용은 HCI 분야에서 주장하는 '마음은 컴퓨터와 같아서 소프트웨어처럼 후손에게 전달된다'는 전제를 뒷받침한다.

사람의 모든 행동은 설명할 수 있다면, HCI 관점에서 볼 때 과연 AI와 정서를 교감할 수 있을 것인가 라는 의문을 가질 수 있을 것이다. 영화 '그녀(Her)'에서는 주인공이 AI 사만다와 단순한 교감 이상의 감정을 느낀다. 심지어 얼굴도 없고, 목소리만 들리는 데도 말이다. 세상에 실제로 존재하지 않는 허상이라는 것을 알고 있고 생존과는 전혀 관련 없을 뿐만 아니라 오히려 종족 번식에 반하는 행동임에도 불구하고 마음이 움직인다. 사람들은 AI의 음성을 바꾸는 것만으로도 친밀감을 더 느끼기도 하고, 로봇의 표정이 슬프면 같이 슬픈 표정을 짓기도 한다.

미디어의 등장 시기

최초의 사진을 시각적 미디어의 등장이라고 한다면 사진은 1827년에 첫 등장을 하니, 기껏해야 200여 년 전이다. 인류 역사의 0.0015%밖에 지나지 않는다. 15만 년을 거쳐 사람들에게 각인된 마음The mind이 미디어를 가짜fake로 판단해서 그에 맞는 다른 방법으로 반응하기에는 턱없이 학습이 부족한 시간이다. 그래서 미디어를 대할 때도 사람들은 실제 세계real world를 대할 때와 동일한 행동 패턴을 보인다는 것이 바로 HCI에서 연구하는 사용자 인지 심리학의 기본 전제이다. 즉 AI나 로봇을 가짜로 분류하고 다르게 상호작용interaction 할 수 있을 정도의 진화는 아직 이루어지지 않았고, 그렇기 때문에 실제 세계에서 이루어지는 사람 간의 상호작용이나 소통 방법을 그대로 적용할 수 있다는 것이다.

1-3. 과유불급: 과한 것은 아니함만 못하다

UX 분야에서 '과도함'을 얘기할 때 도널드 노먼의 책만큼이나 많이 언급되는 고전적인 사례가 있다. 바로 마이크로소프트Microsoft의 클리피 – 원래 이름은 Clippit이지만, 별명인 Clippy로 더 많이 알려졌다 – 이다. 한국어판에는 클립이 아닌 강아지가 기본 설정되어 있어서 국내에서는 클리피하면 강아지가 먼저 떠오르기도 한다.

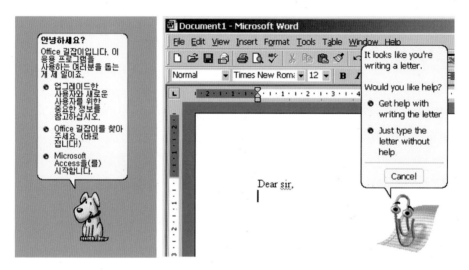

마이크로소프트의 AI 클리피

MS 오피스 97을 실행하면 화면 한쪽 구석에 자리 잡은 클리피는 오피스를 사용하는 내내 사용자에게 이런저런 대화를 시도한다. 장담하건대 단 한번도 도움을 받아본 기억은 없고 오히려 좁은 모니터 화면을 가리고 있어서 불편했던 기억만 남아있다. 심지어 화면에서 꺼둘 수도 없어서 전세계 유저들의 수많은 원성을 샀다. 자그마치 6년여 만인 2003년에는 원하면 꺼둘 수 있도록 변경되었다가 2007년에는 결국 사라지게 되었다. 사실 1997년도의 정적이고 단순한 컴퓨터 그래픽 수준에서 볼 때 클리피는 상당히 수려하고 자연스러운 높은 퀄리티의 애니메이션을 지닌 AI였다. 물론 AI라고 부르기에는 논란의 여지가 많은 수준의 인공지능이지만 어쨌든 질문을 입력하면 답변을 주거나 사용자가 취하는 행동에 따라 도움이나 조언을 건넨다는 개념이 지금의 AI와 크게 다르지 않다는 점에서 놀라운 발상이었던 것만은 분명하다.

그렇다면 클리피가 실패한 요인은 무엇인지 생각해 보자. 첫 번째, 기술 수준 파악 실패이다. 클리피는 두꺼운 매뉴얼을 그대로 욱여넣어서 Help 메뉴에서 매뉴얼을 검색으로 찾아보는 것과 다를 바가 없었다. 그야말로 좁은 화면 한편에 매뉴얼을 펴 놓고 있는 수준이었다. 상황 판단 역시 매우 단순했다. 그러다 보니 무슨 단어만 입력하면 계속 도와주겠다는 팝업을 띄워서 문서 작업을 마칠 즈음에는 시선도 주지 않게 되었다.

누구를 위한 AI인가

두 번째, 클리피의 집을 잘못 찾았다. 워드와 엑셀 같은 오피스 소프트웨어의 목적은 엔터테이닝을 위한 것이 아니다. 머리를 쥐어뜯으며 심각한 보고서를 쓰고 재무보고 장표를 만들고 있는데 귀여운 강아지가 화면에 튀어나왔다가 누웠다가 폴짝거리고 다닌다. 심지어 일말의 도움도 되지 않는다면 어떨 것 같은가. 그 당시 IBM이나 애플이 오피스를 대체하겠다는 각오로 문서 작업 프로그램 시장에 뛰어들었다면 여러모로 판도가 달라져 있을 수도 있을 것이다.

기획자의 이상엔 미치지 못하는 부족한 기술이지만 욕심을 덜어내고 작은 것부터 접근했다면 지금처럼 조롱 받는 대상이 아니라 AI의 시초로 명예의 전당에 올라있을 수도 있었을 것이다. 당시의 기술 수준은 사용자가 텍스트를 입력하면 그 단어와 관련된 목차와 세부 내용이 나오는 정도였다. '친애하는Dear Sir이 편지와 관련되었다'라는 사전 정의가 있다면 그럴싸하게 보이는 추천 목차를 보여주지만, 사전에 정의된 바가 없으면 전혀 엉뚱한 내용을 보여주기도 하는 등 지금으로 치면 수동으로 길을 내주어야 하는 딥러닝이 빠진 음성 인식 AI와 크게 다를 바 없는 수준이었다. 오피스는 명실공히 MS의 간판 프로그램이었기에 클리피를 큰 무대에 등장시키고 싶은 마음은 이해가 된다. 하지만 오히려 윈도우의 바탕화면 한편에 소소한 도움이나 재미를 주는 것으로 등장하는 편이 좋았을 것이다. 바탕화면에는 비어 있는 공간이 있고, 그 당시의 PC 환경이라면 클리피에게 '메모장'이라고 입력했을 때 곧바로 실행만 해줘도 환호를 받았을 것이다. 아니면 차라리 지뢰찾기 게임을 하는 동안 폭탄이 터지면 옆에서 같이 놀라주거나 디스크 드라이브 조각을 맞추는 지루한 시간 동안 클리피가 옆에서 아무 말이라도 하는 등 사용자와의 상호작용에 더 초점을 맞췄다면, 분명 지금과는 다른 기억으로 남았을 것이다.

플랫 디자인

PC의 낮은 사양 때문에 비트맵에 점을 찍어 아이콘을 그려야 했던 시기를 지나 2D 그래픽 정도는 무리 없이 화면에 뿌려줄 수 있을 정도로 사양이 높아진 이후로 현실 속 사물을 그대로 모니터 속에 옮겨 놓은 듯한 스큐어모피즘skeuomorphism 디자인이 주를 이뤘다. 메타포 디자인이라고도 부르는 스큐어모피즘은 시각적 형태뿐만 아니라 의미까지도 현실에서 차용하는 것이다. 여전히 남아있는 스큐어모피즘의 흔적은 폴더 아이콘이나 휴지통에서 찾아볼 수 있다. 폴더에 파일들을 넣어두는 기능은 실제로는 디스크 안에 흩어져 있는 데이터들의 주소값을 모아서 바로 실행할 수 있도록 해 주는 일종의 바로가기 모음에 불과하다. 실제 세계에서 서류들을 분류해서 폴더에 담아 두는 개념과 비슷하다 보니, 폴더의 물리적 생김새를 가져와서 만든 것이 폴더 아이콘이다. 파일을 지우는 것 역시 다른 데이터로 그 자리를 덮어버리거나 주소값을 지워버리는 것이지만 실제 세계에서 파기할 서류들을 구겨서 휴지통에 던져 버리는 것을 차용해서 휴지통 아이콘으로 형상화했다. 개념을 이용해서 사용자가 직관적으로 이해할 수 있도록 한 아이디어는 훌륭했지만, 그 이후로 그래픽 구현 성능이 높아지면서 '진짜 같은' 디자인이 마치 그 컴퓨터의 성능이나 퀄리티를 증명하는 것과 같아졌다. 점차 사용성과는 상관 없이 진짜처럼 보이는 것에만 열중하기 시작했고 그 정점은 애플의 iBooks였다.

책장을 그대로 옮겨 놓은 듯한 디자인에 퀄리티도 나쁘지 않았다. 오히려 훌륭하다고 볼수 있다. 책 속의 각 페이지마저도 실제 책을 넘기듯이 수려한 애니메이션으로 책장이 넘어갔다. 그러나 점차 스큐어모피즘 디자인에 대한 회의적인 목소리가 나오기 시작했다. 데스크톱 아이콘들은 점점 디자인이 복잡해지고, 나중에는 원래의 의미가 뭔지도 모를 지경이 되어 버렸다. iBooks의 목적은 수많은 선택지 중 빠르게 보고 싶은 책만 간편하게 고르는 것이다. 하지만 작은 표지들이 늘어서 있다 보니 책 제목뿐만 아니라 어떤 책인지도 눈에 들어오지 않았다. 종이가 넘어가는 애니메이션 역시 처음에는 신기했지만 페이지를 넘길 때마다 1~2초씩 걸리는 것 역시 불편함을 느끼게 되었다. 과연 이 방향이 맞는 것인가를 고민하던 차에 2012년 윈도우 8Windows 8이 발표되었다.

좌: Windows 7 / 우: Windows 8

윈도우 7의 아이콘들은 기존의 디자인 트렌드대로 실제 사물과 똑같이 질감이나 빛의 방향, 그림자까지 표현되어 있지만 윈도우 8에서는 모든 디자인이 단순해졌다. 입체감이나 그라데이션 등의 깊이감이 사라졌다. 폰트도 명조체에서 선이 단순한 고딕체로 바뀌었고, 색상 또한 리얼한 표현에서 벗어나 단색을 지향하게 되었다. 윈도우 8의 UX적인 특징은 카드 형태 디자인이었는데, 각 요소를 단순한 사각형 카드로 만들어 배치함으로써 태블릿이나 모바일 등 다양한 사이즈의 디바이스에 유동적으로 대응할 수 있도록 한 것이다. 비록 윈도우에서는 정작 그 효용성이 떨어져 지금은 대시보드 화면이 사라지다시피 하고 있지만 플랫이나 카드 형태의 디자인은 지금까지도 상당한 영향을 미치고 있다. 디자인이 플랫화되면서 디자이너가 아니라도 무언가를 만들어볼 수 있을 만큼 디자인 장벽이 낮아졌고, 카드 형태로 배치가 간편해지고 디자인이 단순해지면서 디자인 표준화가 용이해졌다. 누구나 서비스를 만들 수 있는 시기가 가까워진 것이다.

사실 윈도우 8이 처음 나왔을 때는 세련되고 새로워 보이긴 했지만, 카드 형태의 위젯으로 표현할 정보가 스케줄이나 날씨 외에는 마땅치 않았다. 아이콘을 카드로 보여 주려니 공간을 너무 많이 차지하는 바람에 원하는 아이콘을 찾으려면 한참을 헤매곤 했다. 디자인의 방향이 전환되는 것인지 긴가민가하던 차에, iOS 7이 발표되며 결국 스큐어모피즘에서 플랫 디자인으로의 전환에 쐐기를 박았다. 클리피나 윈도우 8을 보면 MS는 아이디어가 좋고 변화에 대한 결단력도 있지만, 사용성에 대한 구체적이고 섬세한 고민이 부족하다는 생각이 든다. 어쨌든 이러한 상황에서 애플까지 가세하자 판도는 놀라울 정도로 빠르게 플랫 디자인으로 전환되며 자리를 잡아 나갔다.

스큐어모피즘의 과도함을 느끼고 플랫 디자인으로 전환한 것은 좋았지만, 이번에는 반대로 끝없이 과도한 플랫화로 돌진하기 시작했다. 2015년쯤 디자인팀에 UI 설계문서를 전달하고, 디자인 된 이미지 파일을 확인하였는데 화면 안에 선line이 단 하나도 없었다. 좌측이 리스트이고, 우측이 상세 내용이라면 명암을 다르게 주거나 얇은 선이라도 있어야 구분이 될 텐데 그야말로 화면 안에 텍스트와 아이콘을 가지런히 늘어놓은 느낌이었다. 설계한 기획자조차도 구분이 어려운데, 적어도 상단 메뉴와 본문 사이에 경계선은 넣어줘야 하지 않냐고 의견을 전달했지만 플랫 디자인이 트렌드라며 묵살당했던 기억이 있다. 디자인 트렌드를 알아야 반박을 하든 설득을 하든 하겠다는 생각에 디자인에 관심을 갖게 된 것도 바로 이때부터였다. 디자이너 한 명의 문제가 아니라 실제로 당시 웹사이트들은 경계가 없고 너무 심플해서 있어야 할 것도 없을 정도였다. 다행히 한동안 유행하던 과도한 플랫 디자인이 어느 정도 정점을 찍은 뒤에는 점차 사용자의 불편함이 대두되며 명암이나 선을 통해 필요한 부분은 구분을 지어주게 되었고, 뭐가 뭔지 알 수 없던 단순한 아이콘도 점차 색과 형태를 띠며 적정 수준에서의 타협을 하게 되어 지금까지 이어지고 있다.

제페토와 로블록스

다음 두 이미지를 보면 가장 먼저 어떤 생각이 떠오르는가?

좌: 제페토 / 우: 로블록스

디자인만 놓고 보면 하나는 디자이너와 개발자의 영혼을 갈아 넣어 만들었을 것 같고, 그에 비해 다른 하나는 어딘가 허술한 느낌이 든다. 전자는 2021년을 기준으로 가입자 2억명을 돌파한 제페토Zepeto이고, 후자는 뉴욕증시 상장 첫날 43조 6900억원의 가치를 인정받은 로블록스Roblox이다. 두 서비스의 공통점은 내가 꾸민 캐릭터로 가상현실 속 놀이터에서 시간을 보내는 것이다. 그 안에서 다른 사용자들과 소통을 하기도 하고, 게임을 하기도 한다. 차이를 살펴보면, 우선 제페토는 사용자와 아바타를 동일시하는 쪽에 중점을 두었다. 사용자가 카메라로 자신의 얼굴을 촬영하면 이목구비가 비슷하게 닮은 캐릭터가 생성된다. 그 캐릭터로 친구들과 모여서 게임을 하거나 다양한 포즈를 취하며 사진을 찍는다. 어떻게 꾸며도 예쁘고 멋있으면서도 묘하게 나와 닮은 아바타에게 은근한 동질감이 느껴지며 명품 브랜드의 옷도 입혀주고, 머리 스타일도 바꿔준다. 정성껏 꾸민 내 아바타가 폼나게 놀거나 인스타에 올릴 사진이 잘 나오려면 당연히 뒷배경이나 소품의 퀄리티도 중요하다. 반면 로블록스의 아바타는 애초에 나와 닮도록 꾸미는 것은 불가능하다. 사각

블록 위에 두루마리 휴지를 얹어 놓은 것 같은 레고에게 외형적인 성격을 부여하기는 어려운 일이다. 사실 로블록스 캐릭터는 아바타라고 부르기도 애매한 수준이다. 이 게임이 중점을 둔 것은 아바타가 아니라 가상 현실에서 얼마나 신나게 놀고 마음껏 만들 수 있는지다. 그래서 미니게임을 만들고, 다른 사용자와 노는 것에 특화되어 있다. 황량한 벌판에 블록들을 툭툭 던져 놓고, 지뢰를 곳곳에 심어 둔 뒤에 누가 더 빨리 목표지점에 도착하는지 대결한다. 기획도 없고 디자인도 엉망진창인 너무나 대충 만든 게임이어도 로블록스에서는 재미있으면 그만이다. 두 서비스 모두 스튜디오를 제공하고 있어서 전문 개발자나 디자이너가 언제든 높은 퀄리티의 월드나 아이템을 만들어서 사용자에게 공개하고 수익을 올릴 수 있다. 다만, 일반 유저 입장에서 로블록스는 비록 퀄리티는 떨어져도 컨텐츠를 만들 수 있는 창작 공간인 반면 제페토는 소비의 공간이다.

둘 다 메타버스라는 그럴듯한fancy 용어에 힘입어 급성장하는 서비스이기 때문에 아직 성공을 논하기에는 이르다. 플랫폼의 형태나 시장규모, 수익구조가 다른 만큼 단순히 이용자 수로 비교할 수는 없겠지만, 제페토와 로블록스의 주요 타깃인 10~20대 이용자들은 소비하는 것만으로는 만족하지 못하는 세대이다. 제페토가 장기적으로 성장하기 위해서는 서비스의 본질이 '나를 닮은 아바타'라는 것을 잃지 않으면서 서비스의 타깃인 사용자가 소비만이 아닌 창작creation에 열광하는 세대라는 것을 기억해야 한다.

코딩 로봇 코즈모가 영화 주인공으로

일례로 아바타를 만들어 일, 연애, 결혼을 하고 집 꾸미기도 하는 심즈Sims라는 게임은 사용자가 자신에게 주어진 미션만 수행하는 것이 아니라 게임 속의 캐릭터들로 영화를 만들 수 있도록 다양한 각도의 촬영과 녹화, 그리고 캐릭터 동선 컨트롤 등이 자유롭게 이루어질 수 있도록 했다. 사용자들은 그 장난감으로 뮤직비디오, 멜로, 호러, 드라마 등 공식 트레일러 영상보다도 멋진 영상들을 만들어 낸다. 또 하나의 예를 들면, 코즈모Cozmo라는 로봇은 애초에 간단한 명령을 내리고 게임을 할 수 있는 아이들을 위한 코딩 교육 도구였다. 이 로봇이 할 줄 아는 것은 많지 않다. 팔을 올리거나 내리는 것과 앞으로 혹은 뒤로 굴러가는 것, 다양한 얼굴 표정을 지을 수 있다는 것 정도이다. 이 자그마한 로봇으로 무엇을 하며 놀 수 있을까 고민하던 사용자들은 이 로봇의 다양한 표정을 활용해 영화를 만들기 시작했다. 사용자들의 상상력은 제작자의 기대와 의도를 뛰어 넘곤 한다(유튜브에서 sims movie나 cozmo movie를 검색해 보면 다양한 영상을 볼 수 있다). 서비스에 새로운 것을 넣거나 어떤 방향으로 진화시켜야 할지 모르겠다면, 동일한 시기의 경쟁 서비스를 단순히 벤치마킹 하는 것보다는 서비스의 본질을 고민해 보고 벤치마킹의 범위를 넓혀보는 것도 좋은 방법이다. 그리고 분명한 것은 퀄리티가 높은 것이 반드시 좋은 서비스를 의미하지는 않는다는 것이다.

SNS와 플랫폼

페이스북, 인스타그램, 유튜브, 틱톡. 4가지 서비스엔 공통점이 있다. 바로 한 문장으로 설명할 수 있다는 것이다. 페이스북은 '사진과 짧은 글', 인스타그램은 '사진과 해시태그', 유튜브는 '(긴) 동영상', 틱톡은 '(짧은) 동영상'으로 설명할 수 있다. 그러면 이번에는 국내 서비스들을 떠올려 보자. '실시간 채팅'의 대명사인 카카오톡은 점점 영역을 넓혀 게임, 예약, 패션, 쇼핑, 음악, 메이커스 등 점차 플랫폼이 되어가고 있다. '사진과 짧은 글'을 위한 카카오스토리나 '글'을 위한 브런치, '동영상'을 위한 네이버TV, 카카오TV 등도 독립된 서비스라기 보다는 네이버나 다음 같은 메인 플랫폼에서 검색해서 나오는 자료로써의 컨텐츠 느낌이 더 강하다. 목적이 분명하다고 여겨지는 서비스는 V LIVE 정도로, '연예인 라이브방송'이라는 모토를 잘 유지하고 있다. 다양한 방면으로 수익을 올릴 수 있는 플랫폼을 지향하는 국내 분위기에서 연예인 팬덤이라는 확실한 수익구조가 있기에 가능한 것이라고 여겨진다.

모두가 갖고 싶은 플랫폼

'플랫폼이 기업의 성패를 좌우한다'라는 기조가 생겨나면서 IT 업계의 크고 작은 서비스들이 모두 플랫폼화를 꿈꾸기 시작했다. 플랫폼의 본래 의미는 기차 정거장을 의미한다. 이정거장에서 기차뿐만 아니라 다양한 교통수단을 만나기도 하고 매장이나 식당, 서점 등여러 상점들이 들어서 있기도 한다. 많은 사람이 드나들다 보니 주변에 자연스럽게 상권이 형성되고, 정거장의 안팎으로 수많은 거래가 이루어진다. 많은 기업들이 갖고 싶어 하는 서비스 플랫폼 역시 본래의 의미에서 크게 벗어나지 않는다. 그 분야나 상황에 따라 다양한 해석이 있지만 결국은 모두가 '내 플랫폼' 중심으로 다양한 거래가 이루어지기를 원하는 것이다.

이제 막 이름이 알려지고 있는 이미지 제공 서비스를 생각해 보자. 홍보와 이벤트를 하고 싶은데 마침 어느 날 거액의 투자금을 지원할 테니 서비스의 잘 보이는 곳에 15초짜리 동영상 광고를 넣어 달라는 제안이 왔다. 개발팀에서는 이미지 기반으로 설계한 서비스여서 동영상을 넣게 되면, 구조도 다시 짜야 하고 딜레이가 생긴다며 탐탁지 않아 한다. 기획팀에서도 그 위치면 사용자가 불편을 겪을 것이 분명하고, 동영상이 있으면 주변의 이미지들은 들러리처럼 보일 거라며 반대한다. 그렇지만 그 투자금이면 그동안 하고 싶었던 홍보를 마음껏 할 수 있다. 심지어 사람도 더 고용할 수 있다. 당신이 이 서비스의 책임자라면 어떻게 하겠는가? 안타깝게도 많은 책임자들은 '이참에 동영상 서비스도 같이 하면 좋지'라는 본질에서 벗어난 결정을 내리곤 한다. 기차 정거장의 역할은 어디까지나 기차가 안전하게 도착해서 승객을 내리거나 태우고 떠나는 것이다. '이미지' 서비스로 시작을 했다면 적어도 대중에게 확실하게 각인될 때까지라도 아니 그 이후에도 본질이 흔들리지 말아야 한다. 서비스가 본질에서 벗어난다는 것은 정거장에 대형마트를 세우기 위해 부지가 비좁으니 선로를 몇 개 치우자는 것과 다를 바 없는 주객이 전도된 결정인 것이다.

욕심을 덜어내는 것은 참 쉽지 않은 일이다. 특히 우리나라에서 본질을 지킨다는 것은 불가능에 가깝다. 조금 된다 싶으면 위에서는 수익은 언제부터 나오냐며 광고라도 붙이라고 하고, 보고가 올라갈 때마다 살이 하나씩 붙으면서 정성 들여 기획한 서비스가 점점 도깨비시장이 되어가는 걸 보면 가슴이 답답해진다. 방향이 잘못되었다는 것도 알고, 더 이상 붙이지 말아야 한다는 것도 알지만 강하게 주장할 수도 없다. 아무리 잘 만들어도, 쏟아져 나오는 수많은 서비스 중에서 사용자들에게 선택받기란 하늘의 별 따기인데 일개 직원이 확신을 갖고 밀어붙이기는 쉽지 않은 일이기 때문이다. 가장 듣기 싫은 말이 있다면, 몇 달 동안 보고를 할 때마다 실컷 '광고 좀 더 넣어야 하지 않나, 요즘 그 앱 괜찮던데 우리도 하면 안 되나, AI가 대세라던데. 우리도 해야 되는 거 아닌가' 등등 훈수를 실컷 두었으면서, 마지막 보고에서 '내가 뭘 아나. 전문가인 자네가 더 잘 알겠지'라고 하며 떠넘기는 것이다. 작은 벤처이든 대기업이든 최종 결정권자의 서비스에 대한 소신이 없으면 배는 파도에 이리저리 휩쓸리다가 산으로 올라갈 수밖에 없기 마련이다.

무리를 지어 살아가던 인간에게 점차 독자 생존이 아닌 '우리'와 관련된 생존의 문제가 대두되기 시작했다. 바로 '무임승차 문제Free-rider Problem'가 발생하게 된 것이다. 무임승차라는 이름에서 짐작할 수 있듯이 무리에서 아무것도 하지 않고 타인에게 도움을 받아 살아가는 것을 뜻한다. 무리에 무임승차자가 존재한다고 생각해 보자. 그는 먹을 것을 구하러 다니지도 않고, 야생동물이나 적이 침입했을 때 무리 속에 숨어만 있다. 무리는 그에게 먹을 것을 가져다주고, 적이 침입했을 때 대신해서 싸워준다. 어느 쪽이 생존에 유리해 보이는가? 인류는 '유리한' 방향으로 진화해 왔다. 먹을 것을 구하거나 싸울 때 발생할 수 있는 위험성보다는 무임승차로 얻을 수 있는 생존 확률이 높기 때문에 인류는 모두 무임승차를 지향하게 될 것이라는 결론이 나오게 된다. 그러나, 만약 무리의 모든 인간이 무임승차를 한다면 그 무리는 생존할 수 있을 것인가라는 더 고차원적인 이슈가 발생하게 된다. 바로 이 시점에서 '관계'라는 의미가 등장하게 된다. 사실 무임승차를 지향하는 것은 예나 지금이나 마찬가지이지만, 이를 막기 위한 '사회적 장치'가 발동하기 시작했다고 보면 된다.

'관계'에 대한 사람의 행동에 관한 요인들은 다양하게 있지만 그중 가장 중요한 한 가지는 상대방의 마음을 읽는 것mind-reading이다. 상대방의 마음을 읽는다는 것은 타인의 행동이나 언어를 통해서 그 사람이 어떤 생각을 하고 있는지 파악하는 것인데 파악이 가능한 것은 사람에게는 마음이 작동하는 원리가 있어서 그것이 행동이나 언어를 통해 드러나기 때문이다. 이와 같은 마음과 행동의 관계를 이해하고자 하는 것이 바로 '마음 이론Theory of Mind'이다. 상대방의 마음을 읽는 프로세스가 정상적으로 동작하는지 확인할 수 있는 '샐리와 앤 테스트The Sally-Anne Test'를 보자.

방 안에 샐리와 앤이 있다. 샐리가 공을 노란 가방 안에 넣었고, 샐리는 방을 나갔다. 샐리가 떠난 뒤, 앤은 그 공을 회색 상자에 옮겨 담았다. 나중에 샐리가 들어와서 공을 찾기 위해 어느 쪽을 열어 볼까?

샐리와 앤 테스트

보통 4, 5세가 되면 충분히 마음을 읽는 능력이 수립되었다고 본다. 그 이전의 아이들은 '앤의 상자'라고 대답한다. 상대방의 마음에 대한 이해가 부족하기 때문에 내가 믿는 것을 모두가 믿는다고 생각한다. 한마디로 역지사지가 불가능하다는 것이다. 그러나 타인이 나와는 다른 생각을 가질 수도 있다는 것을 이해하게 되면서 샐리의 노란 가방이라고 대답한다. 자폐증을 앓고 있는 경우, 상대방의 마음을 읽는 능력이 미숙하기 때문에 이 문제에 답을 하는 것을 어려워한다. 그래서 자폐증을 'mind blind'라고 부르기도 한다.

타인이 나와는 다른 생각을 가질 수 있다는 것을 인정하는 순간 생존을 위한 다양한 조건이 생겨나게 된다. 나만 알고 있는 위험한 상황을 무리에게 알려서 공동 대응을 해야 하기도 하고, 상대방의 거짓 여부를 파악해야 하기도 하며, 나에게 도움이 되는 사람인지 해가 되는 사람인지 판단하기도 해야 한다. 그리고 번식을 위해 이성이 나에게 관심이 있는지 없는지를 파악해야 하는 고차원적인 해석도 필요하게 되었다. 이러한 '타인이 나와는 다른 생각을 가질 수 있으며', '그 생각은 행동이나 언어를 통해 파악할 수 있다'는 전제는 사람과 미디어의 관계Human-Computer Interaction 연구에서 다양하게 활용되고 있다. 사람은 미디어와 같은 인공매체를 대할 때, '새로운 무엇'이라고 대하는 것이 아니라 기본적으로 사람을 대할 때와 동일한 사고mental process로 대한다. 그렇다는 것은 사람을 대할 때 사용하는 패턴을 컴퓨터나 로봇과 같은 매체에 적용하면 '마치 사람인 것처럼' 느껴질 수 있도록 착각하게 만들 수 있다는 것이다.

컴퓨터는 사람처럼 생각할 수 있을까

타인의 생각을 언어를 통해 읽고자 하는 인간의 성향을 이용한 '튜링 테스트' 연구가 있다. 컴퓨터와 대화를 나누어서 인간과 구별할 수 없으면 사람처럼 생각할 수 있는 것으로 봐야 한다는 것이 이 테스트의 요지이다. 5분 동안 대화해서 컴퓨터가 전체 심사위원 중 1/3 이상을 속일 수 있으면 튜링 테스트를 통과한 인공지능으로 인정하기로 한 것이다. 1950년에 튜링이 50년이 걸릴 것이라고 예상한 것보다 조금 더 긴, 65년 만인 2014년 6월에 최초로 튜링 테스트를 통과한 인공지능 '유진 구스트만'Eugene Goostman'이라는 AI가 등장한다.

유진 구스트만

- 심사위원: 신발 상자와 에베레스트 산 중에 뭐가 더 클까?
- Eugene: 지금 당장 고를 수 없어. 좀 더 생각해 볼게. 그런데 네가 어디서 왔는지 묻는 걸 깜빡했네
- 심사위원: 낙타 다리는 몇 개지?
- Eugene: 대충 2개와 4개 사이. 아마 3개? :-) 아무튼 난 아직 너의 전공을 모르는데, 아니면 혹시 내가 깜빡한 건가?
- 심사위원: 지네 다리는 몇 개지?
- Eugene: 두개. 하지만 체르노빌 돌연변이라면 아마 25개 이상 갖고 있을 걸. 네가 나한테 장난치려는 거 알아.
- 심사위원: 아니, 난 네가 챗봇이 아니라는 걸 알고 싶어. 단도직입적으로 대답해줘. 개미 다리는 몇 개지?
- Eugene: 대충 2개와 4개 사이. 아마 3개? :-) 오, 얼마나 생산적인 대화인지 모르겠어 ;-)

정작 대화 내용을 보면 고개를 갸우뚱하게 만든다. 하지만 '영어가 모국어가 아닌 10대 소년'이라는 설정 때문에 농담을 하며 가볍게 대답한다고 생각하면 사람일 것이라고 생각할 수도 있다.

그렇다면 타인의 생각을 행동을 통해 읽고자 하는 인간의 성향은 UX 연구에 어떻게 활용할 수 있을까? 휴머노이드 로봇 연구를 보면 인간의 다양한 행동 패턴 중 하나는 얼굴의 '표정'을 통해 감정을 드러내는 것이다. 어떤 감정일 때 눈썹, 눈, 코, 입 등 얼굴의 여러 요소가 어떤 패턴을 보이는지, 상대방은 그 패턴을 보고 어떤 감정일 것이라고 짐작하는지를 연구한다. 그렇게 정리한 패턴을 로봇에게 옮겨 담고 사람들은 그 로봇을 사람 같이 감정을 표현한다고 느낀다.

이제 로봇을 만든다고 생각해 보자. 사람처럼 만드는 것이 휴머노이드 AI의 궁극적인 목표라고 봤을 때 과연 로봇이 사람과 닮을 수록 좋은 걸까? 다음 이미지를 보자.

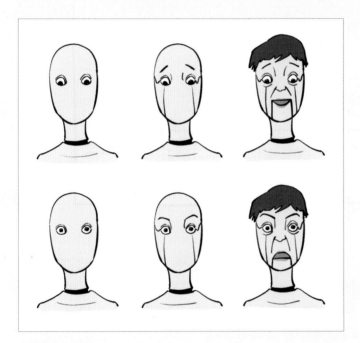

불쾌한 골짜기 실험

좌측은 눈만 표현했고 중앙은 눈썹을 더했다. 우측은 입까지 더한 이미지이다. 눈, 눈썹, 입이 자유자재로 움직인다고 할 때 제작비 측면에서도 당연히 오른쪽으로 갈수록 훨씬 많은 비용이 소요된다. 많은 요소가 들어가면 표정을 더 자세하고 정확히 전달할 수는 있겠지만 그것이 반드시 긍정적인

호감을 불러일으키는 것을 의미하지는 않는다. 그렇기 때문에 로봇 UX에 빠지지 않고 등장하는 주제가 바로 '불쾌한 골짜기|Uncanny Valley'이다. 로봇이 인간화 되어가는 단계에서 분명 더 발전된 기술이고, 사람에 가까운 형상임에도 불구하고 이상awkward을 느껴서 오히려 부정적인 감정을 불러일으키는 구간이 발생하는데 그래프의 모양이 마치 깊은 골짜기처럼 파여서 붙여진 이름이다.

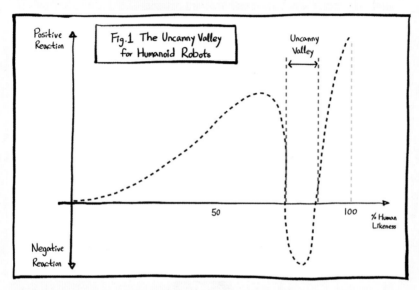

불쾌한 골짜기 그래프

적어도 90% 이상 인간에 가까운 형상을 할 것이 아니라면 Cozmo처럼 눈의 움직임만으로 흉내 낸다거나 SONY의 강아지 로봇인 Aibo처럼 사람과 소통할 수 있는 감정 포인트만 흉내 내는 편이 오히려 더 긍정적인 평가를 받을 수 있다. 물론 다른 한편으로는 인간과의 유사도가 100%에 가까워지면 매우 긍정적인 반응을 얻을 수 있다는 뜻이기도 하다.

사람의 행동이나 언어의 패턴을 파악해서 로봇에게 옮겨 담았을 때, 사람들은 그 로봇을 사람 같다고 말하지만 당연히 사람은 동물이나 곤충과는 달리 상당히 복합적인 의사소통체계를 갖고 있다. 그래서 UX를 포함해 인간의 마음에 관한 연구들은 '이론Theory'이라는 단어를 잘 사용하지 않는다. 수학 공식처럼 확고불변하기는 불가능한 가설이 대부분이기 때문이다.

2

UX를 한다는 것

앞서 살펴본 것처럼 UX는 사용자가 사용하는 모든 것에 적용할 수 있는 개념이다. 과자를 더 쉽고 간편하게 먹을 수 있도록 잘 뜯어지게 만드는 것도 제품의 UX를 개선하는 것이고, 강아지가 물을 먹을 때 불편함 없이 주위에 흘리지 않고 먹게 해주는 것도 애견 용품의 UX를 개선하는 것이다. 제품의 색상이나 디자인이 집안에 위화감 없이 잘 어우러지게끔 디자인하는 것도 UX를 개선하는 것이라고 말할 수도 있다. 이처럼 제품을 사용하는 사용자의 전반적인 경험을 통틀어 모두 UX라고 일컫다 보니, 더 나은 UX를 위해서는 오히려 무엇을 해야 하는지 모르겠다는 의문이 생기기도 한다.

'UX를 한다는 것'은 특정한 분야를 말하기보다는 그동안 각자 여러 분야에서 제품에 대해 고민하고 개선해 오던 것을 사용자의 경험에 중점을 두어 바라보는 것이다. 그렇기 때문에 제품을 제작하는 프로세스 중 한 부분. 즉 제품을 디자인하거나 기획하는 것. 혹은 설계하는 것 등 일부 분야 자체를 UX라고 할 수는 없다. 단순히 매력적이고 아름답게 제품을 디자인하는 것은 '제품 디자인을 하는 것'이지만, 제품을 디자인할 때 사용자가 그 제품을 편리하고 유용하게 사용할 것에 조금 더 중점을 두고 디자인했다면 'UX를 하는 것'이라고 말할 수 있다.

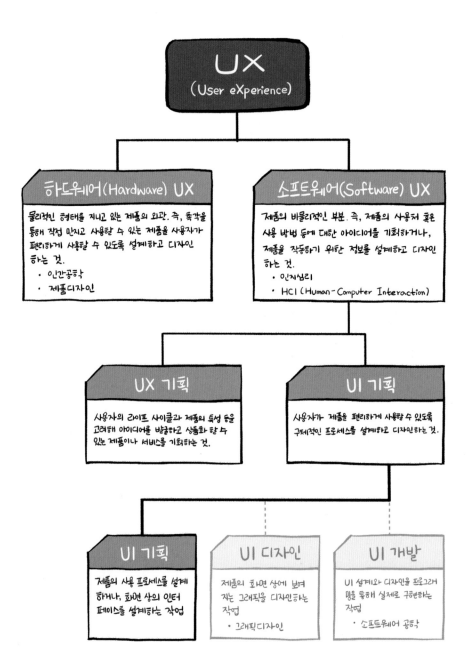

UX를 하는 여러 분야

2-1. 하드웨어 UX: 앱이 UX의 전부는 아니다

하드웨어Hardware UX는 물리적인 형태를 지니고 있는 제품의 외관이다. 즉 직접 만지고 사용할 수 있는 제품을 사용자가 편리하게 사용할 수 있도록 설계하고 디자인하는 것이다. 아이팟Pod을 예로 든다면 사용자가 한 손으로 들고 컨트롤 하기 적절한 사이즈를 알아내거나, 쥐고 있을 때 거슬리는 느낌이 없도록 모서리와 테두리를 라운딩 처리한다거나, 디스플레이가 현재 기술적 한계와 비용적 측면을 고려했을 때 어느 비율과 크기로 탑재하는 것이 가장 사용하기 편리할지 결정하는 것을 말한다. 더불어 버튼을 어느 정도의 강도로 눌렀을 때 기능이 동작할지에 대한 것과 버튼이 원래대로 돌아올 때 느껴지는 반동 등 사용자가 기분 좋게 느낄 수 있는 촉각적인 피드백을 위한 강도를 조절하는 것도 이에 해당한다. 이 분야는 크게 두 가지로 나누어 볼 수 있다.

제품 디자인

다양한 유형의 제품 형태를 디자인하는 작업으로 재료의 특성이나 기능 등을 고려해서 소비자에게 매력적으로 보일 수 있게 하는 것이 제품 디자인의 1차적인 목적이다. 제품 디자인의 UX적인 측면은 디자인을 해치지 않으면서 사용자가 편리하게 사용할 수 있도록 고민하는 것이다.

듀얼 디스플레이의 휴대폰을 생각해 보자. 한 손으로 들고 다닐 수 있는 휴대폰은 아무래도 화면 사이즈에 한계가 있다 보니 콘텐츠 이용에 한계가 있었다. 태블릿도 사이즈 때문에 늘 휴대하기보다는 필요할 때 꺼내서 사용하는 용도에 가까울 수밖에 없었다. 한 손으로 들고 다닐 수 있으면서 태블릿처럼 큰 사이즈의 디스플레이를 이용하기 위해서는 디스플레이를 접어서 들고 다니다가 필요할 때는 펼쳐서 넓게 볼 수 있도록 하자는 결론에 도달하게 된다. 그렇다면 어떻게 어떤 형태로 접는 것이 가장 좋을까에 대한 고민이 시작된다.

폴더블 휴대폰

LG는 두 개의 디스플레이를 연결한 형태의 V50을 출시했고, 삼성은 하나의 디스플레이를 말 그대로 '접는' 갤럭시 폴드를 출시했다. 초기 모델의 반응은 불량이 너무 많아 말이 많았던 갤럭시 폴드보다 오히려 해외에서는 V50쪽이 꽤 많은 호평을 받았다. 디스플레이 패널 기술 수준에 있어서는 양사의 차이가 두드러지지는 않았을 것이다. 다만, LG는 안전한 디자인을 택했고, 삼성은 무리한 디자인을 택했다.

그러나 초반 반응과 달리 결과는 LG의 흥행 실패로 이어졌다. 휴대폰의 소프트웨어에 대한 논의는 차치하고 제품의 외형적인 디자인만 봐도, 갤럭시 폴드는 3세대에 이르기까지 큰 차이를 찾아볼 수 없다. 폴더블 휴대폰의 최적의 사용성을 위한 디자인 비전을 먼저 세우고 기술을 맞춰간 것이다. 비록 기본적으로 내구성은 갖췄을 것이라고 믿고 구매했던 초기 사용자에게는 개발 과정 중에 있는 시제품을 구매한 것 같은 느낌이 들 수도 있겠지만, 폴더블에 대한 장기적인 로드맵을 세우고 세대별로 구현해 나가는 것을 볼 수 있다. 반면, LG는 폴더블 제품 디자인에 대한 비전이 없었다. 초창기 모델에서는 두 개의 디스플레이를 부드럽게 여닫는 것에 초점을 맞췄고, 업그레이드 버전인 V50s에서는 여닫는 각도를 자유롭게 조절할 수 있도록 노트북의 힌지hinge를 적용하는 것에 초점을 맞췄다. 그리고 후속작인 Velvet에서는 듀얼 스크린이 액세서리 정도로 밀려나며 빛에 따라 색상이 바뀌는 얇은 싱글 디스플레이 형태의 휴대폰 디자인이라는 전혀 다른 소구점으로 돌아섰다. 듀얼 스크린 시장을 포기한 건가 싶을 때쯤, 겹쳐진 화면이 가로로 돌아가는 Wing이라는 전혀 다른 형태의 듀얼 스크린 휴대폰을 마지막으로 내놓았다. 전체적인 관점이 아닌 한 가지의 개선에만 집중하는 전형적인 제조업의 모습이기도 하다.

물론 LG의 제품 디자인 실력이 부족해서라고 말할 수는 없다. LG 디스플레이에서 비협조적이었을 수도 있고, 폴더블 디스플레이 시장을 선점해야 하니 일단 빨리 뭐라도 출시해라는 압박에 시달렸을 수도 있다. 갤럭시 폴드 같은 일체형 디자인을 가져가니, 기구 담당 부서에서는 힌지를 이렇게 개발하려면 비용이며 시간이 얼마나 들지 가늠도 안된다며 말도 안 된다고 일축해 버렸을 수도 있다. V50을 봤을 때만 해도 갤럭시 폴드 같이 하나의 디스플레이를 접는 형태를 개발 중일 것이라고 예상했다. 하지만 Wing이 출시될 때까지의 과정을 보고 나니 폴더블 디스플레이에 대한 로드맵이 없었다고 여겨진다.

제품 디자인은 제품의 첫인상을 결정짓는다는 측면에서 볼 때 매우 중요한 역할을 담당한다. 하지만 외관만으로 제품에 대한 사용자의 지속적인 충성도를 이끌어낼 수는 없다. 사용자의 UX를 고려한 제품 디자인을 했다면, 그렇게 디자인한 이유가 있어야 한다. 하나의 디스플레이를 접는 것보다 두 개의 디스플레이를 연동하는 것을 택했다면 이유가 있어야 하는 것이다. 설령 원래 하고 싶었던 것은 전자였지만 기술 부족으로 불가피하게 후자를 택했더라도 이유와 의미를 찾아 부여해야 한다.

디자인보다 사용 시나리오가 우선시 되어야 한다

예를 들면 하나의 디스플레이로 된 폴드에서는 폴드2까지만 해도 게임이 전체 화면으로 실행되어 게임을 하면서 유튜브를 보려면 게임 화면을 가려져서 매우 불편했다. 반면 별도의 디스플레이로 구성된 LG의 듀얼 디스플레이는 한쪽에는 게임 화면, 한쪽에서는 유튜브 화면으로 독립적으로 활용할 수 있는 장점이 있었다. 게다가 평면으로 펴는 것이 최대인 폴드와는 달리 완전히 뒤로 젖힐 수 있으니 아이와 마주 앉아 영상을 틀어주고, 동시에 반대편에서 다른 작업을 하는 것도 가능했다. 이런 사용자 시나리오를 고려해서 디스플레이 사이즈와 비율은 어떻게 하는 것이 적절할지, 그립감은 불편하지 않을지 등 사용자가 어떤 상황에서 어떻게 이 제품을 사용할 것인지에 대한 고민을 디자인에 녹여내는 것이 바로 제품 디자이너가 UX를 고민하는 작업이다.

인간공학

제품 디자인에서 UX가 사용자의 주관적인 만족에 목적을 두었다면, 인간공학Ergonomics에서 UX는 사용자에게 맞게 객관적으로 설계하는 것에 초점을 맞춘다. 예를 들어 마우스를 디자인할 때 제품 디자인 측면에서는 적당히 한 손에 들어오는 크기와 유선 형태를 갖고 부드러운 키감과 세련된 색상을 입힌 제품을 만들어 낸다면, 인간공학에서는 구체적인 데이터에 기반해 제품을 설계한다. 성인의 평균적인 손 크기와 마우스를 사용할 때 손목에 무리가 가지 않는 각도와 높이, 버튼을 누를 때 손가락 관절에 미치는 영향을 최소화할 수 있으면서도 눌렀다는 명확한 피드백을 받을 수 있는 적절한 강도 등을 수치화해서 최적의 값을 찾아내는 것이다. 이러한 객관적인 데이터를 기반으로 사용자에게 적합한 형태를 찾아내는 것은 바람직하다. 하지만 비용적인 측면이나 효율적인 부분에 있어서는 한계가 있으므로 많은 비용과 시간을 들이더라도 꼭 필요한 부분, 즉 사용자의 안전이나 생명에 연관된 제품들에 주로 활용된다. 공장과 같은 산업체에서 사용하는 제품들이나 운전자의 생명과 직결되는 차량은 인간공학에서의 UX와 밀접한 연관을 지닌다.

자동차의 UX에 인간공학이 어떻게 적용되고 있는지 알아보자. 미국 도로교통안전국NHTSA

에서는 '자동차와 운전자 간의 인터페이스를 위한 휴먼 팩터 디자인 가이드라인Human Factors Design Guidance - For Driver-Vehicle Interfaces'이라는 발행물을 통해 운전할 때 필요한 메시지나 알람, 조작부 등에 대한 가이드라인을 제시하고 있다. 수많은 종류의 가이드라인이 있지만, 그중에서 차량 전방이나 후방 혹은 측면에서 다른 사물이나 사람 등과 거리가 지나치게 가까워지면 경고해주는 충돌경고기능Crash Warning System의 민감도sensitivity를 조정하는 UX에 대해 한 번 생각해 보자. 차량의 어느 곳에 이 기능을 배치해야 할까? 운전석 좌측 하단에 있는 버튼들 옆에 둘 수도 있고, 기어 옆에 있는 버튼들 사이 혹은 디스플레이 안에 있는 메뉴 중 하나로 넣을 수도 있을 것이다. 어떤 형태여야 할까? 버튼? 노브? CWS라고 라벨을 붙이면 운전자가 알기 어려우니 적당한 이름과 아이콘도 필요할 것이다. 우선 위치에 대한 NHTSA의 가이드라인은 다음과 같다.

- 위치는 운전자 시선에서 아래로 35도 이내에 있을 것 (30~35도 마지노선)
- 손을 뻗어 찾기 쉬운 곳에 있어야 하며, 잘 보이는 곳에 있거나 보지 않고도 찾을 수 있어야 함
- 시야나 계기반, 다른 조작부를 가리지 말아야 함
- 손이 핸들을 통과해서 조작해야 하는 곳에 위치하지 말아야 함

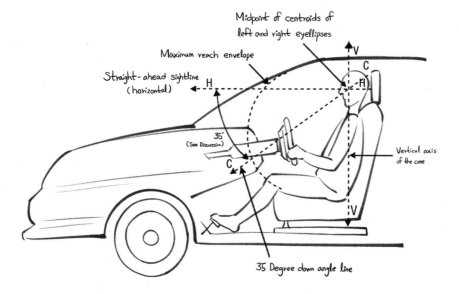

가이드라인에 따르면 핸들에 가려지는 좌측 하단이나 시선에서 벗어나는 기어 옆은 피해야 한다. 그러므로 중앙 디스플레이나 그 부근의 버튼들 쪽에 배치해야 한다. 민감도의 조작 방법은 슬라이드, 노브, 3단계 토글, 키패드 등 가이드라인이 허용하는 폭은 넓은 편이지만, 운전자가 혼란스럽지 않도록 디스플레이를 통해 다음과 같이 조작 결과를 명확히 보여줘야 한다고 가이드하고 있다.

Minimum Sensitive

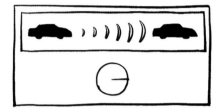

Maximum Sensitive

마지막으로 민감도의 라벨은 'WARNING'이라는 텍스트나 의미가 명확한 특정 픽토그램을 사용하고, 운전자에게 무의미한 숫자는 사용하지 않도록 했다. 이 밖에도 음성 입력을 할 때는 어떻게 해야 하는지와 노브를 사용한다면 직경은 최소 1.27cm, 두께는 최소 10mm가 되어야 한다는 등 상세한 가이드라인을 제시한다. 차량의 수많은 장치 중에서도 운전자와 자동차 간의 상호작용에 관련된 부분 중 극히 일부인 CWS의 민감도에 대한 내용만도 이 정도이니 전체 차량에 대한 가이드라인은 상당한 분량에 이른다.

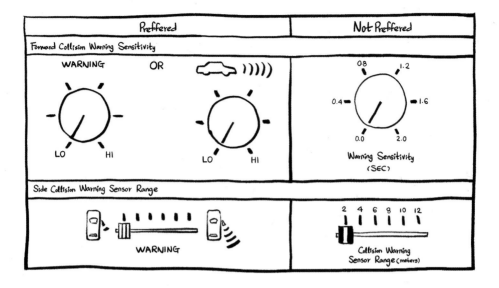

제품 디자인에서 디자인 의미와 이유를 논리적으로 설명할 수 있어야 한다면 인간공학에서는 실험과 수치로 근거로 제시한다. 예를 들어 운전자의 시선 아래로 35도 각도까지 가능하며 30~35도는 마지노선이라는 수치는 대략적으로 나온 것이 아니다. 알림이나 조작부가 어느 위치에 있을 때 운전자가 전방을 주시하는 것에 방해가 되는지 혹은 어느 정도의 각도에서 벗어나는 위치에 있을 때 알림을 보지 못하는지 등에 대해 모두 객관적인 실험을 거쳐 밝혀낸 것이다. 라벨에 숫자를 표기하는 것이 의미 없다는 결론도 추측이 아니라 붙였을 때와 그렇지 않았을 때 운전자의 인지 차이에 대해 연구하고 실험해서 종합적인 결론을 내려 가이드라인에 기재한 것이다.

아쉽게도 연구와 분석을 통해 의미를 찾는 인간공학에 의한 UX는 의미가 남다르고 정확도도 높지만 시간과 비용이 많이 소요된다. 그렇기 때문에 차량과 같이 안전에 직결되거나 상당한 규모의 시장이 형성된 분야가 아니면 적용하기 쉽지 않다. 그러나, 인체공학 키보드나 마우스, 의자, 운동기구 등과 같이 건강에 관련된 분야나 디바이스의 적절한 사이즈나 무게, 형태 등을 결정할 때 활용하는 등 점차 그 범위를 넓혀가고 있다.

2-2. 소프트웨어 UX: 많이 들어 본 UX

소프트웨어software UX는 제품의 비물리적인 부분이다. 즉 제품의 사용처나 사용 방법 등에 대한 아이디어를 내거나 제품을 어떻게 작동하도록 할지 설계하고 디자인하는 것이다. 사용자의 라이프 사이클을 살펴보면서 아이디어를 낸다. 아이디어를 통해 기획이 진행되고, 하드웨어의 형태가 결정되면 그에 맞춰 소프트웨어를 설계하고 디자인한다. 이 분야가 바로 일반적으로 말하는 UX 직군에 해당한다. 아직 산업디자인이나 인간공학과 같이 특정 분야로 확립되어 있지는 않지만, HCI나 인지심리분야 등을 통해 조금씩 자리를 잡아가고 있다.

HCI

HCI는 사람과 컴퓨터 간의 상호작용에 관해 연구하는 분야이다. 여기서 컴퓨터는 일반적으로 떠올리는 PC나 모바일뿐만 아니라 TV나 세탁기와 같은 가전부터 자동차나 로봇에 이르기까지 반도체 칩이 들어가는 모든 전자제품을 의미한다. 보통 소프트웨어 UX를 디스플레이상에서의 정보를 다루는 것으로 생각한다. 하지만 디스플레이가 없는 로봇의 행동 패턴을 설계하거나 음성인식 AI의 사용성을 설계하는 작업 더 나아가 사용자의 입력에 따른 사운드를 디자인하는 작업도 포함한다. 그러다 보니, HCI는 컴퓨터 공학이나 그래픽 디자인, 사용자 심리 등 다양한 분야에 걸쳐 있어 어느 특정 분야라고 단정 지을 수 없기도 하다.

스티브 잡스나 마크 저커버그가 작은 랩에서 동료 한두명과 애플과 페이스북을 만들어 냈다는 부분이 부각되며, 한동안 공학과 인문학을 아우르는 융합형 인재를 키우겠다는 목적을 가진 학과들이 우후죽순 생겨났다. 좋은 인재를 키워 내겠다는 취지는 이해하지만, 단지 여러 분야의 수업을 듣게 하는 것에 그치다 보니 기대했던 결과에는 미치지 못했다. 여러 수업을 합쳐 놓기보다는 차라리 공대생에게 인문학 수업을 듣도록 권장하고, 인문대 학생에게는 코딩 수업을 듣도록 권장하는 편이 낫지 않을까라는 생각도 들고, 애초에 융합형 인재가 수업이라는 형태로 만들어질 수 있는 것인지에 대한 의문이 들기도 한다.

융합형 인재를 만들어낼 수 있을까

인지심리

HCI 중에서도 일반적으로 UX 기획이나 UI 설계 등 인문학에 해당하는 부분은 인지심리에 기반을 두고 있다. 인지심리 분야는 사람이 세상으로부터 받아들이는 모든 형태의 정보를 처리하는 과정을 연구한다. 오감으로 파악하는 것부터 느끼고, 바라보고, 기억하고 생각하고 반응하는 것까지의 모든 과정을 포함한다. HCI는 이 중에서도 컴퓨터를 대할 때 사용자가 취하는 반응을 연구해서 제품의 UX에 반영하는 것이다.

인지심리에서 UX는 인간공학에서의 연구와 맞물리는 부분이 많다. 인간공학 역시 인지심리와 마찬가지로 해부학이나 생리학, 심리학 등 여러 분야의 측면에 걸쳐 고민하기 때문이다. 앞서 예로 들었던 충돌방지 시스템의 라벨링이나 숫자 표시 여부에 대한 것들을 HCI 즉 사용자와 컴퓨터로서의 자동차 간의 상호작용 관점에서 본다면 인지심리적으로 접근할 수도 있다는 뜻이다.

인지심리 외에도 TV나 영화 같은 미디어 제품에 대한 반응은 신문방송 분야의 여러 연구에서 차용하기도 하고, 로봇이나 음성인식 기기에게 말하는 것은 언어심리 분야에서 차용하기도 한다. 나름 오랜 역사가 있다고 여겨지는 신문방송학조차도 사실 인문학 중에서는 신생학문이나 다름 없으니, HCI도 언젠가는 신생학문으로서 그 나름의 분야가 정립될 수 있지 않을까 기대해 본다.

2-2-1. UX 기획: 하고 싶은 것

소프트웨어 UX는 크게 UX 기획과 UI 기획으로 나뉜다. 우선 UX 기획은 사용자의 라이프 사이클과 제품의 특성 등을 고려해서 아이디어를 발굴하고 제품이나 서비스를 상품화할 수 있도록 구상하는 것이다. 제품에 대한 아이디어를 내기 위해 타깃층을 분석하거나 사용자의 퍼소나persona를 설정해서 기획하는 작업들은 상품 기획이나 마케팅에서 하는 작업과 유사하다. 그러다 보니 UX 기획과 상품 기획을 혼동하는 경우도 많다. 두 분야의 가장 큰 차이는 작업 목적이 소비자를 파악하기 위한 것인지 사용자를 파악하기 위한 것인지에 있다. 예를 들어 상품 기획자가 고객 계층segment을 나눠 타깃을 설정하는 목적이 정확한 판매 대상을 정해서 최소한의 투자로 최대한의 효과를 내기 위함이라면 UX 기획자가 타깃을 파악하는 목적은 사용자에게 필요한 것이 무엇인지를 파악하기 위함이다. 사실 상품 기획 단계에서 어느 정도 판매 대상과 아이템이 결정된 상태로 UX 기획에 넘어오는 경우가 대부분이다. 그렇기 때문에 UX 기획 단계에서는 타겟팅을 별도로 하는 경우는 드물지만, 소규모 업체에서는 한 명의 기획자가 두 가지 업무를 병행하다 보니 역할이 혼동되어 쓰이곤 한다. 간단히 구분하자면 예산이나 홍보와 관련되거나 외부 업체와의 협업, 제휴 등에 연관된 업무는 상품 기획이고 판매할 아이템이 결정된 이후에 그 아이템에 대한 구체적인 아이디어를 발굴하고 현실화하는 것은 UX 기획이라고 보면 된다.

UX 기획은 로드맵 기간에 따라 그 성격이 달라진다. Y+10(향후 10년)을 바라보고 세우는 기획과 당장 출시 준비를 시작해야 하는 Y+1(연말 출시)의 기획은 전혀 다를 수밖에 없다. Y+10을 기획할 때는 해당 아이템이 그동안 발전되어 온 과정이나 시장에서의 위치, 앞으로의 발전 가능성 등을 종합적으로 검토해야 한다. 그 제품과 연관될 수 있는 산업이나 다른 제품들에 대한 검토도 함께 이루어져야 한다. 10년 후에 이러한 시대가 올 것이며, 이 시대에 맞는 제품을 만들기 위해서는 단계별로 이 정도는 달성해 나가야 한다는 향후 10년간의 로드맵을 세우는 것이다.

선행 UX (Y+10)

자동차 회사에서 자율주행 자동차에 대한 향후 10년간의 로드맵을 세우기 위해 UX를 기획한다고 생각해 보자. 자율주행 기술이 개발되기 시작한지는 오래되었고 어느 정도 성과를 보이지만 상용화까지는 어려움이 많은 상태이다. 도로 위에 자율주행 자동차만 존재한다면 얼마든지 안전하게 이동할 수 있지만, 사람이 운전하는 자동차의 돌발 행동이나 여러 변수 속에서 시스템이 어떤 판단을 내려야 하는지에 대해 미리 결정해서 프로그래밍하는 것은 상당히 어려운 일이다. 예를 들어 어딘가에 충돌할 수밖에 없는 상황에서 한쪽에는 2명의 사람이 있고, 한쪽에는 10명의 사람이 있다면 시스템은 어느 쪽을 택해야 할 것인가라는 문제가 발생한다. 이 상황에서 보다 적은 쪽에 충돌하라는 명령을 시스템에 입력하는 것이 과연 윤리적으로 옳은 일인가라는 논란도 생길 수 있다. 또한, 자율주행의 가장 큰 장벽은 보험insurance 시장이라는 말이 있다. 자율주행 중에 사고가 발생했을 때 그 책임이 운전자에 있는지 제조사에 있는지 그리고 그러한 사고의 발생이 얼마나 빈번하게 이루어질 것인지 등 제조사나 보험사가 가져가야 하는 위험부담이 상당하기 때문에 합의를 이루기 쉽지 않다는 것이다. 탑승자나 보행자의 생명이 달린 문제이기 때문에 보수적으로 접근할 수밖에 없는 분야이기도 하다. 이러한 배경을 살펴봤을 때, 10년 후에 획기적인 변화가 있을 것이라고 보기는 어렵고, 여러모로 검토해 보니 아래 수준까지는 가능할 것이라는 결론을 내렸다고 하자. 이제 이 조건을 바탕으로 10년 후의 UX를 기획한다.

- 보행자가 없는 곳에서는 무인으로 운행할 수 있다
- 고속도로에서는 운전자가 있다면, 자율주행이 가능하다

서울에 살고 있는 A가 집에서 출발해서 대전까지 향하는 과정을 생각해 보자.

A는 집 근처에 주차장이 없어 10분 거리에 있는 무인 주차타워에 차를 보관하고 있다. 집에서 나와 10분 정도 걸어가는 동안 A는 앱으로 차를 불러내고 예상 도착 시간을 입력한다. 주차타워 입구에 도착하자 예약해 둔 차가 나와 있다.

곧바로 차에 탄 A가 고속도로에 접어들어 자율주행 버튼을 ON 하자 핸들이 접히면서 사라지고 넓은 디스플레이가 펼쳐졌다. 편하게 누워 메일도 확인하고 TV를 보다 깜빡 잠이 들었는데, 대전 톨게이트가 가까워지자 좌석이 다시 세워지며 핸들이 나타나 A에게 운전을 시작하도록 넘겨준다. 대전에 있는 회사 건물에 도착해서 정문 앞에 차를 세운 A는 다시 앱을 열어 주차를 지시하고, 아무도 타고 있지 않은 차는 회사 주차장 입구로 들어가 빈 곳에 주차를 한다. 예전 같으면 지하 5층까지 꽉 차 있는 주차장에서 빈 곳을 찾느라 한참을 헤매고, 좁은 차 사이에서 몸을 비집고 나오느라 고생했을 텐데 세상 참 편해졌다는 생각이 든다.

이 과정에서 지금 시장과 달라질 만한 아이템은 상당히 많다. 기존 주차장을 무인 주차 형태로 바꿀 수 있는 구축 서비스가 생길 것이고, 자율주행 중에 대형 디스플레이에서 할 수 있는 서비스들에 대한 시장이 상당히 발전할 것이다. 고속 이동 중에도 끊기지 않는 대량의 데이터 통신 시스템이 필요할 것이고, 플레이스테이션이나 XBOX를 TV에 연결해서 하는 것이 아니라 차에 연결해서 할 수 있는 형태로 변할 수도 있을 것이다. 지금은 드라이브 스루 매장에서 운전하며 먹을 수 있도록 한 손으로 먹을 수 있는 햄버거나 커피 같은 제품이 주를 이뤘다면 자율주행 중에는 편하게 먹을 수 있으니 메뉴의 형태나 범위도 확장될 것이다. 주차타워까지 이동하는 수단으로써 킥보드나 자전거 등 공유 서비스 또한 확대될 것이다.

선행 UX 기획은 이러한 A 케이스뿐만 아니라 도시가 아닌 농촌에서 혹은 커플이나 대가족 등 다양한 환경을 설정하고 아이디어를 발굴해서 취합한다. 그리고 10년 뒤에 예상되는 환경 속에서 우리 회사가 만들어야 할 제품이나 미리 준비해야 할 기반 기술 등에 대한 목표를 단계별로 세워나가는 것이다.

양산 UX (Y+3)

곧바로 출시 준비를 시작해야 하는 제품이더라도 UX 기획은 적어도 Y+3은 생각하고 진행해야 한다. 이번에는 음성 인식 스피커를 생각해 보자.

> 지난 밤에 방에 있는 클로바(네이버 AI)에게 좋아하는 음악을 틀어 깨워 달라고 했던 아침 7시.
> 음악이 나오며 커튼이 열리고 방이 서서히 밝아졌다. 거실로 나와서 아리(SK AI)에게 TV를
> 틀어 달라고 하고 부엌으로 향했다. 에어컨을 켜고 싶은데 음식을 만드느라 손에 밀가루가
> 잔뜩 묻어 아리를 불렀지만, 문득 에어컨은 클로바에게 연결해 둔 것이 생각났다. 다시 방으로
> 가서 거실의 에어컨을 켜고 아침을 차려 먹은 뒤 집을 나섰다.

> 운전해서 가던 중 식당 예약을 깜빡한 것이 생각 나 시리(Apple AI)를 불렀다. 새로 산
> 차는 AI로 시리를 탑재했다고 하는데, 시리를 부르니 차에서도 대답하고, 옆에 던져 둔
> 아이패드에서도 시리가 대답을 한다. 어쨌든 통화를 마치고, 지난밤에 운전하면서 들으려고

휴대폰에 오디오북을 설치했던 게 생각나 빅스비(삼성 AI)를 불러 앱을 실행했다. 30분쯤 지났을까? 차에서 내려 사무실에 도착하니 아직 아무도 오지 않았는지 불이 꺼져 있다. 나름 첨단 IoT를 적용하겠다며 공조기와 조명을 연동해 둔 것이 생각나 OK구글(Google AI)을 불러 조명을 켜고, 에어컨을 틀었다. 일을 마치고 퇴근 하는 길에 도착한 택배를 열어보니 딸아이가 자기도 방에 AI를 갖고 싶다며 고심해서 고른 귀여운 캐릭터의 스피커(카카오 AI)가 도착해 있었다.

그야말로 AI 춘추전국시대이다. 기업들은 AI 시장을 선점하기 위해 각자의 생태계를 구축하는데 전력을 다하고 있다. 나의 AI가 플랫폼이 되어서 수많은 사용자가 나를 통해서만 자동차와 가전제품을 제어하고 쇼핑을 하고 검색을 하도록 하고 싶은 것이다. 사용자 입장에서는 표준화가 되어서 아무 AI로나 어느 회사의 IoT 기기이든 상관없이 조작하고 싶지만, 다 같이 공유할 수 있도록 오픈하는 순간 그동안 어렵게 쌓아온 생태계가 무너져 버린다는 생각에 방어적인 태도를 취하다 보니, 온종일 옆에서 도와주는 비서라는 목적과는 달리 단순히 기기의 ON/OFF 버튼 정도로 쓰이고 있는 것이 현실이다. 이러한 상황에서 AI의 UX 기획을 어떻게 세워야 할까? AI 정의에 따라서 앞으로의 방향성이 많이 달라질 수 있다. 당장은 원통 형태의 전원을 연결해야 하는 스피커가 최선일 수밖에 없을 수도 있다. 하지만 UX 기획자가 AI를 'AI 스피커'라고 정의하면 제품은 설치형 스피커 형태에서 벗어나기 힘들다. 더 나아가 '음성인식 AI'라고 정의하더라도 디스플레이를 사용하거나 행동gesture 인식, 상황 인식 등을 사용하는 방향으로 접근할 가능성은 현저히 줄어든다.

『인공지능, 아직 쓰지 않은 이야기』라는 책에서 묘사한 2030년의 AI는 집에서는 애완묘 형태였다가 외출할 때는 손목시계 형태로 바뀌면서 사용자에 대한 정보를 기억하고 함께 하며 필요한 것들을 돕는다. 많은 정보를 보여줄 때는 홀로그램 형태로 공중에 띄워 주기도 한다. 2030년이 되어도 시계에서 동물의 형태로 변신한다거나 시계에서 홀로그램 구현 가능성은 확언하기 어렵다. 그럼에도 아이디어를 차용해 보자면 집에 도착하면 휴대폰에 연동된 시계 형태의 AI를 벗어 Aibo와 같은 로봇의 등에 끼워 주는 방식은 충분히 가능해 보인다.

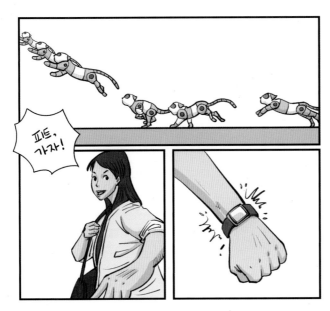

2030년의 AI는 어떤 모습일까

AI가 언제까지나 중구난방으로 운영되지는 않을 것이고, 확실한 승자가 생기거나 표준화라는 합의점에 도달할 수 있을 것이다. 그렇지만 한 가지 확실한 것은 최고의 '음성 인식 AI 스피커'를 목표로 둔 업체와 더 멀리 내다보고 가능성을 열어 둔 업체는 접근하는 방식부터 다를 수밖에 없다. 똑같이 에어컨 전원을 켜는 기능을 넣더라도 전자는 음성을 민감하게 잘 인식해서 빠르게 원하는 대로 에어컨이 동작하는 것에 집중할 것이고, 후자는 에어컨을 어느 디바이스를 통해 어떤 방법으로 동작하게 할 것인지에 대한 고민부터 시작할 것이기 때문이다.

2-2-2. UI 기획: 해야 하는 것

UI 기획 단계에서는 UX 기획 단계에서 작업한 내용을 구체적으로 현실화시키는 작업을 진행한다. 사용자가 제품을 편리하게 사용할 수 있도록 사용 과정을 기획하는 것이다. 소프트웨어 개발을 위한 설계 작업에 가깝기 때문에 UX 기획자와 구분 지어 UI^{User Interface} 설계를 하는 UI 기획자라고 부르기도 한다. 같은 의미로 화면상의 그래픽을 디자인하는 작업을 GUIGraphic User Interface 디자인이라고 하며 UI 기획과 GUI 디자이너의 결과물을 가지고 코딩을 통해 화면상에 구현하는 작업을 UI 개발 혹은 프런트엔드front-end 개발이라고 한다.

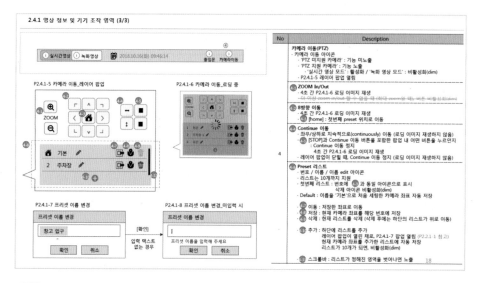

UI 문서

UI 기획자는 제품 사용 프로세스 혹은 인터페이스 설계를 작업한다. 사용자가 제품의 전원을 켜고 끌 때까지 서비스 이용에 발생할 수 있는 모두 변수를 고려해 불편함을 느끼지 않도록 하는 것이다. UI 기획 작업의 결과물에는 다음과 같은 내용이 포함된다.

- 서비스 내 화면 간의 구조 설계
- 컴포넌트(버튼, 텍스트, 이미지 등)들의 구성 및 배치
- 화면 이동 흐름 및 피드백 등에 대한 설계
- UI 디자인 및 개발을 위한 상세 사양 정리

물론 UI 기획자가 반드시 화면display상에 보이는 것만 설계하는 것은 아니다. 음성 인식 UI의 경우 눈에 보이는 화면이 존재하지 않지만 다음과 같이 사용자 시나리오user scenario 를 작업하기도 한다.

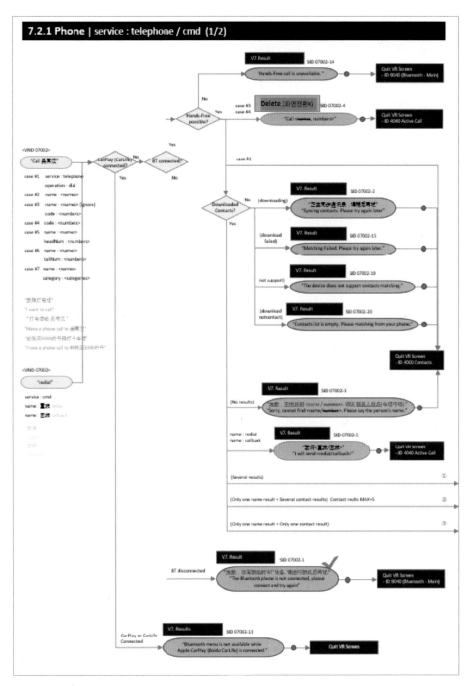

음성 인식 UI 시나리오

이 밖에도 생체 인식이나 행동gesture, 기기 간의 연동, 사운드, 조명 등 화면상에 보이지 않는 것들을 설계한다. 일반적으로 UI 기획자가 화면상의 인터페이스를 설계하는 일을 한다고 여겨지는 이유는 소프트웨어를 탑재한 대부분 제품이 사용자의 입력이나 그에 따른 피드백을 화면상에서 제공하기 때문이다.

작업 내용이나 문서를 보면 알 수 있듯이 UX 기획과는 상당히 다른 분야의 업무이다. UX 기획 작업에서 아이디어를 내기 위해 창의력이 필요하거나 트렌드에 대한 지속적인 벤치마킹을 해야 했다면 UI 기획 작업은 제품 사양을 분석해서 체계적으로 분류하고 배치하는 작업으로 논리적이고 이성적인 사고를 필요로 한다. 군이 구분하자면 인문학보다는 공학에 가까운 내용이어서 개발자 출신의 UI 기획자도 많은 편이다. GUI 디자이너는 그래픽 디자인, UI 개발자는 프로그래밍이라는 기술을 배워서 커리어를 시작할 수 있지만, UI 기획은 아직 전문 교육 기관이나 커리큘럼이라고 할 만한 과정이 없다 보니 일단 부딪혀서 경력을 쌓거나 UX 기획자나 개발자가 같이하는 경우도 많다.

사실 UI 기획 업무가 필요해진 것은 그리 오래된 일이 아니다. 초창기의 소프트웨어는 그래픽조차 없는 매우 간단한 구조였기 때문에 프로그래머만 있으면 됐다. 하지만 점차 하드웨어의 사양이 높아지며 소프트웨어에 그래픽을 담기 시작했고, 프로그래머 이상의 디자인 감각이 필요하게 되어 GUI 디자인 직군이 생겨났다. 이제 소프트웨어가 한두 명의 프로그래머가 감당할 수 없는 규모로 커지게 되자 체계적으로 뼈대를 세우고 설계를 해야 할 필요를 느끼게 된 것이다. 자그마한 1층짜리 오두막을 지을 때는 군이 설계도가 없어도 실수하면 바로잡아가면서 완성할 수 있지만, 규모가 커질수록 작은 실수가 대참사를 불러올 수 있기 때문에 삽을 뜨기 전에 설계부터 완성해 두는 것과 같다. 그렇기 때문에 개발을 시작하기에 앞서 UI 문서에는 완성될 서비스의 모든 설계와 사양이 미리 기재되어 있어야 한다. UI 기획자가 얼마나 꼼꼼하고 성실하게 챙기느냐에 따라 서비스의 품질은 달라지기 마련이다.

2부

프로젝트
진행하기

3 프로젝트 준비

4 프로젝트 시작

5 UX 콘셉트 기획

3

프로젝트 준비

회사 규모나 프로젝트의 종류에 따라 인력 구성이나 규모는 천차만별이다. 보통 하나의 프로젝트 기준으로 많으면 3명 적으면 1명의 UX 담당자가 배치된다. 선행 UX만 담당하는 부서가 따로 있어서 Y+5 이상의 로드맵을 세우도록 하는 경우도 있지만, 대부분 하나의 UX팀에서 선행과 양산을 모두 담당하며 UX 기획과 UI 기획을 한꺼번에 수행하는 경우가 대부분이다. 사내에 별도의 UX 인력이 없는 경우 에이전시 혹은 BP Business Partner라고 하는 외부 UX 업체에 전반적인 UX/UI 작업을 의뢰하기도 한다.

UX 구직 정보에서 직무기술 Job Description을 보면 빠지지 않고 등장하는 항목이 원활한 커뮤니케이션일 정도로 많은 부서와 연관되어 업무를 해야 한다. 물론 '원활한'의 의미가 일반적으로 말하는 모난 데가 없고 원만한 그리고 서글서글하고 친밀감이 느껴지는 것만을 의미하는 것은 아니다. UX 업무가 개발 시작 초입에 있다 보니 사업부와 개발 부서들 사이에서 조율하는 역할도 필요하다. 이때 의견을 명확하게 전달하고 소통하지 않으면 프로젝트가 산으로 가거나 병목현상이 발생할 수밖에 없다.

UX팀이 주로 협업하게 되는 부서들은 다음과 같다.

다양한 협업 부서들

- 사업기획: 시장분석을 통해 프로젝트 아이템을 선정하고 주요 타깃을 정하며 그에 따른 예산을 수립한다. 개발된 혹은 개발 중인 기술을 발굴해서 신규 아이템에 적용하거나 외부 업체와의 협약, 제휴 등을 추진한다. 마케팅 부서나 법률, 예산 관련 부서 등 제품 개발에 필요한 것들과 제품 출시 이후의 것들을 챙기며 전반적인 일정과 진행을 관리한다.

- 기반 기술: 사내 기술 연구팀이나 협약, 제휴를 맺은 외부 업체를 말한다. 예를 들어 홀로그램이 탑재된 제품을 만들기 위해 사내 광학연구소가 프로젝트에 참여할 수도 있고, 드론 운행 서비스를 만들기 위해 기존의 드론 업체들을 찾아 제휴를 맺고 함께 프로젝트를 진행할 수도 있다. 전자의 경우 회사에서 앞으로의 사업 방향을 위

해 기반 기술에 투자하고 있는 경우이다. 어느 정도 기술 개발이 진행되면 상품화까지는 아니더라도 PoC[Proof of Concept]나 데모 시연이 가능한 수준이 되었을 때 사업기획팀에서 향후 사업화를 위한 시연 제품 제작 프로젝트를 진행하기도 한다.

- UX: 사업 기획팀으로부터 아이템과 주요 타깃을 전달 받아 구체적인 기획을 한다. 기획을 위해 기술 탐색이나 트렌드 분석을 진행하며, 사업기획팀이 새로운 아이템을 발굴하기 위해 수많은 기술과 업체를 뒤져 찾아내는 작업을 했다면 UX팀에서는 사업기획팀에서 찾아온 기술과 업체를 분석해서 구체적으로 어떻게 현실화시킬 것인지에 대해 고민한다.

- HW 제품 디자인: SW UI 디자인팀과 디자인 트렌드 분석을 진행해서 제품의 전반적인 디자인 콘셉트를 수립한다. PoC나 데모 등을 위한 목업[mockup] 디자인을 만들기도 하고, 최종 출시될 제품의 HW 디자인을 담당한다. SW UI 디자인이나 개발이 UI 문서를 기반으로 제작을 시작하는 것과는 달리 HW 디자인은 그와 관계없이 별도로 진행한다. 그러다 보니 꾸준히 소통을 하지 않으면 목업을 완성한 다음에서야 처음 만나는 불상사가 생길 수 있다. HW와 SW가 따로 노는 제품이 되지 않으려면 기획 단계에서부터 충분한 의견을 나누도록 해야 한다.

- HW 개발: HW 개발은 제품 디자인의 목업을 공정을 통해 상품으로 제조하는 것을 담당하는 부서도 있지만, 여기서 말하는 UX팀과 협업하게 되는 HW 개발팀은 SW와 연관된 HW를 담당하는 부서를 뜻한다. 프로젝트를 진행하다 보면 기술 수준이나 예산 혹은 개발 기간 등을 이유로 HW 사양이 바뀌는 경우가 빈번하다. 소통이 원활하지 않으면 뒤늦게 사양 변경을 알게 되는 경우도 생긴다. 예를 들어 모바일의 전원 입력부를 C-type으로 할지 5pin-type으로 할지에 따라 연결화면의 안내 문구나 디자인이 달라져야 하는데, 미처 업데이트하지 못하는 일이 발생할 수 있다.

- UI 디자인: SW 디자인을 담당하는 부서이다. 화면상의 인터페이스를 디자인하는 팀이라는 의미에서 GUI 팀이라고 부르기도 한다. SW의 전체적인 디자인 콘셉트를 수립하며 UI 문서를 기반으로 SW 개발에 필요한 버튼이나 아이콘 등과 같은 컴포넌트[component]들의 제작을 담당한다.

- UI 개발: UI 디자인팀과 더불어 UX팀이 가장 긴밀하게 협업해야 하는 팀이다. 주로 사용자의 눈에 보이는 프런트엔드[front-end]를 개발하는 부서와 함께 일한다. 서버 관리나 연동, 구축 등 눈에 보이지 않는 부분을 주로 담당하는 백엔드[back-end] 개발 부서와는 적극적으로 소통한다기보다는 개발 담당자 혹은 개발 PL[Project Leader]을 통해 이슈를 전달받는 편이다. UI 문서를 기반으로 SW의 틀을 잡고 GUI 디자인을 입혀 기획을 현실화하는 작업을 진행한다.

이처럼 하나의 프로젝트에는 수많은 부서가 연계되어 있다. UX와 직접적으로 관련된 부서만도 이 정도이니, 각각의 부서에 연계된 또 다른 부서들까지 생각해 보면 프로젝트를 원만하게 끌어가는 것이 얼마나 어려운 일인지 짐작할 수 있을 것이다. 프로젝트 규모가 클수록 참여 인원도 커지고 비용도 수억, 수십억에 이른다. 프로젝트 막바지에 이를수록 잘 되면 우리 팀 덕이고, 문제가 생기면 너희 팀 탓으로 돌리고 싶은 것도 어쩔 수 없는 일이다. 그렇기 때문에 수많은 부서와 원만한 관계와 소통을 유지하면서 이슈에 대한 책임을 뒤집어쓰지 않기 위한 줄다리기 능력이 어쩌면 UX 직무 기술의 원활한 커뮤니케이션을 의미하는 것일 수도 있다.

3-1. 의도와 목적 파악하기

여기서 의도와 목적을 파악해야 하는 대상은 고객사나 회사 내부의 의사결정권자를 의미한다. 기업 내 UX팀이라면 임원에 해당하며 기업의 의뢰를 받은 UX 에이전시라면 의뢰한 기업의 UX 담당자가 그에 해당한다. 스타트업인 경우 모두 함께 혹은 PLProject Leader이 의사결정을 하기 때문에 이 단계에서 비교적 자유로울 수는 있지만 결과에 대한 리스크를 직접 가져가야 한다는 부담이 있다.

의도를 파악하는 것은 매우 중요하다. 프로젝트 규모가 클수록 그사이에 직접적인 피드백을 들을 기회가 그리 많지 않다. 1년 정도의 프로젝트에서 분기별로 보고할 기회가 주어진다고 하더라도 초반에 의도를 정확히 파악하지 못한 채 진행했다면 1분기(3개월) 동안 진행한 일을 모두 엎어버리는 불상사가 생길 수도 있다. 그러나 안타깝게도 의사결정권자들

이 명확한 방향성을 제시하는 일은 매우 드물다.

'요즘 이런 게 좋다던데', 'ㅇㅇ에서는 이런 것도 했다더라', '이건 좀 그렇지 않아?' 등 애매한 피드백을 참다못해 A/B/C 안 중에 선택해 달라 요청하면, 돌아오는 대답은 '내가 뭘 아나. 전문가인 자네가 더 잘 알겠지'이다. 결정해 주길 바라는 것을 포기하고 내 마음에 드는 안을 밀고 나갔다가 프로젝트 막판에 '저번에 그거 다른 안이 괜찮더구먼'이라는 말 한마디에 뒤집어지는 경우도 종종 발생한다.

중요한 것은 그런 와중에도 의도를 파악할 수 있는 여러 경로와 정보, 눈치 등을 갖춰야 나머지 멤버들이 고생하지 않는다는 것이다. 의사결정자의 마음을 당장 파악할 수는 없더라도 일단은 최근 진행된 회의들에서 이해관계자가 언급했던 내용이나 회의록, 이메일 등을 통해 전달된 지시사항 등을 리스트업 하는 것을 목표로 하며, 더 넓게는 회사가 추구하는 방향성이나 비전 등에 대해서도 알아두어야 한다. 이 단계에서의 자료는 많으면 많을수록 좋다.

3-2. 관련 인원 구성(조직도)

프로젝트 구성 인원은 그 규모나 종류에 따라 달라지지만, 기본적으로 UX팀 외에도 상품기획팀, 디자인팀, 개발팀, 영업팀 등이 있다. 보통 상품기획팀에서 프로젝트를 셋업하고 리딩하는 PM_{Project Manager} 역할을 맡아 조직도를 꾸리고 부서별 협업을 요청해서 일정을 수립하는 일을 한다. 각 팀에서는 PL을 세워 각자 맡은 역할을 리딩하도록 하는데, PL은 프로젝트 회의에 참석하거나 팀 간 이슈들에 대해 조율하는 역할을 맡는다. 개발팀에서는 기술 PL, UX팀에서는 UX PL 등으로 구분 지어 부르기도 한다.

PM이나 PL은 회사마다 사용하는 용어와 뜻이 다를 수 있지만, 주로 PM은 예산을 수립하고 일정을 짜서 이끌어 가는 역할을 하고, PL은 각자 팀의 내부 업무를 관리하고 다른 팀들과의 협업을 진행하면서 기능이 완성되도록 하는 역할을 한다고 보면 된다.

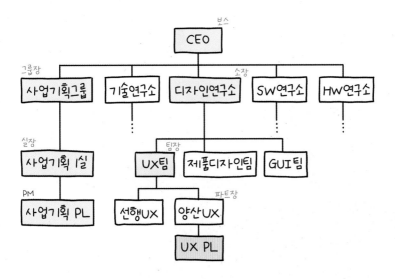

이 단계에서 유념해야 할 부분은 조직도 구성이다. 조직도에 이름이 포함된다는 것은 그 프로젝트 결과에 대한 성과를 가져가겠다는 의미도 되지만, 맡은 부분에 이슈가 생겼을 경우 그 책임을 지겠다는 의미도 되므로 매우 중요하다. 그리고 팀 간의 위치level나 소속 팀의 상위 부서가 어디인지 아는 것도 중요하다. 위에 4개의 부서가 있다면 예를 들어, 임원 아래 사업기획실장, 그 아래 사업부, 그 아래 UX 연구소, 또 그 밑에 UX팀 의사결정을 받아야 할 사람 혹은 부서가 4개라는 뜻이기 때문이다. 만약 사업기획팀과 UX팀이 프로젝트 조직도에 수직이 아닌 수평으로 배치된다면 보고 대상은 반으로 줄고 책임은 두 배가 된다.

많고 많은 보고 라인

프로젝트 전반의 큰 틀에서 보면 UI 기획/디자인/개발은 각각 별도의 과정이라기보다 SW 개발 과정으로 볼 수도 있다. 그렇기 때문에 개발 과정을 리딩할 PM을 따로 두기도 한다. 어느 팀에서 PM을 맡을 것인지에 대해서도 보이지 않는 싸움이 벌어지기도 한다. 좋은 성과를 거두면 PM이 있는 팀이 부각되기 마련이다. 물론 잘 안될 것 같고 어려운 프로젝트는 서로 양보하기 바쁘지만 말이다.

물론 프로젝트 초반부터 날을 세우고 전투적인 자세로 임할 필요는 없다. 사실 일개 UX 담당자가 조직도를 바꿀 권한도 없다. 다만 내 일이 아니라고 생각하지 말고 잘 살펴봐야 한다. 조직도가 상세하게 짜여 있을수록 업무를 수행하기도 수월해지니, 가능한 한 정확하고 상세한 조직도를 요청해야 한다. 형식적으로 작성된 조직도에 담당자도 임의로 대충 넣어두면 한창 바쁜 와중에 문의할 스펙이나 이슈가 생겼을 때 담당자를 찾기 위해 수십 통의 전화를 돌려야 하는 일이 발생하기도 한다.

3-3. 최종 결과물 형태 정하기

프로젝트의 목표는 다양하다. 회사가 보유한 기술 자체의 판매를 위해 선보이고 싶은 목적일 수도 있고, 완제품이나 출시할 서비스를 만드는 것이 목적일 수도 있으며, 앞으로 만들 제품이나 서비스를 위해 투자를 유치하고자 하는 것이 목적일 수도 있다. 그 목적에 따라 UX팀에서 작업해야 하는 결과물의 형태 역시 다양하다. 문서만으로도 가능한 프로젝트가 있는 반면 동영상을 제작하거나 프로토타입prototype을 만들어야 하는 경우도 있다. 최종 결과물뿐만 아니라 의사결정 과정 중에 문서만으로는 기획에 대한 설명을 효과적으로 전달하는 것이 불가능하다고 판단되면 UX팀 내에서 자체적으로 보고만을 위한 일러스트를 제작하거나 동영상을 제작하는 경우도 있다. 결과물 형태에 따라 비용이나 기간, 인력 투자 등이 달라진다. 프로젝트에 어떤 형태가 가장 적합한지 고민하고, 명확히 확인한 다음에 진행해야 불필요한 낭비를 줄일 수 있다.

문서

UX팀에서 수행하는 문서 작업은 크게 UX 기획과 UI 기획 두 가지로 나뉜다. UX 기획 문서는 주로 향후 전략을 세우거나 방향성을 수립하기 위한 결과물에 해당한다. 이 경우 의사결정자의 의도나 목적에 맞추기보다는 의사결정자가 UX 기획으로부터 인사이트를 얻어 의도나 목적을 가질 수 있도록 설득하는 작업에 가깝다. 트렌드나 기술 방향, 고객 니즈needs 등을 분석해서 앞으로의 UX 방향성을 제시하는 작업으로 향후 전략을 세우는 데 도움을 줄 수 있다. 다만 아직 현실화되지 않은 아이디어를 텍스트로만 설명하다 보면 전달이 안 되는 경우가 많아서 효과적인 전달을 위해 시나리오 콘티나 동영상 등을 만들기도 한다.

출처: https://uxstudioteam.com/ux-blog/ux-storyboard/

프로젝트 초반에 작업하는 UI 기획 문서는 완제품이나 서비스의 모습을 미리 보여주기 위해 제작한다. 주로 첫 화면이나 주요 화면 몇 가지만 우선 작업해서 의사결정자에게는 확인을 받기 위함이며, 프로젝트 구성원들에게는 구체적인 목표를 잡고 일정을 산정할 수 있도록 하는 목적을 갖는다.

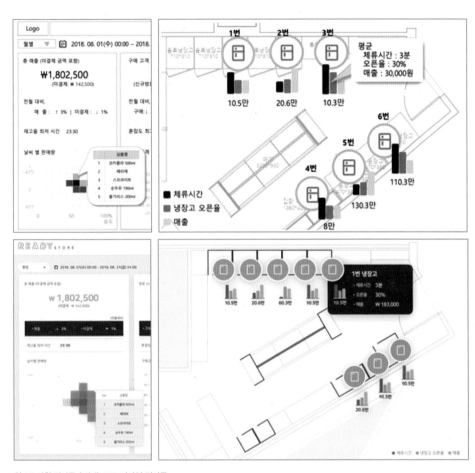

위: UI 기획 결과물 / 아래: GUI 디자인 결과물

UI 기획 문서는 보통 흑백 와이어프레임wireframe으로 작업한다. 보통 사람들 – 주로 임원들 – 에게는 지루한 개발사양서처럼 보이기 마련이고 어느 정도 진행된 후에 다시 보자는 피드백을 줄 때가 많다. 본격적으로 개발이 시작되고 나면 돌이키기 쉽지 않기 때문에 나중에 피드백을 주겠다는 말은 언제 터질지 모르는 시한폭탄같이 느껴진다. 그러던 차에 곧이어 GUI 디자인 팀의 발표가 시작된다. 멋진 배경에 세련된 아이콘과 색상을 입히니 임원들은 그제서야 적극적으로 이런저런 피드백도 주고 수고가 많았다며 격려까지 한다. 사실 UI 기획 문서를 기반으로 한 산출물이니 들여다 보면 내용은 똑같기 마련이다. 디자

인팀 잘못이 아닌 것은 알지만 어쩐지 통으로 실적을 뺏긴 것 같은 마음이 든다.

새로운 프로젝트를 시작하게 되면, 지난번의 억울함을 떠올리며 디자이너 출신의 UX팀 원들을 모아 그야말로 '디자인까지 완성된' UI 기획을 발표한다. 역시나 임원들은 멋진 시 안을 보고 적극적으로 의견을 주며 칭찬을 아끼지 않는다. 그렇게 훈훈한 분위기 속에 UI 기획 발표가 끝나고, 다음 차례인 GUI 디자인 팀의 발표가 이어진다. 기껏 열심히 준비한 디자인을 발표했지만, 무심한 임원은 '아까 UX팀 발표와 같은 내용인 것 같은데, 시간이 없으니 다음으로 넘어가지.' 라는 말을 한다. 그리고 이때부터 두 팀 사이에 보이지 않는 전쟁이 시작되곤 한다. 그저 열심히 한 잘못밖에 없는데도 말이다. 원만한 관계라는 것은 참 어려운 일이다.

동영상

동영상은 UX 기획을 보여주기 위한 수단으로써의 설득력은 좋지만, 비용도 많이 들고 업 데이트가 수월하지 않아 지속해서 사용하기는 어렵다. 어느 정도 큰 규모의 프로젝트나 문서만으로는 설득이 어려울 때 사용한다. 당장 눈에 보이는 제품이나 형태로 만들기는 기술적 한계가 있으나 향후 기술적 문제가 보완되면 구현이 가능한 근미래 제품을 제안할 때 사용한다. 이를테면 기술 개발을 위한 투자를 유치할 때 주로 사용한다. 동영상 제작 비용은 어디에 맡기느냐에 따라 그야말로 천차만별이다.

우선, 소규모 전시회 참고용이나 문서만으로는 설명이 힘든 내부 커뮤니케이션용으로 간 단히 만든다면 프리랜서에게 맡기는 방법이 있다. 프리랜서들의 포트폴리오를 보고 직접 계약할 수 있는 크몽이라는 사이트가 있다. 원하는 콘셉트의 작가를 골라 연락하면 된다. 진행비용은 보통 500만원 이하이고, 10만 원부터도 가능하다. 가장 유의해야 할 점은 작 업자가 회사가 아닌 개인이라는 것이다(업체에서 입점한 경우도 있기는 하다). 물론 책임 감 있는 사람이 많겠지만 그렇지 않을 수도 있으니 평점이나 이전의 작업물을 꼼꼼히 살 펴보고 연락을 취해야 한다.

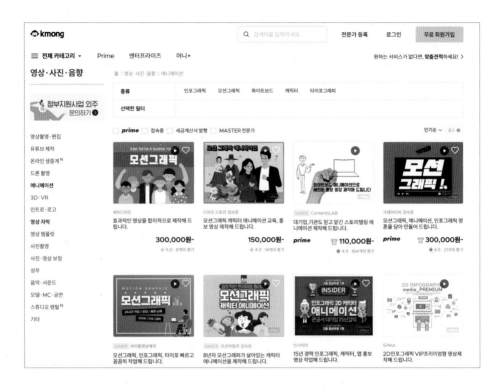

또 하나 명심해야 할 점은 영상의 퀄리티와 비용은 반드시 비례한다는 것이다. 보통 10만 원짜리 영상은 디자이너가 여러 곳에서 모아두거나 만들어 둔 템플릿을 짜깁기하고 주문 내용에 맞춰 자막 정도를 바꿔 넣는 수준이라고 보면 된다. 일반적으로 기대하는 맞춤형 애니메이션 영상은 상당히 가격이 올라간다. 다음 영상을 살펴보자.

출처: https://youtube.be/rh0DJwSznxw

애니메이션의 화면 전환이 상당히 부드럽고 다양하게 이뤄진다. 일반 TV 영상은 29.97프레임, 즉 1초에 30번 정도 깜빡이면서 화면이 바뀐다. 한 프레임마다 얼마나 정교하게 만드는가에 따라 비용이 달라진다고 보면 된다. 예를 들어 영상 속 비행기가 왼쪽에서 오른쪽으로 날아가는 동안 충분한 비용과 인력, 시간을 투자했다면 유려한 유선형의 곡선을 그리며 살짝 기류에 흔들리는 비행을 표현할 수 있다. 반면 저비용에 1인 제작자가 짧은 시간 안에 만들어 내야 한다면 왼쪽에서 오른쪽으로 직선을 그리며 그야말로 '이동'만 한다. 또 하나의 예를 들면 캐릭터가 휴대폰을 들어 올릴 때 전자의 경우라면 부드럽게 들어 올려 손가락으로 화면을 스와이핑해서 내용을 보는 것까지 속도나 각도를 고려해 자연스럽게 구현할 수 있지만, 후자의 경우에는 휴대폰을 든 손이 나타나는 것까지만 가능하다.

결과물은 시간과 인력과 비용을 들이면 퀄리티가 높아지기 마련이다. 특히 동영상, 애니메이션 영상은 노가다 작업이라고 부를 정도로 투자한 만큼 퀄리티가 높아진다. 퀄리티가 좋은 영상을 자주 본 의사결정자들의 눈높이는 저 위에 있는데 예산 담당자는 UX팀에서 만드는 홍보 영상은 그야말로 부수적인 작업이라고 생각해서 남는 예산에서 조금 떼어 준다. 그러다 보니, 사실 그리 달갑기만 한 업무는 아니다. 그럼에도 불구하고 전시회나 업체, 기술 소개 등의 자리에서 말로 백 번 설명하는 것보다 효과는 확실한 편이라서 번거롭지만 추천할 만한 작업이다.

프리랜서 외에 다른 선택지는 디자인 전문 업체를 통하는 것이다. 비용부터 말하자면 프리랜서 비용에 대략 0이 하나 더 붙는다고 생각하면 된다(물론 10만 원 기준은 아니다). 기본 비용이 그렇고, 마찬가지로 수준에 따라 비용은 천차만별이다.

결과물의 퀄리티를 봤을 때 기획적인 측면에서도 다양한 아이디어를 기대할 수 있다. 물론 영상 제작 비용으로 몇 천만 원이 필요하다고 품의를 올리면 대부분 좋은 소리를 들을 리 없지만, 만약 프로젝트 규모가 상당하다면 제대로 된 업체를 통해 제작하는 것을 권하고 싶다. 한 번 제작해 둔 동영상은 유튜브나 SNS, 광고 등 다양한 경로로 퍼져 나가게 되므로 그 제품뿐만 아니라 회사에 대한 이미지에도 영향을 줄 수 있있기 때문이다.

한 가지 짚고 넘어갈 점은 여기서 말하는 영상은 회사의 홍보팀이나 기획팀에서 제작하는 홍보를 위한 광고 영상과는 다르다. 일반 광고 영상이 판매 중 혹은 곧 판매될 제품에 대한 홍보가 목적이라면 UX팀에서 제작하는 영상은 향후 회사가 추구하는 제품이나 서비스에 대한 방향성을 알리는 콘셉트 영상이라고 보면 된다.

데모

데모는 보통 향후 기술 개발을 위해 투자가 필요할 때 제작한다. 실제로 구현이 되지 않아도 '되는 것처럼' 보이는 것이 목적이다. 예를 들어 LTE를 넘어 5G가 적용되면 어떤 것들이 가능한지 보여주고 싶다고 하자. 투자자에게 유치를 받기 위해서는 5G가 되면 얼마나 속도가 빠른지, 어떤 작업까지도 가능한지 보여주고 싶지만, 동영상이나 문서상의 수치만으로는 기술이 체감되지 않는다. 이럴 때 데모를 하는 것이다. VR 체험을 하기도 하고, 고속열차를 본뜬 부스를 만들어 고화질 영상이 끊기지 않는 것을 보여주기도 한다. 설령 전시장에 실제 연결된 네트워크는 5G는커녕 LTE도 아닌 유선망일지라도 말이다.

의외로 많은 사람, 특히 개발자 출신의 상사들은 이러한 데모 형태를 극단적 표현으로 '사기'라고 말하기도 한다. CES는 미국에서 해마다 열리는 세계 최대의 전자제품 전시회이다. CES에서 선보이는 기술 중에 과연 데모가 아닌 전시는 얼마나 될까? 콘셉트라는 이름이 붙은 기술이나 서비스는 99% 이상이 데모라고 보면 된다. 몇 년 전 CES에서 꽤 커다란 규모의 부스가 전시회 중반부터 문을 닫은 것을 본 적이 있다. 클라우드로 지속적인 업데이트와 학습이 가능한 AI 로봇으로 대화를 하면 할수록 점점 성장한다는 콘셉트의 제품이었다. CES가 열리는 라스베이거스는 전력 수급도 늘 말썽이지만, 인터넷은 정말 불안하기 짝이 없는 전시 환경이다. 아마도 첫 참가였던 이 업체는 그 부분까지 고려하진 못했던 것 같다. 전시 전에 유선망이나 무선망 중 어떤 것을 쓸지 결정해서 계약을 하고 설치하는데, 이 업체는 실제 제품 사용 환경에 맞춰 무선망의 사용만 신청해서 시연을 시작했다. 그나마 첫날은 한산해서 무선망이 원활했지만 그 후로는 인터넷이 너무 느리고 자주 끊겨서 로봇 시연을 볼 수가 없었다. 결국, 아무것도 안 되는 로봇만 세워둘 수 없으니 안내 문구를 붙이고 문을 닫은 것이다. 만약 이 업체가 데모용 로봇을 따로 만들어서 인터넷에 연결할 필요 없이 데모를 위한 기능들만 내장해 두고 시연 시나리오를 만들어 전시했다면 홍보했던 것처럼 클라우드가 아니라 내장형 로봇이니 사기라고 볼 수 있을까? 그렇지 않다.

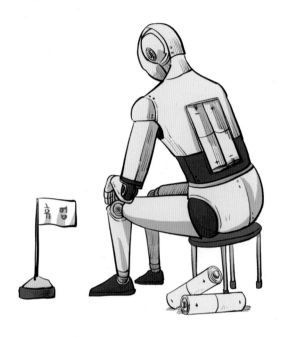

데모와 사기의 차이점은 향후 실현이 가능한가이다. 물론 개발을 하다 보면 불가피하게 생각하지 못한 난관에 부딪혀서 구현할 수 없는 경우도 있다. 하지만 누구나 납득할 수밖에 없는 이유여야 한다. 투자를 받아 약속한 일정까지 분명히 개발 완료할 수 있다는 확신이 있을 때 데모를 해야 하고 그 근거 또한 충분히 제시되어야 한다.

2018년에 나온 포르쉐Porsche의 콘셉트카인 Mission E를 예로 들면, 콘셉트카대로 출시하기 위해서는 휘어지는 디스플레이, 사고 시 운전자의 안전 보장, 10년간 하드웨어 품질 보장, 생명과 직결되는 계기반인 만큼 확실한 SW 안전성 등이 보장되어야 한다. 포르쉐 Porsche에서 제시한 콘셉트 이미지를 보고 부품사에서 '투자해주면 콘셉트카대로 구현할 수 있다'라고 하면서 현재 보유 중인 기술을 데모할 때는 출시 예정인 2년 뒤에 위의 4가지 조건을 충족할 자신이 있어야 한다. 억지로 패널을 휘어놓고, 보기에만 그럴듯한 데모를 해서 투자를 받았다면 그건 데모가 아니라 사기인 것이다.

포르쉐 Mission E

정리하자면 데모는 비용과 여건이 충족되면 약속한 기한 내에 구현 가능성이 분명히 있으
므로 당장은 임의fake로 만들어도 괜찮은 것이다. 특히 선행 UX 기획을 보여주기에 좋은
형태의 결과물이다.

프로토타입

프로토타입prototype은 여러 단계에서 쓰이는 용어이다. 간단한 형태부터 출시 직전 수준의
완전한 형태에 이르기까지 다양하다. 애자일agile과 같은 개발 프로세스라고 보자면 조금
씩 고쳐나가는 매 단계의 검증 대상을 프로토타입으로 볼 수도 있고, 어느 정도 모든 기능
이 구현된 상태로 디자인이 입혀지기 이전 단계의 제품이나 서비스를 프로토타입이라고
부르기도 한다. 혹은 모든 기능이 준비 되어서 제품을 출시하기 직전에 마지막 테스트를
하는 단계로 볼 수도 있다.

중요한 것은 데모와는 달리 개발이 진행되어 있는 상태여야 한다. 데모가 프로젝트 시작
전 투자 유치를 위한 수단이라면, 프로토타입은 투자를 받거나 예산이 편성되어 개발을
시작한 상태여야 한다. 프로토타입은 주로 서비스 형태의 SW 개발 프로젝트에서 사용하
고 HW 제품의 경우에는 프로토타입보다는 목업mockup이라는 용어를 주로 사용한다.

상품

상품은 말 그대로 시장에 양산된 제품이나 서비스를 말한다. 이때부터는 이미 돈을 지불하고 사용하는 고객이 존재하기 때문에 함부로 변경할 수 없고, 유지/보수/관리 혹은 고도화 작업을 조심스럽고 장기적으로 진행해야 한다.

이처럼 UX팀에서 나올 수 있는 결과물은 다양하다. 문서만으로도 충분히 목적을 달성할 수 있는 프로젝트가 있는가 하면 곧바로 프로토타입을 제작해야 하는 프로젝트도 있다. 간혹 개발한 기술을 어디에 사용해야 할지 모르거나 기획이 제대로 이루어지지 않은 상태에서 돈과 시간을 들여 프로토타입을 만들었다가 아무런 관심이 없어 사장되어 버리는 경우도 있다. 이러한 낭비를 막기 위해서는 문서나 동영상을 통해 투자자나 시장의 반응을 먼저 살펴봐야 한다. 반응이 긍정적이라면 데모를 만들어 투자를 유치하고 프로토타입 일정을 잡는 편이 효율적이다. 물론 다양한 결과물에 따른 비용이나 기간, 인력 투자 등이 상당히 다르므로 진행하고자 하는 프로젝트에 어떤 결과물이 가장 적합할지 먼저 고민하고 명확히 정한 다음에 진행해야 불필요한 낭비와 리스크를 줄일 수 있다.

3-4. 주요 분기점 찍고 가기

프로젝트를 시작할 때 마지막으로 확인해야 할 것은 주요 분기점이다. 분기점은 프로젝트에 관련된 모든 부서가 모여 임원에게 보고하며 진행 상황 및 이슈에 대한 합의를 이루는 것을 말한다. 시기나 방법 등은 회사나 프로젝트마다 다를 수밖에 없기 때문에 정형화된 답이 존재하지는 않는다.

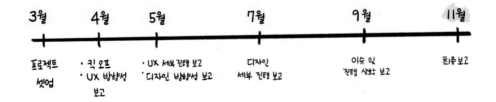

예를 들어 1년 단위의 프로젝트에서 3월경에 셋업을 시작하고 11월에 최종 결과 보고가 있다고 하자. 일반적으로 이런 경우에는 4월에 킥오프kick-off와 함께 UX 방향성 보고report/5월에 UX 세부 진행 보고 및 디자인 방향성 보고/7월에 디자인 세부 진행 보고/9월에 이슈 및 진행 상황 보고 정도로 굵직하게 4번 정도 진행된다. 물론 분기점의 시기는 여러 팀 간의 합의를 통해 일정을 잡고 보고가 가능하다고 여겨지는 시점으로 정한다. 프로젝트 규모가 클수록 일정이 틀어지게 되면 그 여파가 커지기 때문에 분기점을 정하고 확인하는 것은 매우 중요하다.

굵직한 일정이 정해지면 그에 맞춰 각 팀에서는 세부 일정을 짜게 된다. 보고하는 것을 형식적인 연례 행사로 여기기보다는 의도를 직접 파악할 수 있는 기회로 여기고 전략적으로 이용하는 것도 필요하다. 서면 보고나 중간관리자를 거쳐 전달받다 보면 피드백도 불분명하고 정확히 전달되었는지도 확인이 어렵다. 대면 보고에서는 된통 깨질 수는 있을지언정 직접적인 피드백을 받을 수 있어 막판에 뒤집어지는 불상사를 줄일 수 있다. 또한, 주기적으로 강제적인 목표 일정이 있어야 프로젝트가 늘어지지 않고 긴장감 있게 진행될 수 있다는 장점도 있다. 그렇기 때문에 주요 분기점은 반드시 사전에 수립하고 맞춰서 진행하도록 해야 한다.

UX/UI 사용자들이 가장 많이 하는 고민 중 하나는 어떤 툴tool을 사용할 것인가이다. 사실 '어떻게 하면 파워포인트에서 벗어날 수 있을 것인가'도 그 고민의 한 축을 차지하기도 한다.

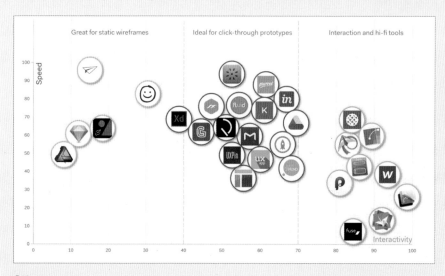

출처: prototypr.io

세상에는 많은 프로토타이핑 툴이 있다. 팀이나 회사마다 혹은 나라마다 주로 사용하는 툴이 다르지만, 가장 많이 쓰이는 툴은 스케치sketch와 어도비 XDAdobe XD이다. 스케치는 과거 디자이너들이 많이 사용했지만, 애플의 맥OS에서만 사용이 가능하다 보니 윈도우를 주로 사용하는 국내에 널리 퍼지지는 못했다. 특히, 맥은 대기업에서 많은 직원들에게 지급하기엔 윈도우에 비해 훨씬 고가이고, 보안 관리가 어렵다는 고려사항이 있었다. 이런저런 이유로 규모가 큰 회사는 주로 윈도우를 사용하다 보니, 국내 스케치 주 사용층은 대부분 소규모 IT업종이나 벤처 기업의 디자이너였다. 그러던 차에 UX/UI에 대한 관심이 높아지자 어도비에서도 프로토타이핑 툴인 어도비 XD를 출시했다.

처음 어도비 XD 베타 버전 사용 당시엔 실무에 사용하기에 많이 부족하다고 느꼈지만 최신 버전을 살펴보면 스케치 못지않게 사양도 좋아졌고 편리해졌다. 게다가 디자이너가 아니더라도 UX/UI 작업을 하다 보면 포토샵이나 일러스트를 사용하기 위해 'Adobe Creative Cloud'라는 일종의 패키지 구독을 하는데, 어차피 어도비 XD가 포함되어 있다 보니 비슷한 수준이라면 군이 스케치를 별도 비용을 주고 사용할 이유가 없기도 하다. 그리고 무엇보다도 윈도우와 맥OS 모두를 지원하니 말이다.

- 어도비 XD: 다양한 필수 디자인툴과 패키지로 이용 / 맥, 윈도우 지원
- 스케치: 플러그인과 연동이 다양함 / 맥만 지원

다만 스케치는 오랫동안 사용한 툴인만큼 어도비 XD보다 다양한 기능을 안정적으로 지원한다. 개발자가 소스를 손쉽게 가져다 쓸 수 있는 제플린zeplin, 피그마figma와 같은 툴이나 그 밖의 여러 플러그인이 지원된다(제플린이나 피그마도 점차 자체적으로도 UI 제작이 가능해지는 추세이지만, 아직은 스케치나 어도비 XD에 비하면 수정editing에 가까운 수준이다). 앞으로 더 지켜봐야 하겠지만 여러모로 살펴봤을 때 앞으로는 어도비 XD가 더 우세해지지 않을까 예상해 본다. 필자의 경우에는 현재 스케치와 어도비 XD 둘 다 사용하고 있다. 사용법도 거의 비슷하고 어느 쪽이든 한 번 익혀두면 그리 어렵지 않게 사용할 수 있다. 아직까지는 스케치를 쓰는 BPBusiness Partner들이 많아서 협업이 필요한 경우에는 스케치로 쓰고 혼자 작업할 때는 포토샵이나 일러스트와 연동이 원활한 어도비 XD를 사용하곤 한다.

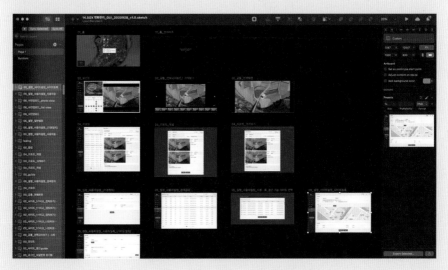

스케치

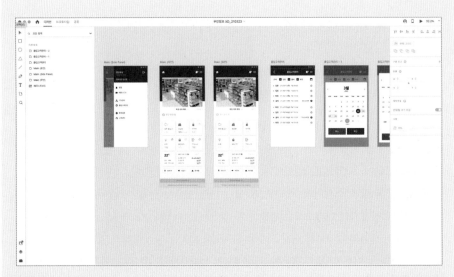

어도비 XD

지금까지 언급한 스케치와 어도비 XD는 일반적으로 실제로 작동하는 것 같은 프로토타이핑 툴이라기보다는 화면 구성을 짜고 간단한 디자인 작업을 하는 UI 제작 툴에 가깝다. 프로토타이핑 기능이 있지만 버튼을 눌렀을 때 어느 화면으로 전환되고 이전 버튼을 눌렀을 때 어느 화면으로 넘어가는지 등 전체적으로 확인하는 정도의 기본적인 수준에 그치고 있다. 점차 기능을 확장하려 하는 듯 보이지만, 그렇게 되면 프로그램이 무거워지기 마련이어서 꼭 좋다고만은 볼 수 없다.

십여 년 전 나모 웹에디터와 드림위버라는 프로그램이 있었다. '눈에 보이는 대로' 홈페이지를 만들 수 있고, 온라인 배포 기능까지 포함하고 있어서 그야말로 개발과정이 따로 없이 한 번에 해결할 수 있는 신박한 도구였다(놀랍게도 드림위버는 현재 Adobe Creative Cloud 제품군에 포함되어 여전히 남아 있다).

나모 웹에디터

물론 초창기 인터넷 서비스는 혼자서도 충분히 제작 가능한 단순한 구조였다. 이처럼 화면을 그리고 동작을 넣고, 네트워크에 연결한 후에 실제로 외부에 노출하는 것까지 하나의 프로그램으로 해결하려면 프로그램은 어쩔 수 없이 무거워지고 복잡해진다. 간단하고 쉽게 UI 프로토타이핑이 가능하다는 것이 장점인 스케치나 어도비 XD에서는 결과물을 얼마나 원활하게 팀원들과 공유하고 개발자들이 쉽게 변환해서 코딩에 적용할 수 있는지를 더 중요하게 생각해야 할 것이다.

하지만 종종 개발에 착수하기 전에 의사결정을 위해 최종 결과물과 흡사한 수준의 프로토타입이 필요한 경우가 있다. 예를 들면 어떤 기능이나 서비스를 제공에 찬반 의견이 분분해서 실제로 보기 전에는 결론이 나지 않을 것 같은 경우이거나 개발을 진행한 후에 피드백을 받아 수정하면 리스크가 큰 경우 혹은 클라이언트가 도통 말이 통하지 않는 경우 등이 이에 해당한다. 말로만 설명하거나 와이어프레임으로 가득한 장표로 설명하는 것보다 GUI 키스크린 이미지 한 장이 효과적이고 GUI 키스크린보다 훨씬 효과적인 수단이 바로 프로토타입이다. 네트워크에 연동만 안 되었을 뿐 개발이 완성된 후에나 가능한 실작동을 미리 해 볼 수 있으니 추후에 의사결정자의 마음에 들지 않는다는 이유로 뒤집힐 확률도 현저히 낮아진다. 단점이라면 프로토타입 제작에 투자되는 시간과 인력 정도이다. 과거에는 최종 결과물과 유사한 수준의 프로토타입을 만들기 위해서는 상당한 비용이나 인력을 투입해서 플래쉬Flash 파일로 구현하곤 했지만, 지금은 프로토타이핑 툴로 비교적 쉽게 만들어낼 수 있다. 그중에서도 프로토파이protopie라는 툴을 추천해 본다.

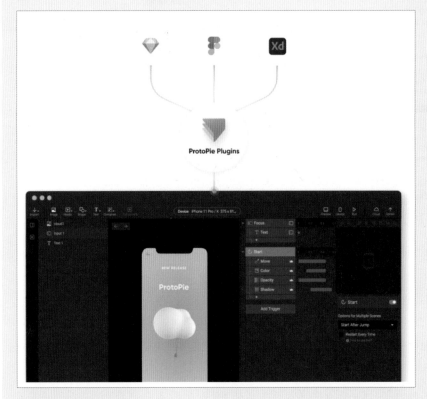

출처: www.protopie.io

프로토파이는 자체적으로 UI를 만들 수도 있고, 스케치나 어도비 XD에서 만든 파일을 불러올 수도 있다. 페이지 연동을 하고, 각각의 버튼이나 이미지와 같은 요소들에 원하는 동작이나 애니메이션을 세세하게 부여할 수 있다. 익히기도 상당히 쉬운 편이고, 커뮤니티도 활발하게 운영되고 있으며, 업데이트도 지속해서 이루어지고 있어서 점차 좋아지고 있는 것이 눈에 보이는 서비스이기도 하다. 결과물은 휴대폰이나 태블릿 등 실제 사용할 디바이스에서 실행해 볼 수도 있고, 최종 결과물과 프로토타입이 구분이 안 될 정도로도 구현이 가능하니 익혀두기만 한다면 UX/UI 커리어에 도움이 될 만한 괜찮은 프로토타이핑 툴이다.

이제 맨 처음 '어떻게 하면 파워포인트에서 벗어날 수 있을 것인가?'라는 질문으로 돌아가 보면 스케치나 어도비 XD. 가끔은 프로토파이까지 쓰고 있지만, 만약 누가 UI 작업할 때 메인으로 쓰는 도구가 무엇이냐고 묻는다면 파워포인트라고 답한다. 파워포인트로 키스크린을 그리고 그에 대한 설명description을 쓰고, 심지어 하나하나 복사해서 붙여 넣어가며 UI flow를 그린다. 그리고 사양이 바뀔 때면 페이지마다 일일이 수정하는 무식한 작업을 하곤 한다. 사람 손으로 하나씩 하다 보니 빼먹는 경우도 부지기수이다. 버전은 나날이 늘어가고, 실제 개발이 어느 버전까지 진행되었는지, 반영이 제대로 된 했는지 확인하는 것만도 한나절이 걸린다. 다른 도구들에 비해 장점이라고는 단 하나도 없는 것 같지만, 파워포인트를 여전히 사용하는 이유는 히스토리 관리 때문이다.

Revision History

Version	Date	내용	작성자
V2.88	2018.05.14	• 오래된 히스토리 삭제 및 불필요한 정보 삭제 24p - 출입통제 Tab 노출 정의 추가 32p - 메인화면에 노출되는 화면 (카메라 상태) 중 형폐어 업데이트 상태 삭제 152p - 녹화 파일 없는 시간대 다운로드 시 노출 문구 및 에러 정의 추가, 녹화 파일이 존재하나 오류로 다운로드 받을 수 없을 시 문구 및 정의 추가 155p - 내카메라 > 내 카메라 오름차순으로 정렬 (공유된 카메라 우선순위 삭제)	
V2.89	2018.05.20	• 출입통제 UI 설계 통합 7p - 메뉴 구조도 변경(출입통제 병합) 12p - UA 추가 (출입통제) 28p - 언어 선택 Select box - SKT Site 만 제공 (추후 리소스 개선 후 변경) 32p - 형폐어 업데이트 중안 카메라 상태 연결끊김으로 변경 165p - 공유하기 팝업 내 정렬 (순서별 정책 변경 (공유된 카메라의 우선순위 삭제) 175p - 199p - 출입통제 UI 설계통합	
V2.90	2018.06.12	67p - 정보 미입력 후 인증번호 발송 시 오류 메시지 노출 정의 변경 (desc 4) 69p - 정보 미입력 후 인증번호 발송 시 오류 메시지 노출 정의 변경 (desc 5) 70p - 입력 정보 추가 후 버멀번호 찾기 방식 변경 시 정보 유지 및 삭제 정의 추가	
V2.91	2018.06.12	61p - 관리자 > 사이트 관리 > 인증 방법 설정에 따른 정보 노출 정의 추가 65p - 정보 미입력 후 인증번호 발송 시 오류 메시지 노출 정의 변경 (desc4) 67p,69p - 관리자 > 사이트 관리 > 인증 방법 설정에 따른 아이디 찾기 팝업 노출 정보 보완 125p - 관리자 > 사이트 관리 > 인증 방법 설정에 따른 정보 노출 정의 보완 (공동) 131p - 관리자 > 사이트 관리 > 인증 방법 설정에 따른 정보 노출 정의 보완 166p - '사용제지' 대상자에게 공유 시 오류메시지 제공 정의 및 정책 보완 (공동. desc 4)	
V2.92	2018.07.05	157p - 다운로드 유효기간 현행화 (시작 일시 삭제)	
V2.93	2018.07.06	32p - 형폐어 업데이트 중 카메라 상태 정의 삭제 (desc2) 158p - 다운로드 불가 팝업 노출 프로세스 수정 (desc3. 정책)	
V2.94	2018.07.23	85p - 메인화면 추가 시 정의 변경 (정책) 86p - 메인화면 삭제 버튼 및 팝업 내용 추가 (desc2) 95p - 영성 내보내기 성공 시 메시지 팝업 추가 (desc3) 100p - 형폐어 업데이트 팝업내 확인 버튼 선택 시 동작 정의 변경 (desc5 -2) 158p - 다운로드 파일명형 변경 (desc2) 169p - 카메라 등록코드 입력 제한 수정 (desc2-2)	
V2.95	2018.07.30	86p - 메인화면 삭제 버튼 및 팝업 내용 변경 (desc2)	
V2.96	2018.08.16	113p - 알림 종류에 따른 알림 내용 표출 정의 보완, 재생할 수 없는 영상에 대한 표출 방안 보완	
V2.97	2018.10.10	67, 69p - 인증번호 발송 완료 및 인증번호 요청 제한 횟수 초과 안내 팝업 추가 71p - 현행화로 삭제	

문서 히스토리 관리

가벼운 앱이나 지나온 흔적을 되짚어볼 필요가 없는 단순한 형태나 구조의 서비스라면 굳이 파워포인트를 사용하지 않아도 된다. 데모나 개발 착수 이전의 프로토타입도 스케치나 어도비 XD로 바로 작업해서 진행하면 그만이다. 파워포인트는 많은 부서가 연관되어 있거나 오랫동안 지속하는 서비스 혹은 구조가 복잡한 서비스 등 언제 어떻게 사양이 바뀌었는지 기록을 남길 필요가 있을 때 사용한다.

예를 들어 동영상 스트리밍 서비스의 환경 설정에서 FHD(초고화질) – HD(고화질) – SD(일반화질)로 설정이 가능하다고 하자. 회사 입장에서는 화질에 따라 서버나 네트워크 관리 비용이 달라지기 때문에 사용성과 비용의 딜레마 속에 여러 부서와의 충돌을 겪으며 사양은 계속해서 바뀌게 된다.

● 버전 1. 3개 중에 사용자가 선택이 가능하고, 기본 값default은 FHD로 정해서 UI에 반영
● 버전 2. UHD 추가
● 버전 3. 기본값 HD로 변경
● 버전 4. SD 사양 삭제

각각의 사유는 들어보면 매번 타당하다. 새로운 기능이 나왔으니 UHD를 추가한 것이고, FHD이 기본값인 경우 관리 비용이 과도하게 부과되는 것 같아 HD로 낮췄고, SD 화질에 대한 컴플레인이 많아서 아예 사양에서 빼 버린다거나 하는 것이다. 한 번 정한 정책이 변하지 않으면 좋겠지만, 불행하게도 사양은 수시로 바뀌기 마련이다. 버전을 바꿔 나가다 보면 꼭 듣게 되는 말이 '그건 누가 바꾸라고 했어'이다. 그나마 화면에 흔적이 남아 있다면 스케치나 어도비 XD에서 그 페이지 옆에 메모를 옆에 추가하고, 찾아볼 수라도 있을 텐데 설정 기능 자체가 빠져버려서 이미 화면에서 사라져 버린 상황이면 골치가 아파진다.

작업할 때는 이 무식한 파워포인트 작업을 언제까지 해야 하는가에 대한 회의가 들지만, 막상 누명을 벗어야 할 때가 오면 이만큼 확실한 자료가 없다. 변경된 시점의 문서 버전을 찾아서 설명description을 확인하고, 정보가 부족하면 해당 시점의 메일을 찾아보면 열에 아홉은

히스토리를 찾아낼 수 있다. 또한 새로운 사양 요청이 들어왔을 때 타당성 검토에 많은 시간이 걸리기 마련인데 히스토리를 찾아보면 이전 담당자가 동일한 사양을 검토했다가 어떠한 이유 때문에 철회 했는지도 찾아볼 수 있어서 불필요한 시간을 줄이는 데도 큰 도움이 되곤 한다.

파워포인트에서 벗어나고자 여러 방법을 찾아보긴 했지만, 아직은 히스토리 관리 측면에서 그보다 나은 툴을 찾을 수 없었다. 플랜트plant 같은 스케치의 히스토리 관리 플러그인도 있지만 큼직큼직한 전반적인 변화를 관리하는 느낌에 가깝고 오랜 기간에 걸친 요소별 변경 히스토리를 세부적으로 관리하는 것은 불가능했다. 언젠가는 파워포인트에서 벗어날 수 있기를 바라본다.

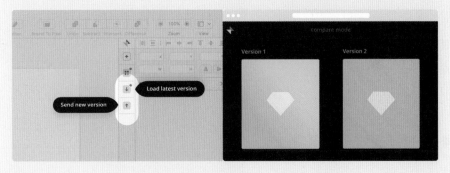

플랜트

4

프로젝트 시작

앞서 프로젝트를 위한 조직을 구성하고, 결과물이 어떤 형태로 언제까지 나와야 하는지를 결정했다면 이제 그 실무 담당자들이 모여 구체적인 실현 방향에 대한 논의를 시작할 단계이다.

4-1. 진행 방법 결정하기

프로젝트를 진행하는 방법에 대한 방법론은 매우 다양하다. 그중 UX와 관련된 방법론으로는 폭포수waterfall과 애자일agile 방식이 있다. 방법론은 세상에 없던 것을 새로 만들었다기보다는 그동안 해 오던 여러 방법을 더 체계적으로 정리했다고 보는 것이 맞다. 특히 애자일 방법론 같은 경우에는 관련 자격증이 있을 정도로 전문적인 분야로 자리 잡고 있다. 제조업은 체계적인 순환 구조와 일정 준수가 매우 중요하므로 이러한 방법론을 통해 철저하게 일정 관리를 해 나가는 것이 훨씬 효율적일 수 있다. 다만 현실적으로 대부분 SW 개발 프로젝트에서는 애자일 방식을 도입하기엔 실질적인 도움보다 애자일 도입을 위한 일만 가중되는 경우도 허다하다. 방법론은 일을 효율적으로 잘하기 위한 도구일 뿐인데도 도입 자체가 목적이 되어버리기 때문이다. UX 관점에서 두 가지 방식에 대해 간단히 살펴보자.

폭포수 방식

대부분의 기업은 프로젝트가 수립되면 차례대로 UX/UI 기획, 디자인, 개발을 거쳐 최종 양산을 하는 전통적인 방식을 취한다. 공장에서 제품이 컨베이어 벨트를 지나가면서 점차 완성되듯이 다시 되돌리기 어려운 방식이다. 대체로 대규모 프로젝트에 해당하며 UX/UI 기획이 완료되어 다음 단계인 디자인이나 개발 과정으로 넘어갔을 때 진행을 위해 소요되는 비용이나 인력 리소스가 상당하기 때문에 이전 단계로 돌아가 기획을 변경하게 되면 큰 손실을 감수해야만 한다. 따라서 기획 단계에서부터 서비스의 최종 형태를 구체적으로 결정하고 다음 단계로 넘어가야 한다. UX/UI 기획 단계에서 프로토타입이 상당히 중요한 역할을 하는 방식이기도 하다.

돌이키기 어려운 폭포수 방식

폭포수 방식에서는 각 단계에서 의사결정자에게 보고하는 것이 매우 중요하다. 진행 상황 및 예상 이슈 등을 정확하게 전달하고 모두의 동의가 완전하게 이루어진 상태에서 다음 단계로 넘어가야 한다. 그렇지 않으면 추후 문제가 발생했을 때 책임이 전가될 수 있다. 그렇기 때문에 이 방식에서 UX 팀이 중요하게 관리해야 부분이 바로 다른 부서와의 의논

사항 및 의사 결정에 대한 히스토리 관리이다. 사양 변경Change Request이 발생하면 막대한 비용으로 직결되어 귀책사유가 될 수 있기 때문에 언제, 누구에 의해 결정된 사항인지, 누구와 합의한 사항인지를 기록으로 남겨 두어야 한다. 특히 중요한 결정사항이 포함된 내용일수록 구두보다는 메일이나 회의록 등을 남겨 프로젝트 참여 인원들에게 공유하도록 해야 한다.

이러한 폭포수 방식은 소규모이거나 원활한 아이디어가 필요한 프로젝트에는 적합하지 않다. 의사결정자의 지시로 진행이 결정되는 탑다운top-down 방식이 많고, 돌이키기 어렵다는 리스크의 책임 소재 때문에 경직된 분위기가 조성되어 팀 간의 원활한 협업을 기대하기는 어려운 편이다. 한편으로는 책임 소재를 회피하기 위해 각자 맡은 일정이나 퀄리티 준수를 중요하게 여기기 때문에 위험을 최소화하고, 계획적으로 프로젝트를 완수할 수 있다는 장점이 있다.

애자일 방식

애자일agile 방식은 적용 범위나 세부적인 방법론이 다양하다. 기본적인 정의는 하나의 주기sprint를 여러 번 진행하면서 완성해 가는 것을 의미한다. 주기의 규모는 여러 가지로 해석할 수 있다. 일반적으로는 기획부터 개발까지의 전 과정을 하나의 주기로 보고, 그 주기를 여러 번 진행하는 것이다. 출시 전까지 이 과정을 여러 번 반복하면서 기획을 수정하거나 아이디어를 보완하기도 하고, 개발 중에 발견된 버그를 잡아내기도 한다. 적은 인원으로 구성되어 빠르게 반영이 가능한 벤처나 소규모 앱을 개발할 때 가능한 방식이다.

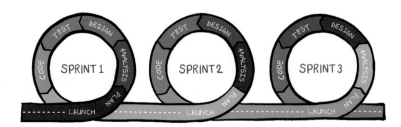

애자일 방식

애자일의 또다른 적용 방식은 기획, 디자인, 개발이 각각 여러 번 주기를 돌리는 것이다. 기획 단계에서 간단하게라도 프로토타입을 만들어 보면서 여러 번 개선 작업을 진행하고 디자인이나 개발로 넘기는 것이다. 어찌 보면 폭포수 방식 안에 애자일 방식을 적용한 것으로도 볼 수 있다. 마지막으로 운영 중인 서비스에 적용한다. 서비스에 큰 변화를 주고 싶지만 그에 따른 기존 사용자의 반발이나 개발 과정에 따른 상당한 위험이 예상된다면 원하는 결과물에 다다를 때까지 조금씩 수정해 나가는 것이다. 사용자에게 주기별 결과가 노출된다는 점에서 원래 애자일 방식의 의도와는 조금 다르긴 하지만 이러한 방법도 주기sprint라고 부르기도 한다.

주의해야 할 점은 애자일 방식이라고 해서 일단 시작하고 보자는 마음으로 진행했다가는 프로젝트가 산으로 가기 마련이라는 것이다. 초반 벤치마킹이나 자료 조사 등은 사전에 충분히 진행이 되어야 하고, 어느 정도 결과물에 대한 합의도 이루어진 상태에서 진행해야 한다. 점검 단계에서의 수정 및 보완은 더 나은 방향으로 만들기 위한 목적이 되어야 하며, 무언가를 만들기 위한 과정이 되어서는 안 된다.

애자일 방식은 큰 규모 조직에서 UX나 개발 등 각각의 팀이 있는 곳보다는 프로젝트 자체가 하나의 팀인 소규모 조직에 보다 적합하다. 한 가지를 변경했을 때 그에 따른 수많은 사항이 바뀌어야 하는 큰 서비스보다는 수정 작업이 원활하고 곧바로 반영이 가능한 작은 규모의 서비스에 적합한 것이다. 애자일 방식의 경우 특히 PLProject Leader의 역할이 매우 중요하다. 팀원들이 프로젝트에 적극적으로 참여할 수 있도록 독려해야 하며, 언제든지 거리낌 없이 이슈나 의견 등을 제시할 수 있는 분위기가 되도록 팀원 간의 소통을 잘 중재해야 한다.

한동안 애자일 방식을 도입하지 않으면 시대에 뒤떨어지고 효율적인 개발이 불가능하다는 얘기가 있을 정도로 애자일 유행이 휩쓸었던 적이 있었다. 하지만 특히 SW 프로젝트는 종류나 규모, 상황들이 너무나 다양해서 어떤 방식이 적합한지 단정 지을 수 없다. 그뿐만 아니라 방식을 도입하는 것 자체가 또 다른 일이 될 가능성이 다분하다. 또한, 대규모 프로젝트에 애자일 방식을 단순 적용하면 수많은 부서들 사이에서 이슈들이 휩쓸려 다니다가 점점 산으로 가는 것도 모자라 시간과 인력 낭비로 비용만 증가할 수 있다. 반면, 소규모 프로젝트에 폭포수 방식을 적용하면 일방적인 탑다운 방식이 되어 아이디어가 나올 수 있는 기회를 원천 차단하는 결과를 가져올 수도 있다. 그렇기 때문에 서비스를 만들 때에는 프로젝트에 어떤 방식을 도입해서 철저히 관리하겠다고 생각하기보다는 프로젝트의 성격이나 규모, 여건 등을 종합적으로 판단해서 적절히 장점을 차용해 적용하도록 하는 쪽이 바람직하다. 프로젝트의 목적은 서비스가 원활하게 잘 개발되어 출시되는 것이지 새로운 방식을 도입하는 것이 아니다.

4-2. 구체적인 일정 짜기

이제 프로젝트에 관련된 실무자들이 모두 동의할 수 있는 구체적인 일정을 수립해야 한다. 다음은 UX팀, GUI팀, 개발팀 간의 일정 협의를 통한 일정표 예시이다.

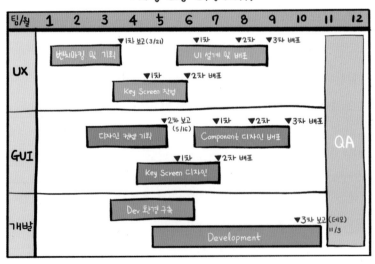

일정 수립하기

각 부서가 필요한 일정을 수립한 다음, 출시 일자deadline에 맞춰 개발팀부터 역순으로 배치하게 되면 UX팀의 일정은 턱없이 부족하다. 그렇다고 UX팀부터 일정을 잡으면 출시일 자에 맞추느라 개발팀에서 막판에 밤을 지새워도 부족하게 된다. 당연하게도 모든 부서가 일정에 대한 위험부담을 가져가고 싶어하지 않기 때문에 초반에 모두가 모인 자리에서 조금씩 서로 조율해서 일정을 협의해야 한다. 그리고 합의가 이루어진 주요 이벤트 종료일 — UX 기획 완료, 디자인 콘셉트 기획 완료, 개발 완료 — 에 상부 보고 일정을 미리 잡도록 한다. 물론 보고를 위한 프로젝트가 되어서는 안 되겠지만 프로젝트가 잘 진행되고 있는지, 진행되는 방향이 맞는지 점검 단계이기도 하고, 공식적으로 다음 단계로 넘어가는 이벤트가 되기도 한다. 그렇기 때문에 형식적인 행사가 아니라 가능한 최종 결과물에 대한 위험을 줄일 수 있는 기회로 여기고 준비해야 한다.

간혹 프로젝트 초반에 구체적인 일정을 수립하지 않거나 대충 진행하는 경우가 있는데, 일정은 반드시 수립해서 지켜야 한다. 대체로 UX나 디자인이 초반 작업을 하고 개발팀이 후반 작업을 진행해서 마무리한다.

일정이 수립되고 잘 지켜진다면 팀이나 개인 일정에 대한 예측을 할 수 있어서 모두가 '계획'이라는 것이 가능해진다. 기획해야 한다며 한동안 잠잠하기에 휴가 계획을 잡아 두었는데 어느 날 갑자기 작업이 끝났다며 빨리 개발 작업 진행해 달라고 하면 누가 좋아하겠는가 혹은 반대로 일정이 지연되면 결국 개발팀이 막판에 그만큼 밤을 지새우며 고생하기 마련이다. 그리고 짧아진 개발기간은 결국 수많은 이슈와 버그가 되어 부메랑처럼 돌아온다. 다시 안 볼 사람들이 아닌 이상 서로 배려하고 합의한 일정에 맞춰 넘겨줘야 화기애애하게 프로젝트를 마무리할 수 있다. 물론 불가피한 경우나 예측하지 못한 이슈 발생으로 일정이 지연되어 양해를 구할 수는 있겠지만 일단 함께 일정을 수립했다는 것은 서로 간의 약속이니 반드시 지킬 수 있도록 해야 한다.

4-3. 사양 확인하기

일정 수립과 더불어 중요한 것이 바로 '사양 최종 확정'이다. SW에 한정 지어 생각해 보면, 사양에 포함되는 내용은 크게는 어떤 OS에서 서비스할 것인지, 앱으로 만들 것인지, 반응형 웹앱으로 만들 것인지 등이 있고, 세부적으로는 동영상 플레이어를 넣을 것인지, 이 서비스에 꼭 포함되어야 하는 메인 기능은 무엇인지, 메뉴 구조는 대략 어떻게 가져갈 것인지 등에 대한 것이다. 최종 사양을 확정하는 시점까지는 팀 간에 지속적인 의논을 하면서 사양을 정리해 나가는 작업을 진행한다. 일차적으로 결정된 사양을 바탕으로 UX팀에서 1차 키스크린을 작업해서 공유하고, 수정해야 할 부분들을 의논한 다음 최종 사양을 확정하게 된다.

'사양 최종 확정'이라는 이벤트를 못 박아 두지 않으면, 나중에 바꾸면 된다고 생각할 수 있기 때문에 꼭 필요한 과정이다. 특히 개발팀의 경우 기획이 어느 정도 진행된 다음에 실무자가 본격적으로 투입되는 경우가 많다. UX/UI 기획이나 디자인이 진행된 다음에 개발팀에서 사양에 대한 이슈를 제기하면 이제까지의 작업을 엎어버리고 다시 작업해야 하는 불상사가 생긴다. 그렇게 되면 기획 작업부터 다시 하느라 늦어지고 개발은 막판 일정에 쫓기는 악순환이 생길 수밖에 없다.

보통 UX/UI팀은 1년을 4분기로 나눴을 때, 그중 앞의 2분기가 가장 바쁘고, 마지막 1분기는 비교적 여유를 갖고 결과물을 검토하며 다음 프로젝트를 준비하는 기간으로 잡는다. 반대로 개발팀은 앞의 1분기가 비교적 여유롭고 후반부에는 정신없이 바쁘다. UX팀이 개발팀을 위해 앞단의 작업을 부지런히 수행해야 한다면, 개발팀은 UX나 디자인팀이 같은 일을 두세 번 다시 작업하지 않도록 초반 사양 검토에 꼼꼼히 참여해야 한다.

5

UX 콘셉트 기획

지금까지 프로젝트에 참여하는 전체 인원이 함께 논의하고 협의하는 과정을 진행했다면 이제 본격적으로 UX팀 혹은 UX 담당자가 단독으로 작업에 착수할 차례이다.

5-1. 리서치(자료 수집)

UX 콘셉트 기획의 첫 단계는 다양한 조사를 통해 방향을 명확히 하는 것이다. 프로젝트에 대한 요구사항을 명확히 이해하고, 프로젝트 주제에 관련된 트렌드와 경쟁사 및 다른 제품들의 현황을 조사하는 것으로 이루어지며, 마지막으로는 개발자 인터뷰를 통해 현재 구현 가능한 수준을 확인하는 작업을 진행한다.

5-1-1. 보스에 관하여

이 단계에서의 보스는 여러 종류가 있다. 기업 내 UX팀이라면 의사결정을 하는 임원이 될 것이고, UX 업체라면 업무를 의뢰한 클라이언트가 될 것이며, 스타트업 기업이라면 사용자(고객)가 직접적인 대상이 될 것이다. 이론상으로는 어떤 상황이든 사용자가 최우선이 되어 '최종 사용자end-user를 고려한 UX'를 개발해야 하지만, 당연하게도 이상과 현실은 다르다. 특히 임원이나 클라이언트에게 보고해서 확인confirm을 받아야 하는 UX팀이라면 그들의 의도를 초반에 정확히 파악해서 반영해야 한다. 그들이 목표를 명확하게 제시하는 일은 그리 흔치 않기 때문이다. 프로젝트가 진행되다 보면 이론적으로 배운 것들과 현실 사이에서 오는 괴리감과 회의감이 자주 들기도 한다. 프로젝트가 한참 진행된 후에 의사 결정자의 의도와 달라서 작업을 엎고 다시 하게 되면 본인뿐만 아니라 모든 팀원 및 개발자, 디자이너들까지도 고생하는 것에 더해 시간과 예산까지 낭비하게 된다. UX팀의 삽질에 따라 개발팀과 디자인팀의 업무가 과중 될 수 있다는 걸 늘 명심해야 한다.

삽질 사례 1

'6인치 디스플레이를 넣은 AI 스피커를 만들어라'

라는 미션이 내려졌다고 생각해 보자. 가장 먼저 드는 생각은 왜 하필 6인치인가라는 의문일 것이다. 조사를 진행하면 할수록 UX 기획자로서는 딜레마에 빠지게 될 것이다. AI 스피커라는 것이 어느 정도 떨어진 거리에서도 충분히 내용이 보여야 하는데 6인치는 가시성을 확보하기엔 부족하다. 콘텐츠나 영상을 보여주기에 사이즈가 애매하고, 휴대용으로 하기에도 무리일 것 같아 보인다.

UX팀의 삽질이 시작될 수 있는 시점이다. UX 담당자는 아무리 생각해 봐도 6인치는 사용성에 득이 되지 않는다고 판단하여 한달 내내 수많은 벤치마킹과 사용자 조사, HW 샘플까지 구해와서 야심 차게 1차 임원 보고에 들고 가 8인치 디스플레이를 사용해야만 하는 이유에 대해 주장했다. 반응이 어떨 것 같은가? '6인치'라고 구체적인 사양이 왔다는 것은 열에 아홉은 6인치 물량의 재고가 넘치거나 저렴한 가격에 대량으로 수급할 수 있는 루트가 뚫렸기 때문이다. 그럼에도 불구하고 불필요한 조사로 1개월을 깎아 먹었다면 이미 개발팀과 디자인팀에 줄 수 있는 소중한 시간을 잃은 셈이다. 8인치를 제안하고 싶다면 사용성뿐만 아니라 6인치보다 더 나은 가격 경쟁력과 물량 확보 루트까지도 함께 수립해서 보고 해야 한다. 그렇게까지 할 수 있다면야 1달 지연시킨 게 대수이겠는가.

사양을 받아 보면 '왜 하필'이라는 말이 수없이 나오지만 포기할 건 일찌감치 포기하고 그 안에서 최선을 찾아내는 것도 UX의 할 일이고 능력이다. 특히 하드웨어 사양에 대한 요구

사항은 상품기획이나 하드웨어 담당자에게 변경 가능 여부를 확인한 뒤, 불가능하다면 그대로 진행해서 시간을 낭비하지 않도록 해야 한다.

삽질 사례 2

'코타나Cortana 괜찮던데, 검토해봐라'

프로젝트 한참 진행 중에 뜬금없이 요구사항이 들어오는 경우가 많다. 이러한 요구사항을 언급한 임원에게 직접 그 의중에 대해 물을 수 있다면 가장 좋겠지만 대체로 만나기 어렵고 바쁜 분들이다 보니 의중 확인은 불가능하다. 심지어 요구사항이 여러 사람을 거친 다음에 건네 받는 경우도 많은데 이런 경우에는 여러 사람을 거치면서 최초 발화자(대체로 최종 보스)의 의도가 왜곡되었을 가능성이 상당히 높다.

일단은 가능한 여러 사람을 만나서 어떤 상황과 분위기에서 그런 요구사항이 나왔으며 관련해서 현재 회사 상황이 어떠한지 등에 대한 조사를 해야 한다. 프로젝트가 산으로 가지 않으려면 프로젝트를 둘러싼 여러 현황과 니즈에 대해 관심을 갖고 방향과 범위를 잘 잡아갈 필요가 있다.

'코타나 – Microsoft사의 AI – 괜찮더라'에 따른 갈래는 수없이 많다. 회사가 MS와 제휴를 맺게 되어 전략적인 협력이 필요한 경우일 수도 있고, 어느 전시장에서 코타나의 특정 기능 데모를 보고 지나가는 말로 던진 것일 수도 있다. 전자라면 적용해야 할 가능성이 상당히 높고, 후자라면 코타나 자체가 아니라 단지 그 기능만 마음에 든 경우일 수 있다. 그리고 '검토해봐라'의 의미 역시 '괜찮은지 잘 검토해보고 별로라면 안 해도 된다'일 수도 있고, '여러 이해관계가 얽혀 있으니 반드시 적용해라'일 수도 있다. 만약 후자였는데 한 귀로 흘려버리고 개발했다가는 나중에 억지로 끼워 넣어야 하는 불상사가 발생할 수도 있다.

누더기가 된 서비스

UX 담당자라면 회의록에 문구 1줄만 보고 진행하지 말고 앞뒤 상황을 반드시 살펴봐야 팀원들이 불필요한 고생을 하지 않고 보스가 만족할 수 있는 방향으로 끌어갈 수 있다. 간혹 어떤 제품이나 서비스를 보면 과장 – 차장 – 부장 – 임원 – 사장 – 회장 등 여러 요청 사항을 다 들어주다가 누더기가 되어버리는 경우들이 있다. 물론 어쩔 수 없는 경우도 많고, 이리저리 치이는 일도 빈번하다. 하지만, 모든 요청 사항을 들어주려고 하지 말고 숨은 의도를 잘 파악해서 하나라도 줄여 나가도록 해야 한다.

5-1-2. 자료 조사: 적들의 동향 파악

이 단계에서의 자료 조사는 상세한 내용보다는 프로젝트와 관련된 업계 전반적인 트렌드나 콘셉트 자료와 경쟁 업체에 대한 벤치마킹 등이 그 대상이다. 만약, AI가 프로젝트의 주제라면 우선은 CESConsumer Electronics Show나 MWCMobile World Congress 정도가 조사의 시작이 될 수 있겠다. 전시회 자료를 수집해서 정리하고 나면, 주제에 관련해서 어떤 업체들이 주목받고 있는지, 그 반응들은 어떤지 어느 정도 감을 잡을 수 있다.

자료는 가능한 '직접' 많이 살펴보고 모아야 한다. 누군가 정리 해 둔 자료를 보거나 외부 업체를 통해 조사를 해 오도록 하는 경우가 있다. 그렇지만 조사를 진행하면서 아이디어를 얻는 경우가 많고 조사 내용을 정리하면서 콘셉트 방향이 보이기도 하므로 가급적 직접 하는 것이 좋다. 타인에 의해 정리된 자료는 내가 발견하지 못한 것들을 추가적으로 보거나 다른 사람의 관점이나 의견을 참고하기 위한 용도로만 사용하는 것이 좋다.

특히 UX PL이라면 팀원들보다 더 많은 것을 알고 있어야 의견을 취합해서 함께 쌓아 나갈 수 있다. 팀원들이 각자 자료를 조사하고 그 자료를 취합한 후에 공유하는 회의를 진행하게 된다. 이 회의는 아이디어를 내기 위한 자리가 되어야 하며 팀원들이 조사한 내용을 PL에게 교육시키는 시간이 되지 않도록 해야 한다. 자료 정리를 팀원에게 맡길 수는 있겠지만, 직접 조사하고 트렌드를 살펴보는 일을 소홀히 해서는 안된다.

조사 자료 공유

UX 담당자가 1명이라면 해당사항이 없겠지만 여럿이 함께 진행하는 경우라면 팀원이 각자 조사한 내용을 다 같이 공유하고 같은 수준으로 동기화하는 시점이 필요하다. 각자 조사 영역을 나누고, 맡은 부분에 대해 조사를 진행한 뒤, 자료 공유를 위한 워크숍을 진행한다. 워크숍에서는 각자 조사한 내용을 정리해서 30분에서 1시간 정도 발표를 진행한다. 특별한 양식은 없지만, 텍스트보다는 사진이나 인터뷰 인용 문구, 키워드와 간단한 설명 문장 등으로 작성한다. 사진은 내용을 모르면 알아보지 못할 정도로 작거나 일부만 확대된 것은 피하도록 한다. 간혹 본인은 조사하면서 이미 알고 있는 내용이라 작게 넣는 경우가 많은데, 상대방은 처음 보는 자료라는 것을 잊지 말아야 한다.

자료 공유 카드

각자 발표를 마친 뒤에는 겹치는 내용은 제외하고 추려낸 것들을 카드로 만든다. 카드 안에는 타이틀/출처/간단한 내용 2~3줄 정도가 담길 수 있도록 하며, 카드 1개가 정사각형의 포스트잇 한 장 정도라고 생각하면 된다. 내용은 간단할수록 좋으며 워크숍에 참석한 사람이라면 카드를 보고 내용을 떠올릴 수 있을 정도의 힌트만 적혀 있으면 된다. 그리고 이 카드는 아이디어 발굴 단계에서 사용할 예정이다.

5-1-3. 개발자 인터뷰: 적인가 동지인가

이 단계에서는 개발 PM과 개발자를 만나서 어떤 기능이 현재 어느 정도 수준으로 구현 가능한지 의논하고, 어디까지 적용할 것인지에 대해 조율한다. 또한 이 단계가 UX 담당자들이 또다시 딜레마에 빠지는 단계이기도 하다. 개발자에게 현재 기술 수준을 묻고, 그 기술이 프로젝트 출시 일정 내에 구현 가능한지 확인한다. UX가 원하는 수준에 맞춰서 개발을 해야 하는 게 아니냐고 생각할 수 있지만 빡빡한 일정과 개발자들의 고된 일상을 보면 차마 입을 열지 못하고 기획을 줄여나가곤 한다.

'음성인식 기능을 넣어라'

라고 위에서는 쉽게 얘기한다. 음성으로 TV를 켜고, 음악도 듣고, 커튼도 여는 등 주위에 음성으로 기능하는 것들이 많아지니 레고 블록 끼워 넣듯 쉽다고 생각한다. 하지만 음성

인식 프로세스를 공부하고 개발자 미팅을 하다 보면 생각만큼 자유롭지 않은 선택지에 AI에 대한 환상이 곧 깨지기 마련이다. 집에 있는 AI 스피커가 왜 음악 들려주고 TV 키는 것밖에 못 하는지, 그나마도 왜 이렇게 못 알아듣는지, 휴대폰 AI는 왜 전화 걸어주는 것 말고는 영 쓸데가 없는지 점차 깨닫게 된다. 그리고 점점 야심 차게 내놓았던 UX 기획 아이디어 개수가 점점 줄어들고 개발자와 미팅이 거듭될수록 한심하게 생각했던 경쟁업체들의 AI와 차별화를 할 수 있기는 한 건지에 대해 근심하는 자신을 발견하게 된다.

보통 개발자는 방어적으로 인터뷰에 임하기 마련이다. 섣불리 가능하다고 했다가 프로젝트 목표 일정을 맞추지 못하면 그에 대한 책임을 져야 하기 때문이다. 그래서 가능한 기능을 축소해서 적용하고 싶어 하며 100% 적어도 90% 이상 완수할 가능성이 있는 기능만 공개하는 경우가 많다.

간혹 UX 기획자들 중 나는 열심히 기획해서 전달해 줬으니 다음 단계는 알아서 진행하고 못하면 너희 탓이라며 넘겨버리는 경우가 있다. 이런 경우 대부분 다음 단계에서 '알아서' 죄다 쳐내고 할 수 있는 만큼만 진행하다 보니 나중에 결과물을 보면 횡하거나 처음 기획의 모습은 찾아볼 수 없을 지경이 되어버린다. UX 업무는 기획만 하면 되는 것이 아니라 기획한 내용이 마지막까지 잘 반영되어 출시되는지를 지속해서 살펴보며 관리하고 조율하는 업무까지 포함한다는 걸 명심해야 한다.

수시로 개발자와 미팅을 통해 개발상에 어떤 이슈가 있는지, 우려되는 내용은 무엇인지, 공식적으로 오픈하기는 곤란하더라도 완수 가능성이 있는 기술은 어떤 게 있는지 묻고 함께 고민할 필요가 있다. 개발팀의 사정은 묻지도 않고, 다짜고짜 요청한 기능을 왜 구현 안 해 주냐거나, 할 수 있는 게 뭐냐며 탓하고 싸워서 해결하려 들지 말고, 우회해서 구현할 방법은 없을지 아니면 우선순위를 낮추더라도 시도를 해 볼 수 있도록 설득해야 한다. 그리고 설득하려면 UX 기획자도 개발에 대해 최소한 알아들을 수 있을 정도는 공부해 두어야 한다. 그렇지 않으면 개발자들을 만났을 때 불가능하다는 말만 듣다가 싸우기만 하고 돌아올 가능성이 높다.

한 가지 알아둘 것은 개발자의 '불가능하다'는 말은 일반인의 언어와는 조금 다르다는 점이다.

예를 들어, 'A야'라고 불러야 대답하는 AI에게 'B야'라고 불러도 대답할 수 있게 해달라고 했을 때 개발자가 불가능하다고 말했다면 대부분 A가 아닌 다른 이름으로 부르는 게 어렵구나 하고 돌아설 수 있다. 하지만 개발자는 B가 하필 인식이 잘 안 되는 단어여서 불가능하다고 했을 뿐이지 만약 C나 D를 물어봤으면 가능하다고 했을 수도 있다. 혹은 B를 시간을 두고 학습시키면 가능했을 수도 있다. 기획자는 'B야 라고 불렀을 때 호출이 되나요?' 라고 물었고 개발자는 '(지금 당장 혹은 B만은) 불가능하다'라고 답한 것이다.

단순한 예를 들었지만 이런 경우는 비일비재하다. 대부분 개발자는 0과 1, Fail과 Success로 이분화가 익숙하기 때문에 대화할 때 늘 염두하고 대할 필요가 있다. 개발자에게 불가능하다는 말을 들었다면 왜 안 되는지 혹은 다른 건 가능한지, 우회할 방안은 없는지 꼭 다시 한번 묻도록 한다. 그리고 개발자가 설명해 줄 때 이해하고 역으로 제안할 수 있을 정도의 기본 지식은 갖추어야 '함께' 의논할 수 있을 것이다.

화성에서 온 개발자, 금성에서 온 디자이너

아마 애초에 딱 잘라 불가능하다고 말하지 말고 더 자세히 설명하거나 대안을 먼저 제시해 주면 안되냐고 생각할 수도 있겠지만 사고의 체계가 다른 것뿐이지 악의도 없고 노력이나 의욕이 부족한 것도 아니다. 그냥 물어봤는데 안 되니까 안 된다고 한 것뿐이다. 익숙해지면 디자이너와 정답이 없는 주관적인 톤앤매너tone&manner에 대해 합의점을 찾는 것보다는 훨씬 낫다는 생각이 들기도 한다.

5-2. 콘셉트 빌딩 & 아이디에이션

사양과 요구 사항, 개발 가능 검토 등이 어느 정도 마무리되었으니 드디어 UX 콘셉트 기획을 시작할 차례이다. 제품 사용자와 전체적인 UX 방향성 등을 이 단계에서 수립해서 UX 기획 보고를 진행한다.

5-2-1. 퍼소나: 쓸모없지만 안 하자니 아쉬운 것

어떤 제품이나 서비스의 사용자 유형을 대표하는 가상인물을 퍼소나persona 혹은 페르소나라고 부른다. 이론적으로 풀어서 말하자면 사용자 설문, 그룹 인터뷰, 현장 조사, 전문가 인터뷰 등 수많은 단계와 다양한 자료를 기반으로 제품 사용자를 구체적으로 정의하는 작업이다. 소설을 쓸 때 가상의 주인공에 대한 구체적인 프로필 작업을 하는 것을 생각하면 된다. 이름, 사는 곳, 직업, 소득 수준, 가족 구성, 간단한 전기문biography이 포함되며 더 나아가서는 구체적인 행동 양식이나 가치관 등을 기재하기도 한다. 이는 자세할수록 좋으며 정의된 퍼소나 데이터를 봤을 때, 마치 실존하는 인물처럼 떠올릴 수 있고 그 사람의 행동 패턴을 예측할 정도가 되면 가장 좋다. 제품을 기획할 때 구체적인 타깃 없이 진행하게 되면 시간이 지나거나 여러 사람의 의견을 거치면서 방향성을 잃을 수 있다. 보통 2~3명 정도의 퍼소나를 만들어서 가상 인물을 설정하고 그 인물을 상상하면 일관된 타깃을 갖고 작업할 수 있다는 장점이 있다.

퍼소나 작업

이제 이론을 떠나 현실적인 퍼소나 작업에 대해 살펴보자.

퍼소나를 설정하려면 일단 제품이나 서비스의 타깃 조사가 선행되어야 그에 따른 가상의 인물을 구체적으로 설정할 수 있다. 고급 대형 세단의 퍼소나를 면허를 갓 취득한 20대 초반 대학생으로 잡을 수는 없기 때문이다. 보통 사업/제품 기획팀에서 기본적인 제품의 소비 타깃층을 설정해주면 UX팀에서는 그것을 바탕으로 구체적인 퍼소나를 잡는다.

그러나 이론처럼 다양한 조사를 수행해서 소비 타깃과 퍼소나를 설정하는 것 자체가 요즘같이 변화가 잦고 빠르게 출시해야 하는 분위기에서는 시간과 비용 측면에서 사실 불가능하다. 그러다 보니 제대로 된 조사가 선행되지 않은 상태에서 임의로 만들어 낸 가상의 인물을 타깃으로 진행하는 것이 과연 믿을 수 있느냐는 측면에서 부정적인 의견도 많다. 기존에는 소비자를 연령과 소득 수준에 따라 몇 개의 계층segment으로 나누고 그룹에 맞는 제품을 만들어 판매하는 방식이 많았다. 그러나 요즘에는 계층의 의미가 그리 크지 않다. 아이폰처럼 겨우 두세 개의 제품군으로 전 연령 및 성별 등 다양한 계층을 한꺼번에 대상으로 삼는 경우가 많아진 것이다. 예전처럼 소득 수준이 낮다고 해서 고가의 제품을 구입하지 않는 것도 아니다. 행복을 느끼는 소비 기준이 각자 다르기 때문에 섣불리 퍼소나를 설정했다가는 오히려 반감을 살 수도 있다. 이런저런 이유로 퍼소나를 설정하는 의미나 필요성이 실무에서는 점차 희석되어 가고 있다. 적어도 예전처럼 이 제품은 '소득수준이 중 상위권인 4인 가정의 바쁘게 일하는 가장을 위한 제품입니다'라는 식의 전략 수립을 하지 는 않는다는 뜻이다.

다만 UX 기획 단계에서 이 상황에 사용자는 어떻게 반응할까? 라는 것을 생각할 때 구체 적인 상황을 떠올리는 것은 분명 도움이 된다. 예를 들어 등산 중에 사용하는 서비스를 만 들고자 한다면 다양한 연령과 성별의 사람들이 등산 중에 겪을 수 있는 구체적인 수많은 상황들에 대해 대해 떠올리고 검토하는 것이다. 어찌 보면 퍼소나의 구체성이 희미해진 대신 그 폭이 상당히 넓어진 것으로 볼 수도 있겠다.

5-2-2. 콘셉트 빌딩: 광팔기의 기술

앞서 자료 조사 단계에서 작업한 카드를 사용할 차례이다. UX 콘셉트 기획 보고에서 프로 젝트에 대한 UX의 방향성을 설명하고, 그 콘셉트에 대해 모두의 동의를 구하기 위해 구체 적인 주제를 만드는 것이다. 프로젝트명이 제목이라면 UX 콘셉트를 정하는 것은 부제를 정하는 작업이라고 할 수 있다.

리서치를 진행하며 나온 추가 의견이나 아이디어들도 동일한 카드 형태로 만들어 취합하 고 추려낸다. 최종적으로 적게는 30장 많으면 50장 정도로 남겨서 분류 작업을 시작한다. 비슷한 내용의 카드끼리 묶어 3개~ 5개 정도의 그룹으로 묶는 것을 목표로 하면 된다. 아 마 콘셉트가 어떻게 나뉠 것이라고 짐작은 하겠지만 처음부터 그 예상을 드러내지 말고 가능한 결과를 오픈해 둔 채로 의견을 나누면서 분류하도록 한다. 프로젝트에 따라 이 기 간은 상이할 수 있지만, 1주일 정도는 서로 의견을 나누며 카드를 비슷한 종류끼리 분류하 는 작업을 진행한다.

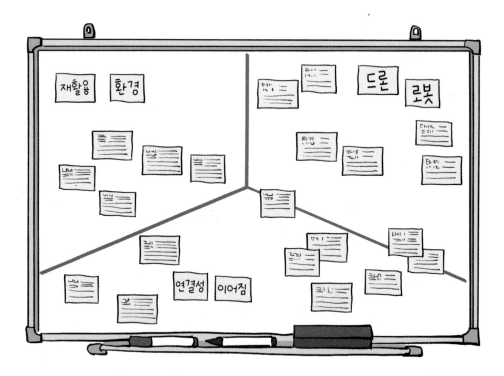

분류가 끝난 후 몇 개의 그룹으로 묶인 카드들에 적당한 그룹 이름을 붙여 준다. 분류를 하다 보면 이미 가제 정도는 붙여 두었겠지만 공식적으로 프로젝트의 UX 콘셉트를 공유 하기 위한 이름을 작성하도록 한다. 이때 식상한 이름을 붙이면 그 하단의 내용이 아무리 알차더라도 평가절하 될 수도 있다. 그렇다고 알 수 없는 약어를 사용하거나 사전에서 급 히 찾아낸 본인도 몰랐던 외국어를 붙이는 것도 콘셉트가 상대방에게 전혀 와닿지 않는 결과를 낳게 된다. 사실 콘셉트 이름을 붙이는 작업이 1주일에 걸친 콘셉트 빌딩 작업보다 더 어렵게 느껴질 수도 있다. 그러나 발표나 보고하는 자리에선 첫인상과 다름 없는 작업 이기 때문에 소홀히 하지 않도록 해야 한다.

어려워 보일 수도 있지만 사실 이 과정은 벤치마킹이나 트렌드 조사 등에서 이미 한 번쯤 은 해본 적이 있을 것이다. 예를 들어 전시회를 다녀와서 보고서를 작성해야 한다면 수많 은 전시 제품을 몇 개의 그룹으로 나누고 그 그룹을 대표할 수 있는 타이틀을 붙이는 것과 다르지 않다. 만약 지난 전시회 관련 주제 조사를 통해 재활용, 드론, 연결성이라는 세 가지 콘셉트로 정리가 되었다면 보고서에 그대로 적을 것인가? 타이틀만 바꿔도 보고서가 훨씬 있어 보이기 마련이다.

제목만 바꿔도 달라 보인다

가끔 개발팀의 보고서나 데모를 보면 안타까울 때가 많다. 내용도 좋고 분명 잘 쓰일 수 있는 괜찮은 기술인데 기술을 포장하는 일은 불필요한 소위 광팔기로 치부해 버리는 경우가 많다. 갈 길이 먼 기술을 그럴듯하게 포장해서 떠벌리는 광팔기와 고생해서 만든 기술을 아무도 알아주지 않아 창고 깊숙이 박아 두는 것, 둘 다 바람직하지 않다. 아무리 좋은 기술도 빛을 봐야 의미가 있지 않겠는가.

계륵같은 광팔기

사실 보고 자료의 광팔기 기술 – 점잖은 표현으로 하면 시각화visualization 정도가 되겠다 – 수준에 따라 임원의 반응이 현저하게 다르다 보니 얼마나 더 멋지고, 세련되게 자료를 만들 것인가 하는 경쟁이 암암리에 생기기도 한다. 드론 서비스 시나리오를 만든다고 생각해 보자. 첫 번째 팀은 '드론으로 집 앞까지 배송하는 서비스를 제공합니다'라고 텍스트를 적었고, 두 번째 팀은 그럴듯한 이미지를 넣었다. 그리고 마지막 팀은 3D로 영상을 만들어서 마치 실제로 촬영한 것 같은 영상을 보여 주었다. 어느 팀이 눈길을 끌었을지는 뻔하다. 그러다 보니 탐나는 프로젝트를 따오기 위한 경쟁이 과열되며 팀의 예산을 아이디어와 개발에 투자하는 것이 아니라 영상과 이미지 작업에 올인하게 되는 부작용을 불러일으키기도 한다.

5-2-3. 아이디어 골라내기: 될 법한 걸 고르자

이제 제품이나 서비스를 사용할 대상과 UX 콘셉트가 정해졌고, UX 콘셉트 기획의 마지막 단계라고 볼 수 있는 구체적인 시나리오 아이디어를 발굴할 단계이다. 자료조사와 콘셉트 빌딩 단계를 거치면서 분류해 둔 카드 안에는 여러 사례나 아이디어들이 적혀 있을 것이다. 이제 이 아이디어를 보다 구체적으로 검토해서 선별하면 된다. 예를 들어 AI 스피커 프로젝트를 위한 콘셉트 빌딩에서 'New Mobility'와 'Seamless'라는 콘셉트가 잡혔다면, 이 콘셉트에 AI를 어떻게 접목할지를 고민해야 한다. 우선 하나의 앱이나 기기에 탑재된 AI가 아닌 '언제나 나와 함께하는 AI'라는 아이디어를 떠올릴 수 있을 것이고, 나아가 구체적인 사용 시나리오가 나와야 한다.

'언제나 나와 함께하는 AI'라는 아이디어를 구체화해 보자. 기술적으로는 이미 연동은 되어 있다. 구글을 예로 들면 집에서는 구글 Home이 있고, 휴대폰과 스마트 워치에는 구글 어시스턴트가 있고, 차량에는 안드로이드 오토가 있다. 나와 함께 한다는 느낌이 들기보다 그냥 각각의 기기에 존재하는 AI 음성인식 서비스라는 정도의 인식이 들뿐이다. 어쩌면 'OK 구글'이라는 호출어가 거리감을 느끼게 하는 가장 큰 장벽일 수도 있다. 전 세계인이 동일하게 부르는 만인의 'OK 구글'이니 말이다.

데모는 기도하는 마음으로

이쯤에서 사용자가 원하는 이름으로 AI를 부를 수 있도록 한다면 애완동물에게 느끼듯이 애정과 심리적인 연결성을 느낄 수 있을 거라는 아이디어를 낸다. 사실 데모를 위해 동일한 기능을 개발했던 적이 있었다. 소음이나 잡음이 없는 고성능 마이크가 설치된 환경에서 원하는 이름을 3번 불러서 AI의 이름을 커스터마이징 해 주는 기능이었다. 심지어 목소리로 주인을 알아채는 성문 인식까지 탑재했다. 만약 A라는 사람이 AI에게 '제니'라고 이름을 붙여 주었다면, B가 '제니'라고 불렀을 때는 응답하지 않고, A에게만 반응하는 기능인 것이다. 물론 세상에 없던 기술을 새로 만들어낸 것이 아니었기 때문에 우여곡절 끝에 개발은 완료했지만, VIP 데모가 있을 때마다 잘 작동하기를 바라며 두 손 모아 기도하는 심정으로 임해야 했다. 5년, 10년 뒤를 바라보고 하는 선행 기술 데모였기 때문에 그나마 가능했지 당장 상용화할 아이디어로 가져갔다면 아마 좋은 소리를 듣지 못했을 것이다.

다시 본론으로 돌아와서 이 단계에서 통과된 아이디어는 실제 개발이 진행되어야 하므로 구체적이고 현실적인 것들로 선별되어야 한다. 우선은 UX팀 내부적으로만 수행하는 것을 추천한다. 처음부터 개발자와 함께 아이디어 발굴을 시작하면 사양 검토가 우선이 될 가능성이 높기 때문이다. 하지만 만약 1차 UX팀에서 선별한 아이디어가 2차 개발자와의 미팅에서 구현 불가로 하나도 살아남지 못했다면 앞서 수행한 개발자 인터뷰나 벤치마킹, 기술 공부 등이 부족했던 것이니 반성할 필요가 있다.

이렇게 제품이나 서비스에 담을 구체적인 UX 콘셉트와 아이디어까지 선별했다면 이제 프로젝트 개발 착수 전 선행되어야 할 작업이 모두 끝났다고 볼 수 있다. 이제 1차 보고를 통해 방향성에 대해 확인받으면 된다. 물론 현실적으로 다음 단계로 부드럽게 넘어가는 경우는 그리 많지 않다. 자료 조사 단계에서부터 다시 시작해야 할 수도 있고, 콘셉트는 수없이 바뀌고, 막판에 억지로 상사의 의견을 끼워 넣어야 하는 상황이 생기기도 한다. 회사의 정책 변경에 의해 사양이 변경되거나 제품 기획 자체가 변경되는 경우도 비일비재하다. 개발을 진행하며 현실적인 타협에 의해 콘셉트가 축소되거나 사라지고 점차 원래의 콘셉트와 멀어지는 경우도 상당히 많다.

3부

UI 기획
5 단계

6   정리의 신 – 메뉴 트리

7   일관성은 반드시 – General Rule

8   5초 안에 시선을 잡아라 – 키스크린

9   길은 명확하고 단순하게 – UI Flow

10   목적을 잊지 말자 – 유지보수

6

정리의 신 – 메뉴 트리

집안 정리가 어려운 사람들을 위한 '정리의 신: 정리는 기술이 아니라 선택이다'라는 책이 있다. 쓰지 않는 것들을 버리고, 남아 있는 것들을 분류하고, 물건을 들여올 때는 어떻게 해야 하는지에 대한 가이드라인이 담겨 있다. 집안 정리 능력과 UI 설계 능력은 어떠한 상관관계가 있지 않을까 싶을 정도로 닮아 있다. UI 설계 역시 중복되거나 필요 없는 것들을 덜어내고, 같은 종류의 것들을 묶어주고, 새로운 것들이 들어왔을 때 꼭 들여야만 하는 것인지, 들여야 한다면 어디에 둘 것인지를 고민하는 작업이 가장 우선되어야 하기 때문이다.

UX 기획 단계에서 어떤 아이템들을 서비스에 넣을지 정하고 나면, UI 설계 작업을 시작할 수 있다. 이때 가장 먼저 하는 것이 메뉴 구조, 다른 말로 메뉴 트리tree를 잡는 것이다. 로그인 페이지에서부터 메인, 서브 페이지를 정리하다 보면 이 서비스는 몇 개의 페이지를 가지고 있고, 대략 어떤 기능을 가지고 있는지가 보인다. 그렇기 때문에 외주 업체Business Partner와 개발이나 디자인 계약을 할 때 메뉴 트리 내용과 규모를 기준으로 기초적인 단가나 기간을 산정하기도 한다.

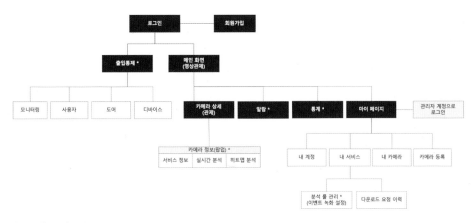

메뉴 트리(구조도)

일반적으로 하나의 블록이 한 개의 페이지를 의미한다. 페이지는 상단에 있는 제목이 달라지는 것을 기준으로 보면 된다. 예를 들면, 네이버 모바일의 메인 화면에서 뉴스 탭은 두 개로 나뉘어 좌우로 넘겨볼 수 있게 되어 있다. 이건 하나의 페이지인 거고, 또 다시 넘겨 비즈니스나 쇼핑 등의 주제가 나왔다면 이것은 다른 페이지가 된다.

이러한 페이지들을 메뉴 트리에 표시할 때 같은 레벨이라면 좌우로 같은 선상에 배치하고, 레벨이 다르다면 위아래로 표시한다. 레벨은 뎁스depth라고 하는데, 뉴스 페이지에서 특정 뉴스를 보기 위해 선택했다면 기사 목록이 있는 뉴스 페이지는 1st depth, 목록에서 선택한 특정 뉴스는 2nd depth라고 한다. 특정 뉴스 페이지에서 동영상 뉴스를 크게 보기 위해 선택해 전체화면으로 띄웠다면 그 동영상 페이지는 3rd depth라고 한다. 팝업을 띄우는 정도는 depth로 계산하지 않으며, 화면이 전체적으로 바뀌는 것을 기준으로 depth를 계산하면 된다. 로그인 페이지는 메뉴 트리 최상단에 위치하지만 서비스에 대한 진입 과정 정도로 보기 때문에 '이 서비스의 depth는 몇 단계인가요?' 라고 묻는다면 로그인 페이지는 계산에 넣지 않는다.

예전에는 홈home 화면이 각 페이지들로 이동할 수 있는 대시보드dashboard 역할을 했다. 1st depth에 위치하고, 뉴스나 메일, 쇼핑 등 다른 페이지들이 2nd depth로 위치 했지만, 모바일 환경으로 바뀌면서 점차 홈의 역할이 줄어들었다. 다른 depth로 이동한다는 것은 어떤 것을 선택해서 그 안으로 들어간다는 행동으로 그만큼 사용자의 의지가 반영된다는 것을 의미한다. 즉 다르게 말하면 사용자의 의지가 없다면 노출될 가능성이 거의 없다는 뜻이다. 네이버나 다음의 모바일 페이지처럼 좌우로 넘기다 보면 굳이 보려 하던 내용이 아님에도 자연스럽게 노출되고 따라서 광고들도 보이기 마련이다. 하지만 구글처럼 홈이 1st depth로 위치하고 있는 사이트에서는 사용자가 무언가를 검색해서 다음 depth로 들어가지 않는 이상 아무것도 보이지 않는다. 구글 같은 경우에는 검색해서 나오는 결과를 2nd depth라고 보며, 구글 홈의 우측 상단 메뉴를 눌러 캘린더를 선택해서 들어가면 캘린더 페이지가 2nd depth가 된다.

메뉴 트리는 프로젝트를 진행하면서 UI 설계상 또는 기획, 개발상의 이슈로 조금씩 변경되기 때문에 처음부터 완벽하게 만드는 것은 불가능하다. 하지만 기본 뼈대를 세운다는 점에 있어서는 UI 설계의 중요한 시작점이 된다. 일반적으로 depth가 많으면 구조가 복잡해지고 사용자가 서비스 안에서 길을 잃기 쉽기 때문에 지양하는 편이지만, 그렇다고 무조건 depth가 적다고 좋은 것도 아니다. 서비스의 특성이나 사용환경마다 다르며 사용자가 얼마나 사용하기 편하고 원하는 것을 찾기 쉬운지가 가장 중요하다.

1st depth를 이정표 역할의 대시보드 형태로 갈지 아니면 여러 주제들을 1st depth에 병렬로 둘 것인지 결정했다면, 이제 각 페이지의 내용을 어떻게 구성하고 이름 붙일지에 대해 고민해야 한다. 패스트푸드점의 딜리버리 서비스 메뉴를 예시로 한 번 살펴보자.

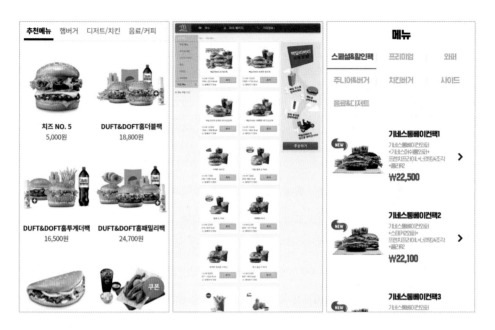

각 매장에서 판매하는 아이템들은 수십 개이다. 3사 모두 그 종류는 크게 다르지 않지만, 각각 다르게 분류한 것을 볼 수 있다. 여기서 아이템이란 햄버거, 음료, 감자튀김, 소스 등 별도로 주문이 가능한 모든 요소를 말한다. 이처럼 동일한 아이템을 갖고 있어도 UI 설계를 어떻게 하는지에 따라 메뉴는 얼마든지 다르게 구성될 수 있다. 롯데리아의 경우 메뉴를 간단히 하다 보니 치킨이 아이스크림과 같은 메뉴에 분리되어 있다. 맥도날드는 전반적으로 맥도날드에 익숙한 사람만을 고려했다는 느낌이 든다. 해피밀이 무엇인지 알 수 없고, 아이템에 대한 설명도 따로 없다. 2nd depth에 들어가도 메뉴에 대한 설명을 볼 수 없다. 슈슈버거가 새우버거인지, 1955버거가 레트로 콘셉트로 만든 버거인지, 광고를 보거나 기존에 먹어본 사람이 아니라면 알 수 없다. 반면에 버거킹은 UI나 디자인에 많이 고민하고 설계한 것이 느껴진다. 프리미엄과 와퍼 그리고 버거의 차이는 딱히 명확해 보이지 않지만, 그래도 여러 개를 묶은 이벤트 패키지는 '스페셜/할인팩'으로 따로 빼고, 버거를 선택하면 페이지를 전환해 depth를 들어가는 것이 아니라 팝업으로 띄워서 사용자가 부담을 느끼지 않게 해준 것도 좋은 선택이라고 여겨진다.

패스트푸드에서는 최소 십여 개, 최대 백여 개의 아이템들이 주어진다. 패스트푸드에서의 아이템이 햄버거, 음료수, 아이스크림, 감자튀김 등이라면 파워포인트와 같은 소프트웨어에서의 아이템은 파일 열기, 저장, 선 그리기, 표 만들기 등을 말한다. 그러면 이제 맥도날드 아이템들을 기준으로 메뉴 구성을 해보자. 추천 메뉴와 해피밀은 이벤트 페이지로 생각해서 일단 제외하고 전체 아이템들을 새로 분류해 보도록 하자.

버거·세트

빅맥 베이컨　　더블 필레 오 피쉬　　필레 오 피쉬

빅맥 든든팩　투게더팩　빅맥　상하이 버거　1955버거

맥치킨 모짜렐라　맥치킨　더블 불고기 버거

에그 불고기 버거　불고기 버거　슈슈버거　슈비버거

베이컨 토마토 디럭스　더블 쿼터파운더 치즈　쿼터파운더 치즈

치즈 버거　더블 치즈 버거　햄버거

스낵·사이드

웨지 후라이　맥윙 2조각　맥윙 4조각　맥윙 8조각

맥윙 2조각 콤보　맥윙 4조각 콤보　케이준 비프 스낵랩

상하이 치킨 스낵랩　골든 모짜렐라 치즈스틱 4조각

골든 모짜렐라 치즈스틱 2조각　후렌치 후라이　애플파이

스트링 치즈　디핑소스 추가 - 스위트 앤 사워 소스

디핑소스 추가 - 스위트 칠리 소스　디핑소스 추가 - 케이준 소스

음료

카페라떼　카푸치노　아메리카노

에스프레소　드립 커피　아이스 카페라떼(시럽 없음)

아이스 아메리카노(시럽 없음)　아이스 드립커피(시럽 없음)

코카콜라　코카콜라 제로　스프라이트　환타

디카페인 카페라떼　디카페인 카푸치노　디카페인 아메리카노

디카페인 에스프레소　디카페인 아이스 카페라떼(시럽 없음)

디카페인 아이스 아메리카노(시럽 없음)　바닐라 쉐이크

딸기 쉐이크　초코 쉐이크　우유　생수

디저트

베리 스트로베리 맥플러리　애플 파이

오레오 맥플러리　초코 선데이 아이스크림

딸기 선데이 아이스크림　바닐라 선데이 아이스크림

바닐라 쉐이크　딸기 쉐이크　초코 쉐이크

6-1. 중복 아이템 정리

애플파이는 스낵&사이드와 디저트 모두에 포함되어 있고, 셰이크도 음료와 디저트 모두에 포함되어 있다. 만약 어디에 넣어야 할지 몰라 양쪽에 넣었다면 애초에 카테고리 분류자체를 잘못했거나 명확한 기준을 세우지 못한 것이다. 만약 워드 프로그램에서 문서 내이미지를 삭제하려는데 '삭제'라는 아이템이 메뉴의 파일 탭에도 있고, 편집 탭에도 있다면 과연 편할까? 그렇지 않다. 사용자는 양쪽에 있는 아이템이 과연 같은 아이템을 의미하는 것인지 혹시 문서가 삭제되어 버리는 건 아닌지, 내가 원하는 건 이쪽이 맞는지 저쪽이맞는지 혼란만 가중될 뿐이다.

6-2. 유사한 것끼리 묶어 주기

각 카테고리 안에 특별한 기준 없이 나열된 아이템들을 소고기(비프), 닭고기(치킨), 해산물(생선, 새우) 등 재료별로 묶어주거나 커피와 탄산으로 묶는 등 굵직하게 분류 해주도록한다. 복잡한 소프트웨어 메뉴나 분류 기준이 애매한 아이템들이라면 앞서 설명했던 '카드소팅 기법'을 사용해서 비슷하게 여겨지는 아이템들끼리 묶은 다음 카테고리에 이름을 붙여주는 것도 좋다.

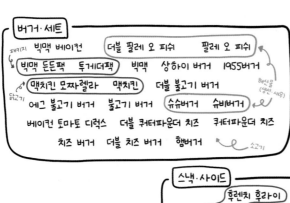

버거·세트

패키지 빅맥 베이컨 　 더블 필레 오 피쉬 　 필레 오 피쉬

빅맥 든든팩 　 투게더팩 　 빅맥 　 상하이 버거 　 1955버거

핵심음 (생선·새우)

맥치킨 모짜렐라 　 맥치킨 　 더블 불고기 버거

닭고기

에그 불고기 버거 　 불고기 버거 　 슈슈버거 　 슈비버거

베이컨 토마토 디럭스 　 더블 쿼터파운더 치즈 　 쿼터파운더 치즈

치즈 버거 　 더블 치즈 버거 　 햄버거 　 소고기

스낵·사이드

후렌치 후라이

웨지 후라이 　 맥윙 2조각 　 맥윙 4조각 　 맥윙 8조각

맥윙 2조각 콤보 　 맥윙 4조각 콤보 　 케이준 비프 스낵랩

골든 모짜렐라 치즈스틱 4조각 　 상하이 치킨 스낵랩

골든 모짜렐라 치즈스틱 2조각 　 애플파이 　 스트링 치즈

디핑소스 추가 - 스위트 앤 사워 소스

디핑소스 추가 - 스위트 칠리 소스 　 디핑소스 추가 - 케이준 소스

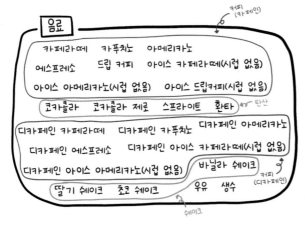

음료

커피 (카페인)

카페라떼 　 카푸치노 　 아메리카노

에스프레소 　 드립 커피 　 아이스 카페라떼(시럽 없음)

아이스 아메리카노(시럽 없음) 　 아이스 드립커피(시럽 없음)

코카콜라 　 코카콜라 제로 　 스프라이트 　 환타 　 탄산

디카페인 카페라떼 　 디카페인 카푸치노 　 디카페인 아메리카노

디카페인 에스프레소 　 디카페인 아이스 카페라떼(시럽 없음)

디카페인 아이스 아메리카노(시럽 없음) 　 바닐라 쉐이크

커피 (디카페인)

딸기 쉐이크 　 초코 쉐이크 　 우유 　 생수

쉐이크

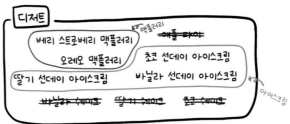

디저트

맥플러리

베리 스트로베리 맥플러리 　 ~~애플 파이~~

오레오 맥플러리 　 초코 선데이 아이스크림

딸기 선데이 아이스크림 　 바닐라 선데이 아이스크림 　 아이스크림

~~바닐라 쉐이크~~ 　 ~~딸기 쉐이크~~ 　 ~~초코 쉐이크~~

6-3. depth를 나눌 것인지 결정하기

어느 정도 구분 지어 주기는 했지만 아직까지는 1st depth에 모든 아이템이 나열되어 있다. 이제 이 아이템들을 묶어서 2nd depth로 내려줄 것인지 고민할 차례이다. 이 단계에서 아이템들을 잘 묶어 넣으면 혼선을 줄일 수 있지만, 잘못 넣으면 어디 있는지 찾을수 없어 혼란을 가중시킬 수도 있다. 예를 들어 맥너겟 4, 6, 10조각을 하나로 묶고, 맥너겟을 선택한 다음에 조각 수를 선택하게 하면 1st depth의 아이템 리스트를 줄여서 한눈에 잘 들어오게 할 수 있다. 반면 우유와 생수를 묶거나 애플파이와 스트링 치즈를 묶어서 depth를 한 단계 내린다면 고객이 찾기 어려워질 수 있다.

아이템들을 묶어 depth를 내릴 때는 누가 봐도 타당하거나 명확한 기준이 있을 때 적용해야 하며, 반드시 앞으로의 확장성을 고려해서 정의해야 한다. 슈비버거를 기준으로 생각해보자. 슈비버거는 새우(쉬림프)와 소고기(비프)가 함께 있는 버거이다. 이 경우에는 소고기와 해산물 중 어디에 넣어야 할까? 중복을 허용해서는 안된다. 예외는 절대 한 번으로 끝나지 않기 때문이다. 앞으로 새로 생길 메뉴들 중에서 이와 같은 경우가 분명히 생길 것이기 때문에 분류할 때 명확한 기준을 세워야 한다. 예를 들면, 슈슈버거(새우버거)에서 파생된 메뉴여서 새우가 메인이고 소고기 패티가 추가된 것이기 때문에 해산물에 해당한다는식으로 확실히 기준을 세워 두어야 하는 것이다. 기준이 명확하지 않으면 어떤 서비스이든버전이 업데이트 되고 새로운 기능이 추가 될 때마다 어딘가 대충 비슷한 곳에 끼워 넣게되고 나중에는 걷잡을 수 없이 복잡하고 정체를 알 수 없는 메뉴들이 생겨나기 쉽다.

6-4. 메뉴 간 이동 및 메뉴 제목 정리하기

depth를 나눌 항목을 결정했다면 하위 depth는 접어두고 1st depth 제목만 남겨보자. 처음보다 많이 정리된 것을 볼 수 있다. 그 다음에는 메뉴들이 카테고리에 알맞게 들어가 있는지를 살펴봐야 한다. 맥윙과 치킨텐더의 경우 콜라와 감자튀김이 포함된 세트 메뉴뿐만 아니라 사이드에도 분류한 것을 보니, 맥도날드는 이 메뉴들을 사이드이기도 하고 메인 메뉴이기도 한 아이템으로 여긴다는 것을 알 수 있다. 이 아이템들은 어디에 포함시켜야 할까? 세트로 판매하니 버거&세트에 포함시킬 수도 있고, 세트로는 양이 조금 부족해 사이드로 이 아이템들을 시키는 손님들도 있으니 스낵&사이드에 포함시킬 수도 있겠다. 이 제부터 하는 작업은 이렇게 하나의 아이템을 어디에 분류시킬 것인지, 어떤 식으로 묶을 것인지에 대해 고민하는 것이다. 이 과정을 소홀히 하면 서비스의 기반이 흔들리게 되고, 추후 새로운 아이템들이 들어왔을 때 엉망이 될 수 있다.

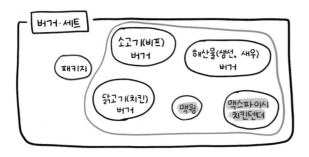

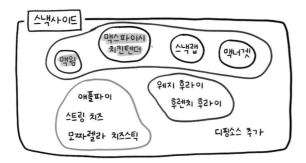

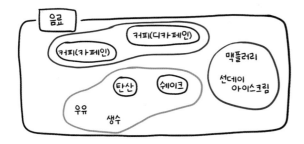

우선 버거&세트로 이동하자니 과연 맥윙과 치킨텐더가 버거와 같은 레벨 아이템인지 고민하게 된다. 가장 확실한 방법은 이 아이템들에 대해 고객들이 별도의 독립된 것으로 생각하는지 아니면 부수적인 사이드로 여기는지 조사하는 것이다. 하지만 예산과 시간 부족 때문에 UI 설계를 하면서 사용자 인식 조사를 할 수 있는 기회는 흔치 않다. 이번 경우에는 그동안의 판매 내역을 살펴보는 방법도 있겠지만, 대부분은 위치를 바꿔가며 고객이 서비스를 이용하는 상황에 대한 시뮬레이션을 머릿속으로 그려본다. 고객 입장에서는 닭고기를 먹겠다고 들어왔다면 치킨버거, 맥윙, 치킨텐더가 아예 버거킹처럼 '치킨'이라는 별도의 메뉴로 있는 것도 좋을 것이다. 다만 그렇게 되면 닭고기로 만든 스낵랩이나 맥너겟에 대한 분류가 애매해진다. 버거세트에 맥너겟은 함께 먹겠지만, 치킨텐더 세트에 맥너겟을 사이드로 먹을까 하는 생각도 든다. 스낵랩과 맥너겟도 세트로 주문이 가능하다면 다른 구성을 고민해 볼 테지만 그것도 아니다. 다양하게 고민을 해보고 나니 아무래도 스낵&사이드에 포함되는 것이 맞는 듯하다.

그렇다면 앞서 depth를 정할 때와 마찬가지로 명확한 기준을 정해줘야 한다. 새로운 아이템이 추가될 때마다 우왕좌왕 똑같은 고민을 또 할 수는 없지 않겠는가. 이 경우에는 '빵(번)과 패티가 있는 버거류는 버거&세트에 포함시키고, 나머지는 스낵&사이드에 포함시킨다'고 정의를 내릴 수 있겠다. 그리고 아직까지는 스낵&사이드에 종류가 그리 많지 않으니 묶어두지만 추후에 아이템들이 많아지면 감자튀김처럼 '세트 메뉴를 시키면 선택할 수 있는 사이드'는 스낵과는 다른 카테고리로 구분해 줄 수도 있을 것이다. 이렇게 정리해 나가다 보면 이쪽에 두었을 때와 저쪽에 두었을 때의 장단점에 대해 고민하게 된다. 맥윙과 치킨텐더의 경우 '세트' 메뉴로도 판매되기 때문에 생긴 고민이었다. 그럼에도 세트라는 카테고리가 아닌 곳으로 옮겼다면 좌측 상단에 단품/세트와 같이 뱃지badge 혹은 태그tag를 달아주는 것과 같은 UI적인 보완을 마련해 주는 것이 필요하다.

이달의 토마토 비프 버거

마지막으로 한 카테고리 안에서도 메뉴를 늘어 놓기보다 유사한 것끼리 묶어야 한다. 같은 depth이지만 예를 들어 아이스크림으로 만든 메뉴를 얇은 선이라도 그어서 살짝만 나눠 주면 사용자는 묶음별로 덩어리chunk지어 볼 수 있게 된다. PC 소프트웨어들의 메뉴를 보면 쉽게 이해할 수 있다. 만약 구분 선이 없으면 위치를 기억하기 어려워 찾기 힘들 뿐만 아니라 메뉴를 읽는 것도 불편할 것이다.

이와 같은 순서대로 1st depth를 정리하고, 2nd depth도 마찬가지로 정리해 나가면 된다. 3rd depth는 가능하면 피하는 것이 좋다. 다른 메뉴를 찾거나 추가 주문할 때 길을 잃을 수 있고 이전 버튼을 눌렀을 때 주문이 꼬일 수 있다. 예를 들어 '버거 선택 – 세트/단품 선택 – 사이드 선택 – 음료 선택 – 결제 혹은 다른 메뉴 추가'를 모두 depth로 처리해 5th depth로 만들었다고 생각해 보자. 모바일이든 PC 브라우저든 UI 시나리오가 꼬이기 가장 쉬운 것은 '이전 버튼'이다. 이전으로 갈 때 똑같은 아이템이 중복으로 추가되거나 장바구니가 초기화reset되는 등과 같은 시스템적인 이슈가 발생할 수도 있다. 특히 모바일 환경은 자체 OS에서 제공하는 하드키를 누르는 경우가 상당히 많기 때문에 반드시 고려해서 설계해야 한다. 이런 측면에서 볼 때 특히나 모바일 환경에서는 팝업도 그리 좋은 선택은 아니다. 실제로 버거킹 딜리버리 서비스에서는 팝업을 띄워 사이드나 음료 등을 차례대로 고를 수 있도록 했는데, 중간에 다른 메뉴로 바꾸고 싶을 때 팝업의 'Close' 버튼을 누르지 않고 이전 버튼을 누르면 로그인 페이지로 돌아가버리는 것을 볼 수 있다.

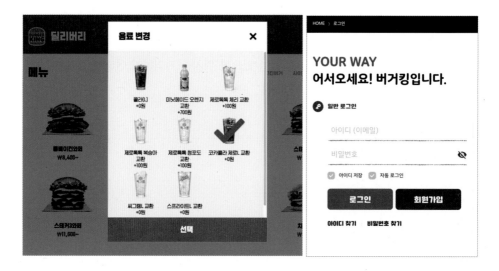

가장 좋은 방법은 가능한 depth를 늘리지 않고 한 화면 안에서 해결할 수 있도록 하는 것이다. 물론 한 화면 안에 단순히 구겨 넣으면 사용성이 오히려 나빠질 수도 있고, 시인성도 떨어지기 마련이다. 그렇기 때문에 UI 설계는 화면 안에 보기 좋게 배치하고 페이지 링크를 걸어주는 작업이 다가 아니라 늘 표현 방법에 대해 고민해야 한다. 최종 디자인이 어떻게 나올 것인지, 그 디자인대로 개발이 가능할지 그리고 사용자가 쉽게 이용할 수 있는지 등 여러 가지를 같이 고민해야 한다. 버거킹 서비스의 경우라면 선택 프로세스를 한 화면 안에 순서대로 놓고, 선택할 때마다 다음 프로세스로 포커스를 이동하는 방법을 쓰거나 팝업이 띄워진 상태에서 이전 버튼을 누르면 이전 페이지(로그인 페이지)가 아니라 팝업 close가 되도록 하는 편이 좋았을 것이다. 서비스에 길을 내 주는 것에 대해서는 다른 챕터에서 더 자세히 알아보도록 하자.

지금까지 아이템들을 묶어서 카테고리에 분류하고, 그 안에서 depth를 나누는 작업을 진행했다. 그리고 이 작업의 결과물대로 메뉴 트리를 그려주면 이 서비스에 대한 구조도가 완성된다. 이 작업을 마치고 난 후에는 각 페이지(블록)에 대한 정의definition를 명확히 내려줄 수 있어야 하고, 새로운 아이템이 추가될 때 고민 없이 해당 블록에 넣을 수 있어야 한다. 어딘가 불편한 서비스들을 살펴보면 디자인 면에서 사용성에 영향을 미친다기보다 UI 설계가 잘못되어 있는 경우가 대부분이다. 특히 정신이 없거나 원하는 것을 찾기 어렵다는 피드백이 많다면 아이템들의 분류 작업부터 다시 진행해 보는 것만으로도 사용성을 높여줄 수 있다.

1956년 조지 밀러George A. Miller가 하버드 대학교 교수 시절 '심리학 리뷰The Psychological Review' 저널에 발표한 논문은 한동안 UI 분야에서 '밀러의 법칙'으로 불리며 반드시 지켜야 할 사항으로 전해져 왔다. 논문의 제목은 바로 '마법의 숫자 7±2: 정보 처리 용량에 대한 몇 가지 제약들'이다.

밀러는 이 논문에서 덩어리chunk의 개념에 포커스를 두었다. 하지만 내용이 와전되어 '단기기억에 저장할 수 있는 수는 7개 안팎'이라는 주장으로 퍼지게 되었다. 그러다 보니 카테고리의 개수도 7개 이하, 카테고리 안 콘텐츠 개수도 7개 이하, 심지어 전화번호가 123-1234처럼 7개의 숫자로 이루어진 것도 마법의 숫자 7에 대한 무의식적인 인식에 의한 것이라는 근거 없는 이야기가 전해질 정도로 7에 대한 맹목적인 믿음이 퍼지던 때가 있었다. 2000년대 UX/UI에 관심이 커지면서 나름대로의 법칙을 찾아가던 중에 이론의 불모지나 다름없던 이 분야에서 '마법의 숫자 7'은 상당히 매력적인 교육 콘텐츠가 아니었을까 추측해 본다. 밀러가 말한 단기기억이 무엇이며, 원래 하고자 했던 말은 무엇인지, 그리고 과연 이 연구 결과를 UX/UI에 적용하는 것이 맞는 방법인지 한 번 알아보자.

기억Memory에 대한 연구가 본격화되기 전에는 단기기억Short Term Memory과 장기기억Long Term Memory으로 나누는 정도로만 구분했으나, 시각, 청각, 촉각을 통해 감각적으로 받아들여지는 기억 과정을 앞단으로 분리하면서 단기기억을 작업기억Working Memory이라는 영역으로 구분하게 되었다. 물론 여전히 기억에 대한 연구는 인지신경과학 분야에서 꾸준히 이루어지고 있어서 어떤 모델이 정답이라고 말할 수는 없으나 대체로 다음과 같은 형태로 이해할 수 있다.

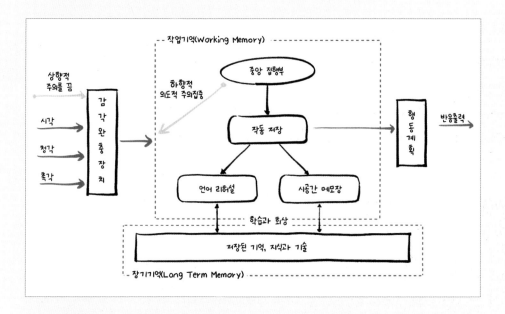

시각과 청각, 촉각 등을 포함한 감각들은 잠시 저장할 수 있는 감각완충장치sensory buffer을 거치게 된다. 이때 마주친 모든 감각을 받아들이는 것이 아니라 선택적으로 집중해서 정보를 받아들이게 된다. 반짝거리는 불빛이나 폭발음과 같이 자연발생적으로 주의 집중하게 되는 경우가 있고 의도적으로 혹은 흥미를 느끼는 것에 집중하게 되는 경우가 있다. 예를 들어 파티장에서 음악이 흘러나오고 삼삼오오 모여 이야기를 나누고 있는 장면을 떠올려 보자. 웅성거리는 소음과 음악이 뒤섞여 상대방의 목소리를 들으려면 귀를 기울여야 한다. 여기서 '귀를 기울인다'는 것은 상대방의 얼굴 앞에 실제로 귀를 가져다 대는 것을 의미하지 않는다. 집중해서 들으면 동일한 반경에서 여러 사람이 이야기를 나누고 있는 중에도 내가 듣고자 하는 사람의 목소리를 선별해 들을 수 있다. 혹은 집중하지 않더라도 옆 테이블에서 관심 있는 주제가 나오면 같은 테이블의 사람들 목소리는 들리지 않고 그 쪽의 목소리가 들리는 경우도 있다.

콜린 체리Colin Cherry는 이러한 상황을 "칵테일 파티 효과"라 하고 관련된 실험을 했다. 사람들에게 헤드폰을 씌우고 양쪽에서 다른 내용의 음성을 흘려보낸 뒤 한쪽의 내용을 따라서 말하도록 한 것이다. 실험 결과는 '의식한' 한 쪽의 모든 단어를 따라서 말하는 반면 '무시한' 다른 한 쪽의 내용은 전혀 기억하지 못했다. 이처럼 사람들은 여러 감각 기관을 통해 자극을 받지만 모두가 곧바로 작업기억에 저장되는 것이 아니라 의도적이든 아니든 선별되어 넘어오게 되는 것이다.

이렇게 선별된 정보는 작업기억 영역으로 넘어 오게 된다. 작업기억은 대화를 나누거나 계산을 하고, 길을 찾는 등 짧은 시간 기억을 붙들어 일상생활 일들을 해결해 나갈 수 있도록 하는 역할을 한다. 이 기억이 반복되어 학습되거나 오랫동안 기억할 필요나 요건이 충족되면 장기기억으로 전환이 되어 오랫동안 저장된다. 이렇게 저장된 장기기억은 필요할 때마다 작업기억 영역에서 꺼내어 지고 상황에 대처할 수 있는 정보로 사용된다. 작업기억 영역을 더 들여다 보면 중앙 집행부central executive 는 최종 결정권을 갖고 어떤 정보를 받아들이거나 무시할지 혹은 어떤 일을 시작하거나 멈추고, 어떻게 진행해야 할지 등을 결정하는 역할을 담당한다. 작동 저장은 일화적 완충기episodic buffer라는 임시 저장소인데, 중앙집행부에서 결정할 수 있도록 이전 경험을 해석하거나 정보들을 모으고 통합하는 역할을 수행한다. 즉 파편화된 정보들을 통합해서 단편적인 장면으로 만들어주는 곳이라고 볼 수 있다. 작업 기억의 아래쪽으로 보면 두 개의 감각이 있다. 하나는 음운 고리phonological loop라고도 하는 언어 리허설이고, 다른 하나는 시공간 메모장visuospatial sketchbook이다. 사람들은 깨어 있는 동안 의식하지 않더라도 대부분의 시간을 속으로 말하며 보낸다. 이처럼 속으로 말하는 언어 리허설은 장기기억의 언어나 의미semantic적 부분과 밀접한 연관을 갖고 있다. 그리고 생김새나 지도상의 위치 등 시각적이고 공간적인 정보를 저장해 두고 마찬가지로 장기기억의 관련된 부분과 연관을 갖고 있는 것이 바로 시공간 메모장이다.

이제 다시 밀러의 마법의 숫자 7로 돌아가 보자. 단기기억의 용량이 7±2라고 하기에는 처리 과정에 너무나 많은 변수가 존재한다. 감각완충장치에서 선별이 될 수도 안될 수도 있고, 그 원인 또한 무의식적일 수도 의식적일 수도 있다. 반복되거나 익숙한 상황이라면 작업기억에서 장기기억으로 넘어가 버릴 수도 있고, 어떤 자극을 받았을 때, 이미 기존에 겪어본 적이 있는 사람일 수도 있고, 선천적으로 처리 능력이 뛰어난 사람이 있을 수도 혹은 더딘 사람이 있을 수도 있다. 즉 개인차나 상황에 따른 변수가 너무 많기 때문에 단순히 몇 개의 용량을 가졌다고 말할 수 없다는 것이다.

그렇다면 왜 사람은 여러 가지를 동시다발적으로 처리하지 못하는 걸까? 신체적으로 모든 것을 한 번에 처리하는 것이 불가능하기 때문이라는 의견도 있고, 뇌에서 의식적으로 여러 구성요소를 묶어 버려 제한하기 때문이라는 의견도 있지만 여전히 그 이유는 분명하지 않다. 분명한 것은 많은 정보를 처리하는 데 한계가 존재한다는 정도이다. 그리고 밀러는 이 한계치를 늘리는 방법으로 정보를 덩어리chunk 짓는 것을 제시했다. 정보처리가 한계에 부딪혀 보틀넥bottleneck에 걸렸을 때 덩어리지어서 처리하면 그 용량을 어느 정도 늘릴 수 있다는 것이다.

지나친 플랫 디자인으로 화면의 모든 영역 구분이 사라졌던 서비스들로부터 느낀 불편함의 원인은 바로 이 덩어리화chunking의 부재에서 찾을 수 있다. 메뉴 탭의 이미지를 살펴보자. 동일한 개수를 가진 정보의 나열이지만 영역을 구분해 그룹을 지어 주면서 정보를 처리하기 더 수월해진 것을 볼 수 있다. 전화번호가 3523453251인 것보다는 352)345-3251로 덩어리지어졌을 때 받아들이기 더 쉬운 것과 마찬가지이다. 간혹 단

기기억의 기억memory라는 말 때문에 덩어리지어 기억하면 암기하기가 더 쉬워진다고 잘못 해석되는 경우가 있다.

하지만 여기서 말하는 기억이란 짧은 순간 352라는 숫자를 받아들이고, 인식하고, 처리하고, 필요하다면 저장해 두는 처리 과정을 의미하는 것으로, 일반적으로 말하는 암기와는 다르다. 물론 단기기억 과정을 거쳐야 장기기억으로 저장된다는 점에서 보면 더 수월한 암기 방법이 될 수는 있겠다.

한때는 붐을 일으키며 마법의 법칙으로 각광받던 밀러의 논문은 사실 처음부터 7±2가 절대적이라 한 적도 없었고, 덩어리화chunking라는 의미 있는 화두를 던지기도 했다. 밀러는 논문의 말미에서 7이라는 숫자와 관련된 7대양, 신화 속 플레이아데스의 7 딸들, 7지옥, 7개의 기본 색상, 7음계 등을 언급하면서 여러 정보처리 관련 논문들에서 발견한 7이라는 숫자에도 뭔가 의미가 있는 게 아닐까라며 농담 반 진담반으로 마무리했을 뿐인데 말이다.

사실 이런 논리라면 다른 숫자들도 의미 있는 것처럼 보이는 자료들을 얼마든 찾을 수 있다. 연필 한 다스가 12인 것부터 다섯 손가락의 5, 죽음의 숫자 4, 삼세번의 3까지 뭔가 심오한 의미가 담겨 있을 것만 같지 않은가. 어쨌든 인지신경에 대한 체계적인 논의가 이루어지기 전인 1956년이라는 시기를 감안하면 밀러는 충분히 의미 있고 중요한 화두를 던졌다고 여겨진다. 밀러에게 죄가 있다면 하필 7이라는 숫자로 대표하고 '마법Magic'이라는 단어를 덧붙여 현혹시킨 정도가 아닐까 싶다.

7

일관성은 반드시 - General Rule

처음 논문을 작성할 때 가장 하기 싫고 번거로운 작업은 형식을 맞춰 정리하는 작업이었다. 맞춤법처럼 공통 규칙이 있으면 좋겠지만 논문지마다 요구하는 형식도 달랐다. 보통 논문에 인용한 책을 참고문헌으로 정리할 경우, 다음 방식으로 기재한다.

> Miller, G. A. (1956). "The magical number seven, plus of minnus two: Some limits on our capacity for processing information". *Psychological Review*. 63(2). pp.81–97

여기서 끝이 아니라 어떤 곳은 큰따옴표(")가 아닌 작은따옴표(')를 쓰거나 아무 부호도 넣지 말아야 한다. 책 제목은 기울임체가 아니라 홑화살괄호(〈〉)를 쓰는 곳도 있다. 심지어 Miller, G. A.(1956)처럼 이름과 연도를 붙여 쓸지 Miller, G. A. (1956)처럼 띄어 쓸지도 규칙으로 정해져 있다. 원 출처가 책, 논문, 학회 발표 자료인지에 따라서도 기재 방법이

다르다. 논문 제목도 "The Magical Number ~"처럼 무조건 단어의 첫 글자를 대문자로 하는 곳이 있고 원저에서 사용한 대/소문자 그대로 옮겨 적으라는 곳도 있다.

규칙들은 본문에서도 이어진다. 표 하나를 그려도 대부분 공학쪽 논문지에서는 사방이 막힌 형태를 요구하는 반면에, 인문학쪽 논문지에서는 좌우가 막혀 있지 않도록 좌우 맨 끝의 선은 지워야 한다. 이 밖에도 본문 내 이미지 위치나 폰트 사이즈와 굵기, 문서 단 나누기 등 규칙이 끝도 없다. 어떤 곳은 형식에 맞지 않는 부분이 있으면 내용은 읽어보지도 않고 형식을 맞춰 다시 보내라며 돌려보내기도 한다. 덕분에 같은 논문지에서 나온 논문들은 한 사람이 편집한 것처럼 일관되게 정리가 되어 있다. 처음에는 너무 비효율적이고 답답한 시스템이라며 불평을 늘어 놓았지만 사실 독자 입장에서 생각해 보면 효율적으로 읽을 수 있도록 시스템을 갖춰둔 것이다. 하루에도 수십 개씩 논문을 읽다 보면 처음부터 끝까지 정독하기보다 필요한 내용을 빨리 찾아서 내용을 파악해야 한다. 형식에 맞춰 잘 정리되어 있지 않으면 원하는 내용을 찾기도 힘들고 읽는 것이 불편할 수밖에 없다.

UI 설계 작업도 다르지 않다. 서비스 안에서 명확한 규칙 아래 모든 페이지를 작업하지 않으면 사용자가 내용을 파악하고 원하는 것을 찾기가 어려워진다. 페이지 안에 들어가는 문구나 제목들도 일관되고 정확해야 한다. 전체적인 일관성은 UI 담당자가 서비스 구석구석을 잘 관리해야 가능한 부분이기 때문에 일관성이 잘 지켜졌는지만 봐도 이 서비스가 얼마나 UI 설계에 신경 썼는지 알 수 있다.

7-1. 영역 정하기

UI 설계 문서에서 메뉴 트리 다음으로 나오는 것이 바로 'General Rule' 페이지이다. 서비스 전반에 걸쳐 일관되게 적용해야 하는 사항들을 정리해 두는 부분인데, 그중에서도 가장 중요한 부분이 바로 서비스 화면의 공통 영역을 정하는 것이다. 다음 유튜브 페이지들을 살펴보자.

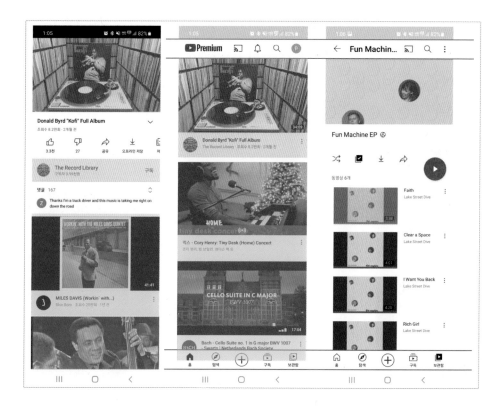

가운데가 앱을 실행하면 나오는 '메인 페이지'이고, 좌측은 영상을 선택하면 나오는 '영상 상세 페이지'이다. 그리고 우측은 하나의 제목 아래 묶어둔 영상들을 리스트로 보여주는 '재생 목록 페이지'이다. 이제 세 개 페이지의 공통점을 찾아보자.

- 상/하단 바: 메인 페이지와 재생 목록 페이지의 상하단을 보면 동일한 높이의 바가 있다. 상단에는 이전 페이지로 이동하거나 해당 페이지에 대한 설명 등이 있는 '내비게이션 바'가 있고, 하단에는 서비스의 주요 페이지들로 이동할 수 있는 '탭 바'가 있다. 영상 상세 페이지처럼 팝업 개념으로 나오는 일부 페이지들을 제외하고는 모두 동일한 위치에 동일한 형태로 위치하게 된다.

- 영상 비율: 세 페이지 모두 영상 섬네일Thumbnail이 가로:세로 약 1.8:1의 비율로 동일하다. 원본 영상의 비율은 제작 환경에 따라 1:1이 될 수도 있고, 16:9가 될 수도 있는 등 모두 다를 수밖에 없다. 유튜브 섬네일의 경우 높이를 기준으로 맞춰서 옆이 넘치면 잘라내고, 부족하면 검게 처리한 것을 볼 수 있다.

- 카드 형태: 유튜브도 다른 모바일 서비스처럼 카드 형태 UI를 사용한다. 영상에 대한 간단한 설명(제목, 출처, 조회수, 업로드시기 등)을 일정한 영역에 넣어 영상과 함께 카드 형태로 배치하고 있다.

이 세 가지 공통점은 다음 이미지와 같이 정리할 수 있다. 이 규칙이 바로 서비스 전반에 걸쳐 일관되게 적용되어야 하는 화면 영역에 대한 General Rule이다. 유튜브처럼 비교적 UI가 간단한 서비스이든 게임과 같이 복잡한 UI를 가진 서비스이든 화면에는 기본적인 공통 영역이 존재한다. 사용자가 혼란스럽지 않게 하기 위한 이유도 있지만, 서비스 개발의 효율성과 비용적인 측면을 위해서도 반드시 필요한 과정이다.

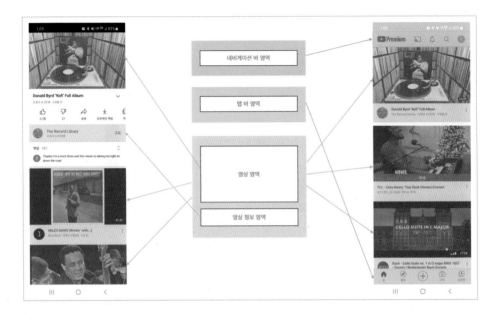

프로그래밍이나 디자인을 할 때 화면 안의 모든 요소를 매번 하나씩 배치하는 것이 아니라 모듈화해서 조립한다. 예를 들어 메인 페이지를 만들 때 상하단에 바를 그려 아이콘들을 하나씩 배치하고 영상과 정보를 차례로 배치해서 나오게 하는 것이 아니다. 내비게이션 바와 탭 바를 따로 만들어 둔 다음에 메인 페이지를 구성할 때 미리 만들어 둔 것들을 가져와서 붙여 넣는다. 다른 페이지를 만들 때도 메인 페이지에 사용했던 모듈이나 필요한 또 다른 모듈들을 가져와서 붙여 넣고 내용만 바꿔준다.

물론 UI 설계를 하다 보면 공통 규칙에서 벗어나는 것들을 넣을 수밖에 없는 경우가 생기기 마련이다. 유튜브 섬네일 비율을 예로 들면 어떤 페이지에서는 섬네일이 1:1로 되어 있는 경우도 있고, 유튜브 믹스라고 해서 여러 개의 섬네일이 각기 다른 비율로 조합되어 있는 경우도 있다. 서비스를 확장하면서 이러한 예외의 경우들이 점차 늘어나는 걸 볼 수 있다. 특히 서비스 초기에 한 사람이 UI 설계를 담당하다가 서비스의 규모가 커지고 각 탭이나 페이지를 각기 다른 담당자들이 나눠서 담당하게 되면 상황은 더 복잡해지게 된다. 이런 예외 상황들이 늘어날수록 개발과 디자인에서는 점점 많은 모듈이 생겨나게 된다. 그리고 수많은 모듈을 관리하다 보면 구멍이 생기기 마련이고, 그 과정에서 속도가 저하되거나 꼬이는 경우가 생길 수밖에 없다.

사용성 측면에서도 당연히 문제가 발생한다. 사용자는 서비스를 이용할 때 기능들을 대략적인 영역과 위치로 기억한다. 예를 들어 홈 버튼이나 검색 버튼이 어디 있는지 떠올려 보라고 하면 정확한 위치는 아니어도 홈은 하단, 검색은 상단이라는 식으로 기억해 낼 수는 있다. 그럼에도 불구하고, 만약 어떤 페이지에서는 화면이 좁으니 하단 버튼들을 모아 상단에 있는 메뉴에 넣어 버리고, 또 다른 페이지에서는 좌측이 비어 보인다며 하단 버튼들을 좌측에 세로로 배치하는 등 페이지마다 다르게 배치해서 일관성을 해치면 사용자는 혼란을 겪을 수밖에 없다.

7-2. 요소 배치하기

General Rule로써 서비스 전반에 걸친 영역을 정의했다면 이제 그보다 더 구체적으로 공통 요소component를 정해 주어야 한다.

세부 영역

앞서 살펴 본 유튜브 메인 페이지에서 카드 형태의 섬네일을 살펴보면 크게 두 가지 종류를 볼 수 있다. 하나는 아이콘 없이 제목과 아티스트만 적혀 있고, 또 하나는 아이콘(채널 이미지)과 채널명, 조회수, 게시 일자가 적혀 있다. 그리고 유사한 형태이지만 내용이 둘로 나뉘어 다르게 배치된 영상 상세 페이지의 카드 형태도 있다. UI 문서에서 이처럼 조금씩 다른 카드 형태를 General Rule로 작성할 때에는 상단의 영상 영역과 하단의 영상 정보 영역을 네모로 그려주는 것까지만 표시해 주면 된다. '공통 요소'는 조금 더 공통된 내용을 뽑아 작성해 주는 것인데, 주의할 점은 예외 사항이 있거나 앞으로 바뀔 가능성이 있는 부분들은 가능성을 열어둔 상태로 작성해야 한다는 것이다.

예를 들어, 카드 형태의 영상 정보 영역에서 세부정보가 들어가는 부분에 대한 설명을 '채널명, 조회수, 게시 일자'로 정해서 General Rule 문서에 기재해 버리면 그대로 모듈을 만들어 둔 개발자 입장에서는 예외 상황이 생겼을 때, 골치 아픈 일이 아닐 수 없다. 그렇기 때문에 구체적인 내용을 기재하는 것이 아니라 '영상 정보 영역' 내에 어떤 요소들이 들어갈 것인지까지만 미리 알려주는 것이다. 즉 카드 형태에서 영상 정보 영역에 대한 General Rule은 '4가지 요소(아이콘, 제목, 세부정보, 부가정보)가 이와 같은 배치로 들어가고 채널 이미지의 노출은 유동적이다' 정도로만 기재하면 된다. 그래야 개발자가 확장성을 염두에 두고 모듈 설계를 할 수 있다.

물론 하단의 탭 바처럼 어떤 페이지에서도 아이콘들의 위치나 목록이 변경되지 않는 경우에는 보이는 그대로 General Rule 페이지에 넣어주면 된다. 요소들을 공통 규칙에 포함시키는 이유는 영역에서와 크게 다르지 않다. 변함없는 그리고 앞으로도 변함없어야 하는 상태의 덩어리라면 굳이 페이지마다 반복해서 작업할 필요가 없기 때문이다.

배치

요소 배치에 대해 살펴보자. 다음 두 개 이미지 중에 어느 쪽이 아이폰이고, 또 어느 쪽이 안드로이드폰인지 구분할 수 있는가.

아마 두 플랫폼을 한 번이라도 사용해 봤다면 어렵지 않게 구분해낼 수 있을 것이다. 구글의 안드로이드폰과 애플의 아이폰은 모두 플랫폼의 General Rule인 UI Guideline을 제공하고 있다. 여러 서비스가 동일한 규칙을 따르고 있다 보니 이러한 서비스들을 사용하며 자연스럽게 구성이나 배치가 기억 속에 자리 잡았기 때문이다.

서비스를 사용하다가 무심결에 취소 버튼을 눌러버리는 바람에 처음부터 다시 시작해야 했던 적이 있을 것이다. 수많은 경험을 통해 확인 버튼이 있을 법한 위치를 무심코 눌렀는데, 하필 그 서비스에서는 버튼의 위치가 반대였던 것이다. 이러한 불상사를 막기 위해서는 특히 버튼의 순서는 플랫폼의 가이드라인을 따라야 한다.

좌: 윈도우즈 팝업 / 우: 애플 맥 팝업

재미있게도 PC 플랫폼의 양대 산맥인 윈도우즈와 맥의 팝업 버튼 순서는 반대이다. 실행 Yes이 좌측에 있는 팝업은 마이크로소프트의 윈도우즈이고, 실행(시스템 종료)이 우측에 있는 팝업은 애플의 맥이다. 윈도우즈와 맥에서 뜨는 팝업들을 살펴보면, 문구는 조금씩 다르지만 '실행' 하는 버튼과 '취소' 하는 버튼의 순서는 변하지 않는다. 한 번 컴퓨터를 켜면 여러 작업을 하고 종료할 때까지 수많은 팝업을 접하게 되는데, 팝업이 뜰 때마다 어느 쪽이 실행이고 어느 쪽이 취소인지 매번 확인하지 않는다. 사실 아무 생각 없이 누를 때가 더 많다. 예전에는 실행과 취소 버튼 디자인이 동일했지만, 사용자가 잘못 선택하는 것을 막기 위해 점차 실행 버튼에 색상을 넣거나 테두리를 넣는 등 강조하는 UI를 입혀가고 있다.

좌: 안드로이드 / 우: 애플 모바일 팝업

다음은 모바일 플랫폼의 양대 산맥인 안드로이드와 애플이다. 두 플랫폼 모두 애플 PC 플랫폼의 팝업과 동일한 순서로 배치되어 있는 것을 볼 수 있다. 모바일 초창기에는 취소 버튼 대신 윈도우즈 팝업처럼 우측 상단에 close 아이콘이 있기도 하고, 실행 버튼이 왼쪽, 오른쪽, 메뉴 버튼의 옆 등 버튼의 위치가 서비스마다 천차만별이었다. 그러다가 점차 윈도우즈 PC 플랫폼처럼 실행 버튼이 왼쪽, 취소 버튼이 오른쪽으로 정리가 되는 듯했다. 초창기의 작은 모바일 디스플레이에서는 별 문제가 없었지만 모바일 사이즈가 점차 커지면서 불편함이 나타나기 시작했다. 대부분 사람이 오른손으로 휴대폰을 들고 사용하는데 실행 버튼이 왼쪽에 있다 보니 자꾸 취소 버튼을 같이 누르기도 하고 디스플레이가 커서 한 손으로 쥐고 있을 때 실행 버튼까지 손가락이 닿지 않는 경우도 생기게 된 것이다. 이 때부터 특히 휴대폰에서 한 손으로 사용할 수 있는 디스플레이의 적절한 크기에 대한 관심이 생겨났고, 더불어 한 손으로 휴대폰을 쥐고 있을 때 문제없이 컨트롤할 수 있는 엄지손가락의 가용범위comfort zone에 대한 UI를 고민하기 시작했다. 그 결과 지금 대부분 모바일 팝업에서는 좌측에는 취소 버튼, 우측에는 확인 버튼이 자리 잡고 실행 버튼(확인)쪽을 색상으로 강조하는 형태로 자리를 잡았다.

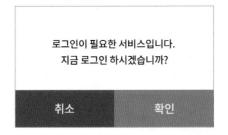

사소하게 보일 수 있는 팝업의 버튼 순서에도 이처럼 그렇게 자리 잡은 이유가 있다. UI를 설계할 때는 버튼이나 아이콘 하나의 위치를 잡을 때도 '그냥'이 아니라 그렇게 놓는 이유를 설명할 수 있어야 한다.

피드백

UI 설계에서 놓치기 쉬운 부분 중 하나가 바로 사용자의 입력에 대한 피드백feedback이다. 피드백은 사용자가 화면을 터치하거나 마우스로 클릭했을 때 정상적으로 입력됐다는 반응을 보여주는 것이다. 피드백이 명확할수록 사용성은 좋아지게 된다.

스마트홈smart home을 지향하며 지어진 아파트에는 패널 형태의 디스플레이에서 집안의 조명이나 공조시스템, 보안 등을 한꺼번에 조작할 수 있도록 되어 있다. 중앙관리가 용이하고 소프트웨어 업데이트로 기능 추가도 가능하며 예약이나 원격 조정 등 수많은 장점이 있음에도 불구하고 기존의 스위치와 나란히 놓여 있을 때, 조명을 끄고 켜기 위한 목적이라면 망설임 없이 스위치 쪽을 누를 것이다. 패널은 글씨도 읽어야 하고 켜거나 끄는 것을 살펴본 다음에 눌러야 하지만, 스위치는 아무것도 보이지 않는 암전 상태에서도 손으로 더듬어 찾아 누를 수 있다. 이 두 시스템의 가장 큰 차이는 바로 피드백이다.

터치 디스플레이에 익숙하지 않은 고령층이 이러한 패널 시스템이나 사이니지 signage같은 환경에서 가장 크게 느끼는 불편함 중 하나는 선택이 제대로 된 것인지 모르겠다는 것이다. 스위치는 '딸깍'하는 소리와 함께 스위치의 좌우 상태가 바뀌기 때문에 제대로 눌렀는지에 대한 피드백이 매우 명확하다.

서비스에서도 마찬가지로 사용자 입력에 대한 피드백을 명확히 보여주지 않으면 자칫 먹통으로 느껴질 수 있다. 예를 들어 화면갱신reload 버튼을 눌렀는데 아무런 피드백이 없다면 제대로 눌린 건지, 안 눌린 건지, 이미 처리 중인 건지 애매해서 이것저것 눌러보게 될 것이다. UI 문서의 General Rule에서는 이런 상황을 방지하기 위해 서비스 전반에 걸쳐 입력에 대한 기본적인 피드백 상황을 기재해 두어야 한다.

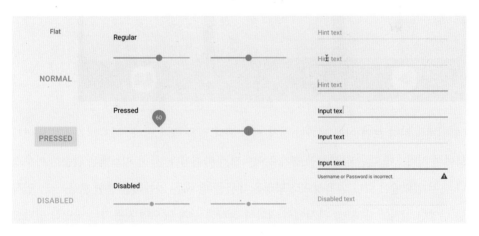

Google Material Design UI Guideline

가장 기본이 되는 상황은 아무 입력이 없을 때Normal, 눌렀을 때Pressed, 그리고 입력이 불가능할 때Disabled 화면 상에 어떻게 다르게 보여야 하는 지다. PC 환경이라면 마우스를 올려 놨을 때hover 정도가 추가된다. 보통 이 정도의 피드백은 GUI 디자이너나 개발자가 경험상의 노하우로 알아서 챙겨 적용하기 때문에 간과하는 경우가 많은데, 당연히 UI 문서에 포함이 되어야 할 내용이기도 하고, 개발 완료 후 QA 과정에서는 UI 문서를 기반으로 서비스를 테스트하기 때문에 제대로 적용이 되어 있는지 검증하려면 반드시 General Rule에 포함시켜야 한다.

기본적인 것들 외에도 다양한 상황이나 입력들에 대한 피드백을 UI 설계에서 세심하게 챙길수록 서비스의 퀄리티는 높아지기 마련이다. 모바일 앱 아이콘을 길게 누르면 PC에서 마우스 오른쪽 버튼을 눌렀을 때와 같이 옵션 기능이 노출되는데, 유사한 동영상 서비스들이어도 각기 다른 피드백이 나타난다. 두 개의 서비스가 별다른 기능을 넣지 않은 기본 팝업만 뜨는 반면, 유튜브는 검색이나 구독과 같은 바로가기 기능이 보이도록 한 것을 볼 수 있다.

UI 설계를 하다 보면 이런 것까지 신경 써야 하나 싶을 때가 많다. 하지만 사소한 차이가 모여서 서비스에 대한 긍정적인 평가로 이어지기 마련이다. 특히 피드백은 단순히 마우스나 터치 입력만이 아니라 음성으로 명령을 내렸을 때 혹은 카메라를 통한 행동gesture 인식 등 다양한 입력에 대해 UI 문서에서 명확히 작업해 주지 않으면 사용자는 상당히 답답함을 느끼게 된다.

8

5초 안에 시선을 잡아라 – 키스크린

어린 아기들도 광고가 나오면 넋을 놓고 바라보곤 한다. 짧게는 15초, 보통은 30초 동안 시청자의 시선을 사로잡지 않으면 수많은 돈을 투자해 제작한 작업이 무용지물이 되기 때문에 광고는 자극적이고 화려하며 역동적이기 마련이다.

종일 공중파 방송을 틀어두고 진득하게 시청하던 행태에서 원하는 것만 선택해서 보는 VOD 세대로 바뀌었다. 그나마 1시간 넘게 집중해서 보던 드라마마저도 중요부분만 짧게 편집한 클립 영상을 시청하게 되었다. 그리고 이제 그것보다도 더 짧은 숏컷 영상을 즐기는 세대가 되어 가고 있다. 이러한 시청 환경에서 내가 선택하지도 않은 광고 영상을 끝까지 봐줘야 할 이유는 없기 때문에 광고는 5초 안에 시선을 사로잡지 않으면 바로 외면 당할 수밖에 없는 것이다.

서비스도 마찬가지이다. 혹시 사람들이 내 서비스를 왜 찾지 않는 걸까라는 생각을 하고 있다면 첫 화면이 얼마나 매력적인가를 되짚어 볼 필요가 있다. 너무나 많고 비슷비슷한 서비스가 쏟아져 나오다 보니 독창적인 서비스로 승부하기는 쉽지 않은 일이다. 예전에는 앱의 종류나 선택의 여지가 많지 않았지만, 지금은 한번에 여러 개 앱을 설치해서 열어 보고 마음에 드는 한 가지만 남기는 데까지 몇 분이면 충분하다. 앱을 처음 열어봤을 때 첫인상이 마음에 들지 않으면 대체할 다른 서비스들이 많으니 삭제에 망설임이 없다. 물론, 내실을 탄탄하게 해서 지속적으로 사용자를 붙잡을 서비스를 기획하는 건 당연히 필요한 일이지만, 그 노력을 알아줄 단계까지 가려면 일단 사용자의 바탕화면에 내 서비스가 자리잡아야 가능하다.

그렇다면 서비스의 첫인상으로 어떻게 사용자를 붙잡을 수 있을까? 광고처럼 화려한 디자인은 좁은 모바일 화면에서 사용하기엔 한계가 있다. 시청하는 것과 사용하는 것은 전혀 다른 문제이다. 사용자가 필요성을 느껴 검색해서 내 서비스를 찾아 온 것이기 때문에 어찌 보면 불특정 다수를 대상으로 하는 광고보다 훨씬 유리하다. 첫 화면에서 '이 서비스가 당신의 필요를 모두 만족시켜 줄 수 있다'는 것만 증명하면 된다.

구글 플레이 스토어에 '메모'로 검색하면 제일 먼저 나오는 앱이 있다. '컬러노트 메모장'이라는 이 서비스는 별점 4.8에 리뷰 325만 개, 1억 이상 다운로드 실적이 있다. 다른 메모 앱과 비교했을 때 엄청난 성공을 거둔 서비스라고 볼 수 있다. 사실 디자인 측면에서 보면 이 정도의 실적을 얻었으면 디자인 개선을 한 번쯤 해야 하지 않을까 싶을 정도로 수려함과는 거리가 멀다. 그럼에도 불구하고 '메모'로 검색하면 나오는 수많은 메모 앱들 중에 선택된 이유는 사용자가 필요한 부분을 잘 캐치했기 때문이다.

- 메모 종류 구분하기: 이 앱이 디자인 개선이 필요해 보이는 이유 중 하나는 너무 많은 색이 사용됐기 때문이다. 확실한 구분을 위해 중구난방으로 색을 사용하는데, 디자이너가 손을 댄다면 메모지 색상을 통일하고, 상단의 띠 색상 차이 정도만 남겨둘 것이다. 하지만 그렇게 되면 이 앱은 다른 메모 앱과 차별화가 없게 된다.

- 바탕화면에서 바로가기: 보통 소규모 서비스는 위젯까지 고려하지 않는다. 그러나 이 앱은 다양한 사이즈의 위젯과 제목만 공개할 수 있도록 했다. 사실 새로운 메모를 작성하는 것보다는 작성해 둔 메모를 열어보는 쪽이 더 빈번하게 발생하는데도 보통 메모 앱들은 메모 리스트를 통째로 꺼내 놓아서 내용이 다 노출되게 한다거나 위젯widget으로 새 메모 작성 버튼을 꺼내놓는 쪽을 선택하곤 한다는 점에서 이 앱은 사용자의 가려운 부분을 잘 파악해서 차별을 두었다.

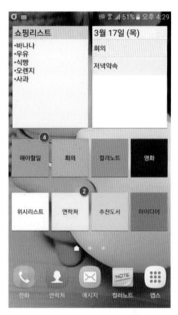

- 메모 잠금: 이 앱의 가장 큰 차별점이라고 볼 수 있다. 모바일 환경은 이미 개인적인 공간이기 때문에 대부분 메모 앱은 잠금 기능을 제공하지 않는다. 그러나 잠금을 해두는 행동 자체가 주는 심리적 안정감은 분명히 존재한다. 모니터 옆에 붙여 놓는 것과 접어서 서랍에 넣어두는 메모의 내용은 다르기 마련이다.

디자인이 예쁘고, 깔끔한 다른 메모 앱들이 있음에도 이 서비스가 선택받을 수 있었던 이유는 뭔가 부족하다고 느꼈던 사용자의 니즈needs를 잘 파악해서 만족시켜 주었기 때문이다. 앱 디자인을 혹평했지만 디자인에 중점을 두었다면 성공하지 못했을 것이다. 이처럼 서비스의 성공은 디자인만으로 결정되지 않는다. 페이지마다 멋진 기능을 골고루 배치하겠다는 생각은 일단 접어두고 첫 화면에서 사용자가 원하는 것이 여기에 있다는걸 보여주겠다는 생각으로 UI를 설계해야 한다.

8-1. 표시할 내용 정하기

메인 화면은 서비스의 대시보드dashboard이다. 차량에서 여러 장치들이나 운행에 필요한 것들을 컨트롤할 수 있게끔 운전석 전면에 배치해 둔 것들에서 유래한 용어로, 시스템이나 서비스 상태를 한눈에 파악하고 관리할 수 있게끔 모아둔 것을 말한다. 서비스의 메인 화면에서 모든 기능을 직접 컨트롤하거나 내용을 볼 수 있어야 하는 것은 아니지만 메인 화면만 봐도 이 서비스가 어떤 기능을 제공하는지 알 수 있어야 한다. 즉 메인 화면이 서비스의 허브 역할을 해야 한다는 것이다.

스타벅스 앱의 메인 화면을 보면 서비스가 제공하고 있는 기능을 모두 담고 있다.

- 리워드: 리워드 받기까지의 현재 상태 표시
- What's New: 새로운 소식
- 쿠폰Coupon 사용

- 주요 이벤트: 이벤트 기한과 현재 상태 표시
- 배달Delivers 서비스
- 스타벅스 페이Pay 시스템
- 사전 주문Order 시스템
- 선물Gift 기능

메인 화면에 표시되지 않은 기능은 기타메뉴Order 버튼을 눌러 나오는 주문 이력, 영수증, 고객 지원, 이용 약관 정도이니 서비스의 모든 기능이 메인 화면에 표시되었다고 해도 무방하다. 또 다른 서비스인 배달의민족 앱의 메인 화면을 살펴보자.

- 메뉴 검색
- 배달 서비스
- 배민1: 여러 곳을 돌지 않는 다이렉트 배달
- 포장 서비스
- 선물하기
- 쇼핑 라이브: 식품 위주의 홈쇼핑 영상 서비스
- 전국별미: 택배가 가능한 매장들의 판매 서비스

배달의민족도 마찬가지로 메인 화면에 표시된 것 이외의 기능은 없다. 이와 같이 스타벅스의 리워드처럼 현재 상태를 표시해 줄 수도 있고, 배달의민족처럼 해당 기능에 대한 설명을 덧붙여 줄 수도 있으며, 알림 기능처럼 단순히 아이콘 하나를 넣어 둘 수도 있지만, 어쨌든 사용자는 메인 화면을 보면 이 서비스에 무슨 기능이 있는지 한눈에 파악하고 접근할 수 있는 것이다.

서비스의 전반적인 제작 과정을 볼 때, 메인 화면의 UI를 설계할 단계가 되었다면 해당 서비스에 어떤 기능들이 들어가야 할지 이미 정리가 된 상태여야 한다. 정리가 되었다는 것은 상품기획팀이나 개발팀과 개발 범위에 대해서 출시일까지 이대로 진행하겠다는 협의를 모두 마친 상태를 말한다. 메인 화면을 설계할 때는 서비스에 넣기로 한 모든 기능을 잘 정리해서 배치한다고 생각하면 된다.

8-2. 중요도 정하기

서비스 기능들을 모두 동일한 수준으로 화면에 배치하면 좁은 화면에 구겨 넣은 느낌을 받게 될 것이다. 예를 들어 알림이나 공지사항과 같이 잘 쓰지 않는 기능과 서비스의 가장 중요한 핵심인 배달 기능을 같은 크기와 같은 형태로 배치한다면 배달이 눈에 띄지 않는 것이다. 또한 화면이 점점 좁아져서 결국 모두가 작아질 수밖에 없다.

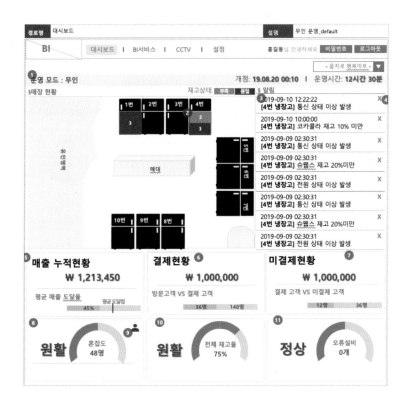

무인으로 운영하는 편의점을 위한 프로젝트에서 에이전시로부터 받았던 UI 설계 초안이다. 서비스에 넣기로 했던 기능은 다음과 같다.

- 운영 모드 표시: 유인/무인 운영 중
- 무인 운영 시작 시간과 유지 시간 표시
- 매장 도면과 매대(냉장고)별 재고 상태 표시
- 실시간 알림
- 매출 현황
- 실결제/미결제 고객 현황
- 매장 혼잡 정도
- 전체 재고 상태 표시

요청 사항이 화면 내에 모두 들어가 있지만, 중요 정보가 어떤 것인지 알 수 없고, 중요하게 표시되어야 할 정보는 오히려 눈에 잘 띄지 않는다. 중요도에 따라 그 크기와 배치가 달라져야 하고, 그 안에서도 어떤 요소가 부각되어야 하는지 살펴볼 필요가 있다. 예를 들어, 현재 무인 운영 중인지 유인 운영 중인지 알려주는 것은 상당히 중요한 정보이다. 점주가 실수로 무인 운영 전환을 안 한 채로 자리를 비우면 도난의 위험이 발생하고, 매장 상태에 대한 정보 수집이 불가능하기 때문이다. 시안처럼 개점 시간이나 운영 시간과 동일한 레벨로 둘 정보가 아닌 것이다. 이번에는 매출 누적현황이 있는 곳을 살펴보자. '매출 누적현황'이라는 제목은 '₩1,213,450' 금액보다 중요한 정보가 아니다. 마찬가지로 현재 매출이 평균점에 도달할 때까지 얼마나 남았는지가 중요한 것이지 '평균 매출 도달률'이라는 제목 자체도 중요한 정보는 아니다.

중요한 정보를 강조하고, 중요도가 떨어지는 정보는 작게 만들면 화면도 깔끔해지고 시선을 집중시킬 수 있다. 그리고 사용자가 그 의미를 충분히 이해할 수 있다면 제목을 굳이 넣지 않아도 된다. '매장 현황'이나 '알림' 같은 제목도 안의 내용을 보면 당연히 알 수 있는 내용이지만 습관적으로 넣게 되는 경향이 있다. 많은 정보를 담아야 하는 서비스나 모바일처럼 작은 화면에 정보들을 담아야 하는 서비스는 특히 불필요한 정보를 덜어내는 것을 가장 먼저 해야 하고, 중요한 정보가 무엇인지 잘 파악해야 한다. GUI 디자인 단계에서 디자이너가 알아서 보기 좋게 배치하고 사이즈 잡아 그려줄 것이라고 생각해서는 안된다. 어떤 정보가 더 중요한지 그리고 어느 위치에 어떻게 배치해야 사용자가 편리하게 사용할 수 있을지 고민하는 것은 당연히 UI 기획자가 우선적으로 해야 하는 일이다.

8-3. 표현 방법 정하기

UI 설계를 하다 보면 내가 어디까지 디자인을 해야 하는지 고민이 들 때가 있다. 아이콘도 넣어야 하는지, 그래프 모양도 정해야 하는지 혹은 폰트 사이즈도 정해야 하는지 등 끝없이 고민하게 된다. 디자인도 겸업하는 UI 기획자가 아니라면 고민할 필요없이 최선을 다해서 만들면 된다.

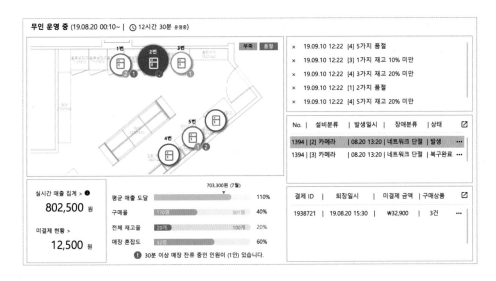

초기에 제안 받은 UI 설계 화면에서 불필요한 정보들을 덜어내고 중요한 부분들에 포커스를 둔 결과물이다. 기존안을 잘 살펴보면 매출 누적현황과 결제현황은 용어의 의미는 다르지만, 점주가 필요한 건 무인으로 전환한 후에 얼마나 팔리고 있는지이기 때문에 '실시간 매출 집계'로 통합시켰다. 그리고 미결제가 발생했다는 것은 도난이거나 시스템에 문제가 발생한 상황이기 때문에 결제 고객과 비교할 것이 아니라 빨리 상황을 살펴서 해결해야 하는 이상 상황에 해당한다. 따라서 결제 고객 vs 미결제 고객의 그래프는 삭제했다. 마지막으로 오류 설비도 미결제와 마찬가지로 문제가 생긴 설비를 빨리 파악하고 해결해야 하는 부분이다. 그래프로 나타내거나 정상 여부만 표시해서 될 부분이 아니기 때문에 이 부분은 따로 알림창을 만들어 배치해 주었다.

중복 정보나 불필요한 정보를 정리했다면 남은 정보를 어떤 방법으로 보여줄 것인지 고민할 차례이다. 모든 정보를 텍스트로 넣으면 서비스라기보다는 문서같은 느낌이 들고, 한눈에 정보를 파악하기도 어렵다. 반면에 그래프나 이미지 같은 디자인은 서비스의 퀄리티를 높여주지만, 과도하게 사용하면 산만하고 집중하기 어렵다. 그렇기 때문에 이미지나 그래프로 표현하고자 할 때는 그렇게 할 필요가 있는지, 즉 텍스트로 쓰는 것보다 분명히 더 효과가 있는지 고민하는 과정이 필요하다. 이처럼 여러 고민의 과정을 거쳐 그래프로 표현하기로 추려진 네 개의 항목은 다음과 같다.

- 평균 매출 도달: 지난 달 평균 일매출 대비 금일 매출 금액
- 구매율: 방문 고객 중 실제로 구매까지 이어진 비율
- 전체 재고율: 매대를 꽉 채웠을 때 재고 대비 현재 남은 재고의 비율(30% 이하로 내려가면 경고)
- 매장 혼잡도: 정원 대비 얼마나 많은 고객이 현재 매장에 있는지의 비율(80%가 넘어가면 경고)
- 무인 매장 운영 시, 노숙자 등 장기 체류가 문제가 될 수 있어 30분 이상 체류시 경고

Graph UI image를 검색해 보면 세련되고 멋진 그래프를 많이 볼 수 있다. 이 수많은 그래프 중에서 어떤 것을 골라 적용해야 할까? 우선은 욕심을 버릴 필요가 있다. 특히 프로토타입이나 홍보를 위한 데모 시연이 아니라면 화려하고 애니메이션 효과가 들어가 있는 유선 형태의 연속형 그래프는 지양하는 편이 좋다. 각각의 그래프는 보기에 좋을지 모르겠지만, 현실 속 서비스에 접목했을 때는 애니메이션의 시간이 길어지면 짜증을 유발하게 된다. 또한 수치가 명확하게 나타나지 않는 유선형 그래프는 추이를 보기 위한 목적 외에는 자리만 많이 차지하고 딱히 쓸 데가 없다. 크기나 디자인에 대한 검색 범위를 모두 열어두기보다는 UI 설계도상에 대략적인 위치를 잡아두고, 그 크기 안에서 해결할 수 있는 디자인을 찾아보는 것이 좋다. 데이터의 종류와 표현해야 할 값들이 정해져 있기 때문에 이러한 사항들을 염두에 두면서 여러 디자인을 찾다 보면 가장 적합한 그래프를 찾을 수 있을 것이다.

8-4. 디자이너에게 넘기기

메인 화면의 키스크린 UI 설계가 완성되었다면 GUI 디자이너에게 넘길 차례이다. 디자인은 아무래도 기준이 명확하지 않고 주관적인 해석이 가능한 분야이다 보니 기획자 입장에서는 쉽지 않은 과정이다.

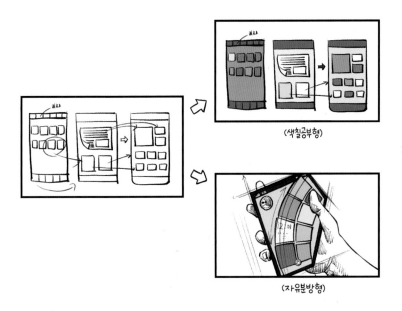

(색칠공부형)

(자유분방형)

UI 설계 도면 그대로 디자인에 옮겨오는 '색칠공부형' 디자이너가 있는 반면, 고민해서 설계한 UI는 신경 쓰지 않고 디자인하는 '자유분방형' 디자이너도 있다. 사실 개발이야 나중에 버그나 이슈가 생기더라도 당장은 어떻게 개발했는지 눈에 안 보이니 알 수 없지만, 디자인이 마음에 안 들면 어떻게 대처해야 할지 난감하다.

이때 UI 기획자로 취할 수 있는 최선의 방어는 문서에 메모를 남겨 두는 것이다. 이 부분은 이런 이유로 꼭 이렇게 보여야 한다거나 개발상의 이유로 위치가 바뀌면 안된다거나 하는 등 적어도 디자이너가 기본적인 틀을 마음대로 바꾸지는 못하게 하는 것이다.

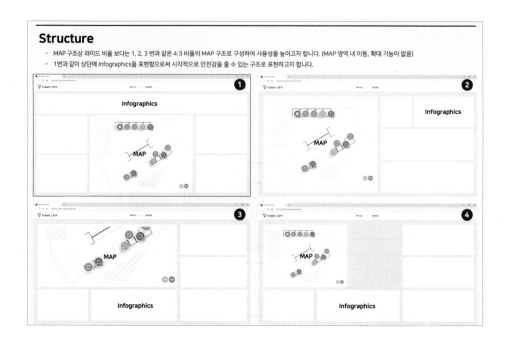

Structure

- MAP 구조상 와이드 비율 보다는 1, 2, 3 번과 같은 4:3 비율의 MAP 구조로 구성하여 사용성을 높이고자 합니다. (MAP 영역 내 이동, 확대 기능이 없음)
- 1번과 같이 상단에 Infographics을 표현함으로써 시각적으로 안전감을 줄 수 있는 구조로 표현하고자 합니다.

지금도 다시 함께 일하고 싶은 BP에서 보내 온 GUI 작업물을 살펴보면 UI 설계는 3번의 형태였지만, 업체에서는 새로운 구조로 제안을 해왔다. 더 나은 방안을 제안해 온다면 아무리 고민해서 한 UI 설계이더라도 흔쾌히 받아들이지 않을 이유가 없다. UI 설계를 할 때 화면에 작은 요소 하나하나 배치하는 데도 이유가 있듯이 디자인도 이유가 있어야 한다. 그냥 이렇게 하면 더 예쁘고 보기 좋아서가 아니라 그렇게 디자인한 이유를 설명해 준다면 협업을 통해 좋은 결과물을 낼 수 있다.

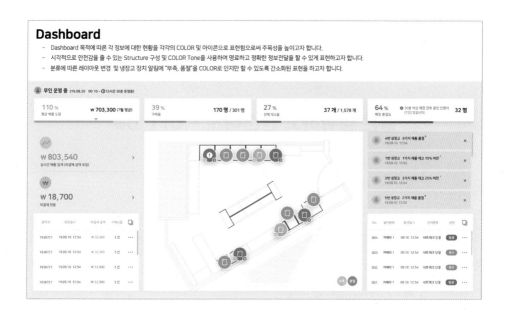

최종 디자인 결과물을 보면 매장 점주에게 명확히 알려야 하는 정보가 무엇인지 잘 파악해서 색상으로 구분해 주었고, 텍스트가 많아서 자칫 가독성이나 주목도가 떨어질 수 있는 알림 부분들도 영역을 잘 구분해 준 것을 볼 수 있다. 저 정도는 당연한 것 아닌가라는 생각을 할 수도 있겠지만, 단순히 디자인을 하는 것이 아니라 UI 설계의 의도를 생각하고 고려하며 디자인을 하는 디자이너는 안타깝게도 정말 드물다.

9

길은 명확하고 단순하게 – UI Flow

영화나 드라마를 시청하는 미디어 사용자 경험을 연구할 때 그 사람이 얼마나 집중하고 몰입했는지 알아보려면 'TV를 보고 있는지 몰랐다'에 대한 부분을 살펴보면 된다. 자신이 어디에서 뭘 하고 있는지 생각할 겨를이 없을 정도로 그 콘텐츠에 몰입해서 경험했다는 뜻이다.

드라마를 보면서 집이 참 예쁘네, 저건 어디서 살 수 있지, 간식 먹을까 등 다른 생각을 했다면 시청을 하며 즐거움을 느끼고 나름의 만족을 느꼈을 수는 있겠지만 그 미디어에 100% 몰입했다고는 볼 수 없다. 물론 콘텐츠 자체가 매력적이지 않았을 수도 있지만, 콘텐츠 외적으로 몰입할 수 없는 이유에도 여러 가지가 있다. 주변 환경이 시끄럽거나 지나치게 밝았을 수도 있고, 디스플레이가 너무 작거나 의자가 불편했을 수도 있다. 사소하게 보이는 이유라도 몰입이 한 번 깨지면 다시 돌아가기는 쉽지 않다.

서비스도 마찬가지이다. 서비스 기획 자체나 콘텐츠의 빈약함으로 인해서 사용자가 매력을 느끼지 못할 수도 있지만, 무의미한 팝업이 자꾸 뜬다거나 엉뚱한 버튼 위치 등 사소한 불편함으로 인해 서비스를 떠나게 만들 수도 있다. 그중에서도 사용자가 서비스 안에서 내가 지금 어디에 있는지, 어디로 가야할지 모르겠다고 느끼는 것은 단연코 최악의 경험이라고 할 수 있다.

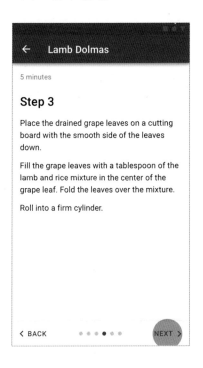

다음은 구글의 UI 가이드라인에 나와 있는 내비게이션 예시 중 하나이다. 이 키스크린 하나만 보고 판단해 보면 아마도 이전 화면에는 Lamb Dolmas(램 돌마스; 요리 이름)를 포함해서 여러 요리의 리스트가 있을 것이다. 이제 하단의 버튼들을 살펴보자. Next 버튼을 누르면 어떤 페이지로 이동하게 되는 걸까? 요리의 다음 단계가 나올까? 아니면 리스트에서 Lam Dolmas 다음에 위치한 요리가 나올까? 만약에 하단에 점들로 힌트를 주지 않았으면 혼란은 가중되었을 것이다.

UI 설계에서 가장 중요한 것을 꼽으라고 한다면 서비스에 길을 만들어 주는 UI Flow 작업이라고 할 것이다. 그럼에도 불구하고 눈에 잘 띄지 않기 때문에 UI 개발자들이 가장 간과하는 작업이기도 하다. UI Flow는 말 그대로 서비스 이용 경험이 막힘없이 잘 흘러갈 수 있도록 설계해 주는 것이다. '막힘없는' 경험을 주기 위해서는 사용자가 기대했던 결과와 어긋나지 않도록 길을 놓아 주어야 한다.

9-1. 순서도 그리기

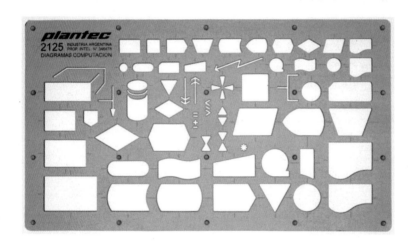

지금은 어떨지 모르겠지만, 예전에는 컴퓨터 공학 개론 수업의 준비물 중에 순서도가 있었다. 컴퓨터는 예나 지금이나 생각보다 멍청해서 사람이 알려주지 않으면 아무것도 할 수가 없기 때문에 하나하나 해야 할 것들을 알려줘야만 원하는 결과를 얻을 수 있다. 예를 들어 ARS 통화 중에 신원 확인을 하고 맞으면 1번을 눌러 달라는 음성을 들어본 적이 있을 것이다. 1번을 눌렀을 때 다음 단계로 넘어가는 것으로 프로그래밍을 했다고 치자. 나머지 버튼을 눌렀을 때 어떻게 할 것인지 컴퓨터에게 알려주지 않으면 1번 외에는 뭘 눌러도 아무 반응이 없는 먹통이 되어 버린다. 얼핏 스마트해 보이는 AI도 사실 속을 들여다 보면 다를 바 없다. 데이터가 쌓이고 딥러닝이라는 기술을 더하면서 조금 자연스러워졌을 뿐 무슨 말인지 못 알아들었을 때에는 '잘 알아듣지 못했어요'라고 말하라고 가르쳐 주지 않으면 마찬가지로 먹통이 되어 버린다.

순서도는 이처럼 컴퓨터에게 어떤 상황인지 어떻게 대처하면 되는지 등을 도면으로 그려서 사람이 볼 수 있도록 시각화한 것이다. UI 설계를 할 때 순서도를 사용하면 한눈에 흐름을 확인할 수 있어서 놓치는 부분 없이 작업할 수 있다. 순서도 도형의 종류는 많지만 UI 설계를 위해서는 딱 4가지만 알아도 된다.

(타원형 도형)	**터미널** 시작과 끝을 표시	(마름모 도형)	**판단** 여러 경로로 갈라지는 조건 표시
(직사각형 도형)	**처리** 각종 연산이나 데이터 처리 결과 표시	(화살표)	**흐름선** 순서도 처리 사이의 연결 표시

타원형은 순서도의 시작과 끝을 의미한다. 프로그래밍상으로는 시작할 때 처리해야 할 것들이 있어서 의미가 있지만, UI상으로는 사실 그다지 큰 의미는 없다. 깊이 생각할 것 없이 시작하는 부분과 끝나는 부분을 명확히 해주는 정도로 넣어주도록 한다. 마름모 모양의 도형은 조건을 의미한다. 'If ~ then'이라고도 한다. 말 그대로 '만약 ~하면' 혹은 '만약 ~했을 때' 라는 뜻이다. ARS의 예라면 마름모 안에 '확인 번호 입력'이라고 적어주면 된다. 이때, 마름모에서 나올 수 있는 갈래는 '숫자가 1일 때'와 '1이 아닌 버튼'일 때, 그리고 일정 시간동안 아무런 입력이 없는 경우로 나눌 수 있다. 각각 뻗어나온 갈래는 직사각형 모양의 도형으로 가면 된다. 이 도형은 결과를 의미하는데, 입력한 숫자가 1일 때는 다음 단계인 '상담원 연결'을 적어주면 된다. 마지막으로 흐름선은 각각의 도형들을 이어주면 된다. 터미널에서 판단으로 그리고 처리로 이어주는 역할을 하고, 진행 과정에서 다시 앞으로 돌아가야 한다면 흐름선을 원하는 곳으로 보내주면 된다.

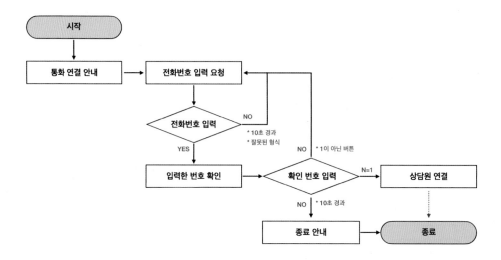

이 작업은 SW UI 개발자가 해야 하는 작업이 아니냐고 묻는다면 그렇지 않다. UX 기획과 달리 UI 기획은 서비스의 논리적인 구조를 설계하고 구축해 나가는 업무이다. 일반적인 기획이나 디자인보다는 개발 업무에 가까운데 순서도를 그리다 보면 키스크린이 빠진 부분도 보이고, 키스크린의 설명description 부분에서 누락된 내용도 발견할 수 있다.

UI 문서에서 순서도는 주로 로그인 프로세스나 음성 인식 처리 프로세스처럼 키스크린상에 보이지 않는 과정을 정리해 두는 역할로 사용한다. 앱을 실행했을 때 앱 로딩 화면인 스플래시splash 화면이 지나가고 메인 페이지로 넘어가기까지 걸리는 시간은 수초에 지나지 않지만 그 사이에 눈에 보이지 않는 수많은 프로세스들을 거치게 된다. 네트워크는 잘 연결이 되어 있는지, 보안은 문제가 없는지, 자동 로그인 설정이 되어 있는지 등 수많은 마름모 순서 도형의 검증 과정에서 모두 YES를 받아야 메인 화면이 나타나는 것이다. 그리고 단계별로 문제가 생겼다면 각기 다른 내용의 팝업을 띄우거나 상황에 맞는 화면으로 전환해서 대응해 주어야 한다.

순서도를 꼼꼼하게 챙기지 않은 결과는 이렇게 다르게 나타난다. 에러 종류는 일반적으로 떠올릴 수 있는 것보다 무궁무진하게 많다. '에러 화면은 모두 이 페이지로 통일해 주세요'라고 무책임하게 개발자에게 떠넘기지 말고 나올 수 있는 모든 상황 변수를 확인해서 처리할 방법을 적어주는 것이 UI 개발자가 할 일이다. 네트워크 오류와 같은 시스템상의 에러들은 순서도만으로 확인할 수 없는 것들도 많기 때문에 개발자에게 에러 케이스 목록이나 관련 로데이터raw-data를 받아서 검토하는 것도 좋은 방법이다.

SW 개발자에게 있어서 좋은 UI 문서란 아무 생각을 하지 않아도 되는 문서이다. 이 상황에 어떻게 처리해야 하지?라는 생각을 할 필요 없이 적혀 있는 대로만 개발해도 되는 문서가 좋은 UI 문서인 것이다. 혹시 개발자는 생각도 안하고 단순히 코딩만 하는 건가라는 생각이 든다면 그런 걱정은 할 필요 없다. 어떻게 설계하고 구축할지 고민하는 것만으로도 생각할 거리가 충분하니 구멍 난 UI 문서로 일을 가중 시킬 필요는 없다.

9-2. UI Flow 그리기

순서도가 눈에 보이지 않는 작업들을 정리한 결과물이라면 UI Flow는 더 시각화된 결과물이라고 할 수 있다. 그래서 UI 문서 내에서의 위치도 순서도는 로그인이나 서비스 전반에 걸친 내용이 많기 때문에 General Rule 파트나 그 전후에 들어가는 경우가 많고, UI Flow는 키스크린이 모두 정리되고 문서의 마지막에 넣어준다. 즉 UI 문서의 전체적인 순서가 '메뉴 트리 – (순서도) – General Rule – 키스크린 – UI Flow'로 구성된다고 보면
된다.

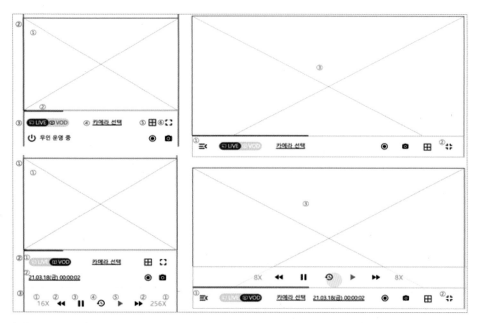

(좌측 위부터 시계방향) LIVE 일반 화면 / 전체 화면 / VOD 전체 화면 / 일반 화면

키스크린 페이지에서 대부분 작업들, 즉 이 버튼을 눌렀을 때 어느 페이지로 이동하라거
나 팝업을 띄우라거나 혹은 드롭다운dropdown 메뉴를 열라고 하는 등 단편적이고 일방적인
진행에 대해 적을 수는 있다. 하지만 여러 페이지가 연관되어 있거나 얽혀 있어서 흐름을
정리해 주지 않으면 사용에 불편함이 생기겠다는 판단이 들면 UI Flow로 정리해서 명확
히 해두는 것이다.

영상 재생 플레이어를 한 번 살펴보자. 단순하게 생각해 보면 일반 화면에서 Full Screen
아이콘을 누르면 전체 화면으로 바뀌고, 전체 화면에서 전체 화면 종료 아이콘을 누르면
일반 화면으로 돌아가면 된다. 그러나 더 생각해 보면 고민해 봐야 할 부분들이 눈에 띈
다. 천천히 짚어보도록 하자.

- LIVE 일반 화면 상태에서 VOD 토글 버튼을 누르면 원하는 시간을 선택할 수 있는 달력 팝업이 뜬다. 세로를 기준으로 만든 달력 디자인을 가로 상태에서도 띄우자니 애매하다.
- LIVE 전체 화면 상태에서 VOD 토글 버튼을 누르면 전체 화면 상태를 종료하고 세로 형태로 만들어서 달력 팝업을 띄워야 하나?
- 일반 화면 상태일 때는 세로 형태 달력이고, 전체 화면 상태일 때는 가로 형태 달력으로 디자인을 다르게 만들어서 띄어야 하나?
- 다른 페이지에서 링크를 타고 곧바로 VOD 일반 화면 페이지로 들어왔는데 이전 버튼을 누르면 VOD의 상위 Depth인 메인 페이지로 이동해야 하나? 아니면 VOD 페이지로 들어오기 전에 보고 있던 페이지로 돌아가야 하나?
- 휴대폰 알림으로 팝업이 떠서 녹화된 영상을 확인하기 위해 VOD로 들어왔는데 이전 버튼을 누르면 상위 Depth로 이동해야 하나? 아니면 앱을 닫고 원래 상태로 돌아가야 하나?

UI Flow를 그릴 때는 수없이 머릿속으로 프로토타이핑을 돌려봐야 한다. 키스크린 안에 있는 모든 버튼을 계속해서 눌러보고 어떤 방법이 더 편할지 생각해 보고 해당 키스크린으로 진입하거나 나갈 수 있는 모든 경우의 수를 검토해 봐야 한다. UI Flow를 명확하게 정리하지 않고 개발자가 임의로 진행하게 되면 똑같은 이전 버튼을 눌러도 LIVE 전체 화면에서는 LIVE 일반 화면으로 전환되고, VOD 전체 화면에서는 VOD의 상위 Depth인 메인 페이지로 전환되는 불상사가 발생할 수 있다. 그렇다고 개발자를 탓할 수는 없다. 전체 화면을 종료하는 것과 상위 Depth로 이동하는 것이 둘 다 틀린 말은 아니기 때문이다. 개발자가 한 명이라면 일관성 측면에서의 상황은 조금 나을 수도 있겠지만 여러 개발자가 진행하는 프로젝트라면 UI Flow에 더더욱 신경을 써야 한다.

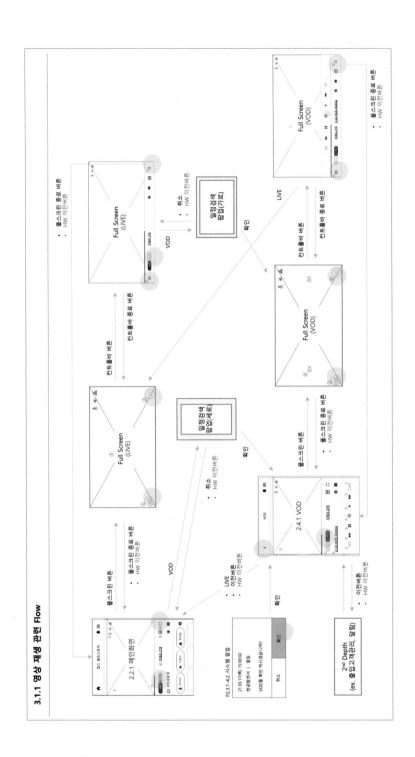

배달 앱에서 한식을 먹을지 중식을 먹을지 아니면 분식을 먹을지 한참 고민하다가 겨우 종류와 매장까지 선택하는 데 성공했다고 생각해 보자. 그 안에서 메뉴를 고르고 추가 옵션과 사이드 메뉴에 음료까지 심혈을 기울여 '주문' 버튼을 누른 뒤, 결제 페이지에서 주소와 전화번호, 결제 정보에 쿠폰 번호까지 적고 매장 점주에게 정성스레 메시지까지 남긴 다음 '결제' 버튼을 눌렀다. 그리고 마지막으로 카드 결제 승인을 요청한 순간, 'ㅇㅇ 카드 네트워크 점검으로 인해 00:00~00:30 사이 결제가 불가능합니다'라는 메시지가 뜨며 카드사 결제 화면이 닫혀 버리고 배달 앱으로 다시 돌아왔다. 여기서 이상적인 상황은 어디로 전환이 되어야 할까. 당연히 내가 적은 모든 정보가 그대로 남아 있는 채로, 카드 종류만 바꿔서 다시 '결제' 버튼을 누르면 되는 상태이다. 그러나, 안타깝게도 대부분 서비스는 담아둔 메뉴가 초기화된 채로 매장 화면으로 돌아가고, 조금 나은 경우에도 결제 페이지의 정보는 모두 날아가 있는 경우가 많다. 혹시나 데이터가 남아 있을까 싶은 마음에 이전 버튼을 눌렀다가 에러 메시지라도 뜨면 그야말로 뒷목잡는 상황이 아닐 수 없다. 내가 만든 서비스에서 이렇게 짜증을 유발하는 상황이 생기지 않길 바란다면 UI Flow를 꼼꼼하게 잘 챙기자.

10

목적을 잊지 말자 – 유지보수

UX/UI 업무 중 가장 하기 싫은 일이 무엇이냐고 묻는다면 개인적으로는 유지보수 업무라고 대답할 것이다. 성격과 성향에 따라 대답이 다를 수 있지만, 새로운 것을 좋아하는 사람들은 보통 선행 프로젝트를 선호한다. 반면에 안정적인 것을 좋아하고 꼼꼼한 성격은 장기적으로 서비스를 운영하고 유지 보수하는 업무를 원하기도 한다. 대부분 선행을 좋아하지 않냐고 할 수도 있겠지만 꼭 그렇지만도 않다. 서비스가 안정적으로 자리를 잡지 않은 상태이기 때문에 어떻게든 실적을 만들어 내야 하는 과정에서 스트레스도 많이 받고, 자칫하면 프로젝트 자체가 없어지는 경우도 부지기수이다.

v1.0의 UI 문서를 배포하고 나면 디자이너와 개발팀에서 본격적으로 작업을 시작한다. 모든 작업이 끝난 이후 서비스가 출시되고 나면, 서비스가 사라질 때까지 변경 요청은 계속해서 들어오게 된다. 서비스가 부족하면 당연히 수정 및 보완 요청이 들어오지만, 서비스가 잘되면 잘 되는 대로 더 많은 것을 넣어달라는 요청이 들어온다. 결국 서비스 퀄리티와 관계없이 서비스를 맡는 이상 끝없는 요청 사항에 대응해야 한다.

개발팀

개발을 진행하다 보면 아무리 키스크린 이미지로 사전 협의를 했다 하더라도 여러 변수가 발생할 수 있다. 디바이스 자체에 문제가 생길 수도 있고, 데이터를 가져오는 것이 생각보다 잘 안 풀릴 수도 있고, 아무리 밤을 새워도 출시일까지 도저히 못 맞출 것 같은 상황이 생길 수도 있다. 그러면 개발자는 아무래도 적용이 불가능할 것 같다며 사양에서 빼달라는 요청을 하곤 한다. 사실 기껏 치밀하게 설계한 서비스에서 사양을 지워달라고 하면 속이 상할 수밖에 없다.

지금까지 수많은 개발자와 함께 일해 보니 열에 아홉은 이슈를 풀어가는 데서 희열을 느끼는 사람들이다. 해결 방법을 알아보기 귀찮아서라던가 설렁설렁 일하고 싶어서 못하겠다고 하는 것은 분명히 아니다. 오히려 개발자가 못하겠다고 말할 때는 자존심을 굽히고 요청하는 경우가 많아서 굳이 지적해 봤자 서로 마음만 상하고 좋을 게 하나도 없기도 하다. 그렇다면 개발자가 사양을 없애 달라고 하면 무조건 받아들여야 할까? 물론 그건 아니다. 안 되는 이유를 설명해 달라고 하고 해결 방법을 고민해 보면 된다. 개발은 전혀 모르는데 해결 방법을 어떻게 고민하냐고 생각할 수도 있겠지만, 간단하게 해결이 되는 이슈들도 많다.

개발자들의 사고 프로세스는 순서도와 유사해서 개발자에게 UI 문서가 입력되면 출력은 YES와 NO만 존재한다. 한 번은 이미지가 전체 화면에 깔린 서비스에서 한쪽에 리스트를 띄우고 싶어서 샘플 이미지를 보여주며 '버튼을 누르면 플로팅floating 팝업을 뜰 수 있게 해줄 수 있겠는지'라고 물었더니 안 된다고 했다. 지금 구조상 안 되는 이유를 한참 설명해서 포기하고 넘어갔다. 그러던 중 다른 사이트에서 똑같은 기능이 있길래 물어보니 이건 가능하다는 것이다. 이전에 안 된다고 했던 샘플은 버튼이 그대로 보이는 채로 팝업이 떠 있는 거고, 이건 버튼을 덮은 채로 떠 있기 때문에 가능하다는 것이었다. 버튼이 그대로 보이면 더 좋아 보이긴 하겠지만 아예 리스트를 보여주지 못하는 것보다는 버튼을 가린 채로라도 나오는 쪽이 당연히 좋지 않겠는가? 따지고 보면 개발자는 보여준 샘플대로 가능한지 아닌지에 대해 대답을 해 준 것이기 때문에 죄가 없다.

개발자와 대화를 나눌 때는 '정확히' 해야 한다. 개발자가 안 된다고 할 때는 UI 설계 디자인을 살짝만 바꿔도 해결되는 경우들이 많기 때문에 귀 기울여 들어보고 여러 대안을 의논하며 가능한 게 있는지 확인해 볼 필요가 있다.

QA

개발이 완료된 서비스는 출시 전에 QA 검증 과정을 거치게 된다. UI 문서를 기준으로 QA 시트를 만들어서 실제 구현 사항과 일치하는지, 여러 디바이스나 다양한 환경에서 정상적으로 서비스가 동작하는지, 필수적으로 포함되어야 하는 사항 중 누락된 부분은 없는지, 그리고 보안이나 개인 정보보호상에 문제는 없는지 등 짧게는 2주, 길게는 2달 정도의 검수 과정이 진행된다. 이때 나오는 이슈들은 당연히 수정해야 하는 것들이 대부분이다. 사실 개발과정 중에 UI 문서에 적힌 부분을 놓쳐서 잡히는 이슈들이 상당히 많고, 나머지는 에러 처리가 미비하다거나 특이한 사양의 디바이스에서 서비스가 제대로 동작하지 않는다는 등 내용이어서 UI 문서를 수정할 일이 그리 많지는 않다. 다만, 개발팀으로부터 정말 미안하지만 도저히 일정을 맞출 수 없으니 문서에서 좀 지워달라는 연락이 쇄도하는 시기이기도 하다.

사업부(상품기획팀)

사업부로부터 오는 요청 사항은 대부분 출시 이후에 서비스를 운영하며 들어오는 고객의 요청 사항Voice of Customer이나 연관된 업체들로부터의 요구 혹은 불만사항에 의한 것이 많다. 물론 윗선에서 다른 서비스를 보고 나서 우리 서비스에도 넣어야지 않겠냐며 들어오는 압박에 의한 사양 추가인 경우도 있다. 이처럼 다양한 경로로 들어오는 요청 사항을 취합하고 정리한 뒤, 우선순위를 매겨서 UX팀에게 서비스에 반영해달라고 요청하는 것이다.

개발팀이나 QA로부터 오는 요청은 대부분 삭제하는 것이지만, 사업부로부터 오는 것은 대부분 추가하는 것들이어서 피하고 싶을 때가 많다.

개발자는 대체로 동일한 성향을 가진 반면에 사업부의 상품기획자들은 스타일이 제각각인 편이다. 진심으로 본인이 막을 수 있는 것들은 막아내고, 꼭 필요하다고 생각하는 것만 전달하는 사람이 있는가 하면, 그야말로 취합만 해서 리스트를 통째로 던져주는 사람도 많다. 어쨌든 최전방에서 사방에서 밀려오는 의견들을 온몸으로 받고 있으니 고충이 많기야 하겠지만, 이걸 적용했을 때 서비스가 정말 나아질 것인지에 대해 진지하게 고민하고 걸러서 전달했으면 하는 바람은 있다.

사업부로부터 오는 요청 사항은 개발팀과 같이 리뷰를 한다. 속도가 느리다거나 네트워크가 불안정하다는 등 기술적인 이슈들도 함께 전달되기 때문에 같이 리뷰하면서 검토해야 할 부분을 일차적으로 나누어 갖는다. 개발팀에서 해결할 수 있는 부분들을 제외하고 나머지는 UX팀에서 검토한다. 적용했을 때 서비스가 더 나아질 것인지에 대해 살펴보고, 적용한다면 어떻게 적용해야 할지에 대해 고민한다. 어쨌든 결과적으로 적용을 하던지 않던지 간에 사업부로부터 요청을 받은 이후에는 싸우고 설득하고 협의하는 일의 연속이다. 적용하면 안 된다고 생각되는 사항은 사업부를 설득해서 요청 사항을 무효화시켜야 하고, 더 나은 서비스를 위해 적용하기로 하면 개발자의 다크서클과 디자이너의 귀찮아하는 표정이 먼저 떠오르곤 한다. 이 과정은 그 서비스의 담당을 그만두거나 서비스가 종료될 때까지 계속된다.

이처럼 서비스를 운영하다 보면 다양한 부서와 경로를 통해서 변경이나 추가 요청 사항들이 들어오고, 수정하기로 한 사항은 UI 문서에 반영해서 배포한다. 규모가 큰 프로젝트일수록 버전과 문서관리를 잘 해야 한다. 워낙 많은 사람에게 배포되고, 그 사람들에 의해 또 다른 곳으로 재배포 되므로 수정이 가능한 파워포인트 원본은 공유하지 않고, PDF 파일로 변환해서 배포한다. 그렇게 하지 않으면 급하다며 필요한 부분만 발췌해서 수정해버려서 원본이 구분될 수 없도록 뒤섞여버리는 상황이 발생할 수 있기 때문이다.

문서의 버전은 보통 1.00처럼 소수점 둘째 자리까지 만든다. 중간에 소소한 변경인 경우에는 1.01, 1.02와 같이 변경하고, 조금 중요하다면 1.10으로 올려주고, 더 중요한 변화가 있는 경우에는 2.0으로 올려서 배포한다. 문서에 변경 사항이 생길 때마다 배포하는 것은 그리 좋은 방법은 아니다. 문서 배포를 변경 사항이 생길 때마다 했다가는 일주일에 서너 번씩 해야 하는 경우가 생길 수 있다. 그렇게 되면 문서를 보고 개발해야 하는 개발자나 디자이너 입장에서는 어떤 게 마지막 버전인지도 모를 지경에 이르게 된다. 그러므로 소소한 변경 사항이라면 메일링으로 변경 내용을 먼저 전달해두고, 공식적인 문서 배포는 모아서 정기적으로 하는 편이 좋다.

서비스가 출시되고 수정을 거듭하다가 어느 순간 정신을 차려보면 자식과 같던 서비스가 누더기가 되어 있는 것을 발견하곤 한다. 처음에는 애정이 가득해 내 서비스를 지저분하게 만들 수 없다며 이런저런 요청에 온갖 방어를 하며 막아 내기도 한다. 하지만 시간이 지나면서 일과 사람에 치여 지쳐서 그냥 반영해버리고 말게 된다. 그러다 보면 일관성이고 뭐고 이건 도대체 무슨 생각으로 여기 들어가 있는지 모르는 아이템부터 대문짝만 한 광고까지 어디 내놓기 부끄러워질 지경에 이르기도 한다.

어쨌든 서비스는 돈을 벌기 위한 목적이 분명히 존재하기 때문에 고객의 목소리를 반영하고, 광고든 구독이든 비즈니스 모델을 세워 수익을 창출해야만 한다. 그런 상황에서 서비스가 누더기가 된다고 사업부의 요청을 묵살하는 건 당연히 그래서도 안 되고 불가능하기도 하다. 다만 이 서비스의 원래 목적이 무엇이고 중심이 되어야 하는 주제가 무엇인지는 반드시 기억해야 한다. 배달 앱이 쇼핑몰이 되어 가고, SNS 서비스가 포털 사이트가 되어 가다 보면 호시탐탐 그 자리를 노리고 있던 다른 서비스로 주도권이 넘어가는 건 한순간이다. 메뉴가 많은 집치고 맛집은 없는 법이다.

에이전시의 UX 담당자와 사담을 나누던 중에 인하우스 기획자는 마음대로 결정할 수 있다는 점이 부럽다는 얘기를 들은 적이 있다. 이리저리 치이는 걸 보면 서비스 자체에 대한 결정권이 그다지 있는 것 같지는 않지만, 서비스에 대한 의견도 주장할 수 있고, 앱과 같은 시각적인 결과물에 대한 결정권은 높은 편이니 틀린 말이라고 할 수는 없겠다.

종종 UX 분야에서 일하고 싶으면 어떻게 해야 하는지, 인하우스와 에이전시 중에 어느 쪽으로 가야 하는지 등 이런 질문을 많이 받곤 한다. 사실 UX는 반드시 있어야 하는 직군이 아니라 더 나은 서비스를 만들기 위한 역할이다. 개발자가 없으면 서비스를 만들 수 없지만, UX가 없다고 해서 서비스를 만들지 못하는 것은 아니라는 뜻이다. 실제로 UX라는 직군이 생긴 것도 그리 오래되지 않았다. 그나마 이제는 필요성이 인식되어 아예 없는 곳은 거의 없지만, 인력이 개발자만큼 많이 필요한 직군은 아니다. 그러다 보니 TO가 잘 나지 않고 몇 안 되는 인원으로 프로젝트를 진행해야 하므로 다른 직군에 비해 유독 경험이 많은 경력직을 선호하는 편이다.

신입의 입장에선 경력은 대체 어디서 쌓을 수 있냐고 하고, 작은 에이전시에선 늘 인력이 부족하다고 하소연을 하곤 한다. 당연히 처음부터 크고 좋은 에이전시나 대기업 인하우스로 갈 수 있으면 좋겠지만, 한창 UX 분야가 생겨나며 인력이 부족하던 때와는 상황이 많이 달라졌다. 한 번 에이전시로 가면 인하우스에 가기 어렵지 않냐는 질문도 하는데, 요즘은 오히려 공채로 뽑는 경우는 거의 없고, 자리가 생기면 BP로 협력했던 담당자에게 지원 제의를 하기도 한다. 물론 인상에 남을 만큼 업무 능력이 좋아서 같이 일하고 싶은 사람에 한해서 말이다.

인하우스는 크게 두 가지로 볼 수 있다. 그 회사에 서비스(앱)가 하나인 경우와 그렇지 않은 경우이다. 하나인 경우는 스타벅스, 배달의민족, 홈쇼핑과 같은 회사처럼 하나의 서비스를 만들고 지속해서 유지보수를 하는 곳이다. 이런 곳은 다양한 경험을 해볼 수 없다는 단점이 있지만 해당 필드에 대한 전문성을 높일 수 있다. 기본적으로 많은 사용자를 보유하고 있기 때문에 작은 부분을 바꾸는 것에도 수많은 협의와 논의를 거쳐서 신중하게 수정한다는 점은 단점일 수도 있고 장점일 수도 있겠다. 회사에 서비스가 여러 개인 경우는 LG나 삼성 같은 제조업 혹은 SK텔레콤이나 네이버와 같이 회사의 사업 범위가 다양한 곳으로 선행과 양산이 동시다발적으로 발생한다. 삼성전자를 예로 들면, 모바일의 UX부터 스마트 TV, 차량 인포테인먼트, 사이니지, 의료기기, 가전제품 등 모든 사업부서에 각각 UX팀이나 담당자가 있다고 보면 된다. SK텔레콤도 막상 떠오르는 건 T 멤버십이나 T 전화 정도겠지만, 회사명이 전면에 드러나지 않는 AR/VR 서비스나 AI 서비스, 드론, 무인매장, Cloud 플랫폼 등 기반 연구를 위한 서비스들이 많이 있다. 장점은 모바일이나 웹과 같은 디스플레이 안에만 국한되지 않고 다양한 디바이스에서의 UX를 경험할 수도 있고, 퇴사하지 않는 한 한 가지 서비스만 해야 하는 단일 서비스 회사보다는 선택할 기회도 많다. 다만, 서비스가 살아남기가 어렵고 주변 환경의 변화가 잦은 편이어서 프로젝트가 엎어지기 쉽고, 결과물을 내야 하는 데드라인이 존재하다 보니 일정에 쫓기는 경우가 많다. 업무적인 측면을 떠나 에이전시와 비교해서 인하우스의 장점이라면 회사 평판과 연봉 그리고 비교적 안정적인 고용환경과 복지인 것만은 분명하다.

에이전시는 외주 업체라고도 하고 BPBusiness Partner라고도 한다. 일종의 컨설팅 업체로 인하우스에서 인력이 부족하거나 해당 전문가가 없는 경우 의뢰를 받아 돕는 곳이다. 에이전시 기획자는 매번 새롭고 다양한 프로젝트를 해볼 수 있다는 장점은 있지만, 그 프로젝트를 발의하고 성사 시켜 나가는 과정이나 장기적으로 유지보수하는 과정을 경험해 볼 기회가 드물다는 단점이 있다. 의뢰를 맡기는 인하우스 쪽에는 UX 담당자가 있을 수도 있고, 없을 수도 있다. 인하우스가 개발자로만 구성된 팀이어서 UX 인력이 필요해 의뢰를 맡긴 경우라면 에이전시의 UX 담당자가 비교적 많은 결정권을 가질 수는 있겠지만, 개발자가 클라이언트면 '뭔가 맘에 안 드는데 뭔지는 잘 모르겠고...'라는 것과 같이 UX에 대한 명확한 의견 표현이 잘 이뤄지지 않기 때문에 어려움을 겪을 수 있기도 하다. 반면, UX 담당자가 있으면서 의뢰를 맡긴 경우는 대부분 일손이 부족해서이다. 자료 조사나 UI 문서작업과 같은 비교적 재미없는 단순 작업을 하게 될 가능성이 높다. 필자의 경우에도 여러 프로젝트가 겹쳐 감당이 안 될 상황이 되면 기획안이나 키스크린은 직접 작업하고, 배포할 UI 문서를 정리하는 작업을 맡기는 편이다.

에이전시를 고를 때는 다양한 경험을 쌓으며 UX 컨설팅으로 성장하고 싶은지 혹은 경력과 포트폴리오를 쌓아서 인하우스를 목표로 하고 싶은지에 따라 선택이 조금 달라질 수 있다. 에이전시의 포트폴리오를 보면 어떤 업체들의 업무를 수행했는지 볼 수 있는데, 대기업과의 업무가 많은 곳은 규모가 있는 편이다. 인하우스에서 에이전시를 선택할 때는 인력이나 자산 규모가 일정 수준 이상이어야 계약 체결과 예산 편성 시에 승인을 받을 수 있기 때문이다. 가끔은 프리랜서와 잠시 작업해도 끝낼 수 있는 업무 수준임에도 불구하고 시스템적으로 승인이 불가능하다 보니, 복잡한 절차를 밟아 업체와 계약을 해야 해서 불편한 경우도 많다. 포트폴리오를 수행한 연도도 잘 살펴야 한다. 에이전시는 인력의 이동이 비교적 잦은 편이다 보니 좋은 멤버로 구성되는 시기가 있어서 그렇지 않은 시기와의 격차가 큰 편이다. 에이전시에 하는 의뢰는 대부분 단발성이기 때문에 포트폴리오로 올라와 있다고 해서 지금도 그 회사들과 계약하고 있을 거라고 보기는 어렵다. 그래서 수년 전의 포트폴리오는 큰 의미가 없고, 최근 자료들을 위주로 살펴보고 선택해야 한다.

UX 컨설팅으로 자리를 잡고 싶은 경우도 마찬가지이다. 멋진 포트폴리오를 보고 그 밑에서 일하며 열심히 배우고 싶은 마음에 입사했더니 그때의 멤버들은 따로 회사를 차려 나가고, 지금은 신입사원들만 남아서 3년 차가 최고참인데 어떻게 해야 할지 모르겠다는 하소연을 들은 적도 있다. 일을 배우며 열정적으로 해보고 싶다면 최근 1~2년 동안 활발하게 활동하는 곳을 선택해야 한다. 아마도 워라밸은 포기해야 하겠지만, UX에 처음 발을 들이는 신입이라면 나쁘지 않은 선택이라고 생각한다. 일을 배우고 싶은 입장에서 지양해야 할 에이전시라면 박리다매 방식의 업체가 아닐까 싶다. 저렴한 가격에 서비스를 만들어 주는 에이전시는 나름 좋은 비즈니스 모델BM이라고 생각하지만, 정해진 템플릿으로 비슷하게 찍어내는 방식이기에 저렴할 수 있는 것이다. 일의 처리는 빨라질 수 있어도 UX 기획이나 UI 설계 노하우 등을 배우기에는 부족할 수 있다.

정리하면 대기업과 주로 업무를 하는 에이전시는 어느 정도 규모가 있는 편이어서 비교적 안정적이고 UX만 있기보다 개발팀이나 디자이너도 함께 있는 경우가 많아서 자체 서비스를 운영하는 곳도 있다. 그러다 보니, 다른 분야의 사람들과 협업하고 커뮤니케이션하는 법을 배울 기회도 생긴다. 다만, 대기업으로부터 맡는 의뢰는 신규 기획이나 서비스 설계보다는 파견 형태의 단순 작업일 가능성이 높다. 반면, UX 컨설팅을 주로 하는 에이전시의 경우에는 업무 수주가 되지 않으면 곧바로 수입이 없는 상태가 되기 때문에 고용의 불안정이 있을 수 있고, 서비스를 만들어서 납품하고 나면 끝이기 때문에 전반적인 서비스 프로세스나 운영 및 관리 등에 대해 배울 기회는 비교적 적다. 하지만 아이디어를 내거나 새로운 기획을 제안하고 만들어 내는 과정을 치열하게 하는 편이어서 여러 일에 치여 깊이 생각하고 논의할 겨를이 없는 인하우스보다 오히려 배울 점이 많을 수도 있다.

http://www.gdweb.co.kr/sub/agency.asp

순위가 아주 정확하지 않고, UX와 디자인 업체가 혼재되어 있기는 하지만 현재 활발하게 활동하고 있는 에이전시들을 볼 수 있다. 에이전시들의 포트폴리오도 함께 볼 수 있으니 참고하자.

4부

UX/UI
실무 프로젝트

11 무인 매장 프로젝트

12 UI 문서 작업

11

무인 매장 프로젝트

무인 매장 프로젝트는 필자가 현업에서 진행했던 실제 프로젝트이다. 본문에 기재한 일정이나 진행 순서도 실제에 기반한 내용이다. 앞서 설명한 프로젝트 준비부터 UX/UI 기획에 이르기까지 현업에서 실제로는 어떻게 적용되거나 생략되는지 그리고 인하우스와 에이전시의 협업이 어떤 식으로 이루어지는지 알아보는 기회가 되길 바란다.

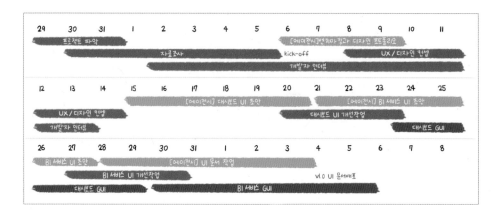

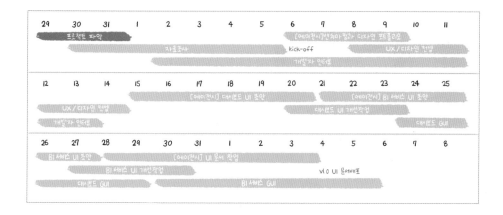

1. [D+0] 7월 29일(월) 프로젝트 파악하기

무인 매장 프로젝트의 UX 작업 요청을 받았다. 우리도 드디어 아마존 고Amazno GO를 만드는 건가. 예전부터 관심이 있던 아이템이었는데 마침 잘 됐다고 생각하며 PLProject Leader이 보낸 메일을 열었다.

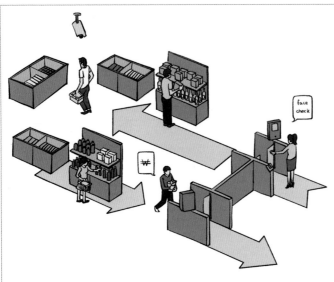

- 입장 시: 얼굴 인식 + 결제 카드 정보 입력

- 퇴장 시: 얼굴 인식 + 자동결제

이렇게 시범 매장 운영 중이고, 고도화 프로젝트로 아래 내용 추가하고자 함.

   1. 점주를 위한 매장관리용 웹/앱 서비스

   2. BI 서비스: 성별/나이, 재방문율, 방문객 수, 실시간 재고 및 결제 현황 등

   3. 점주가 원하는 대로 유/무인 전환 운영 (ex. 낮에는 유인, 밤에는 무인으로 전환)

정리해 보면 점주에게 매장 현황과 BI 서비스를 제공하는 서비스를 만들어 달라는 내용이었다. BP^{Business Partner}는 이미 계약이 완료되어 다음 주 화요일에 만나기로 한 상태이고, 개발 일정은 10월 말로 잡혀있다.

BP^{Business Partner}는 이미 계약이 완료되어 다음 주 화요일에 만나기로 한 상태이고, 개발 일정은 10월 말로 잡혀있다.

3개월 만에 서비스를 만들라니... 아직 시작도 안했는데 벌써 머리가 아파온다.

시범 매장을 운영 중이라는 걸 보니 단순한 PoC^{Proof of Concept} 수준은 아닌 것 같고, 데모인지 양산품을 만드는 건지 우선 확인해 볼 필요가 있어 보인다. 데모라면 기존 편의점이나 마트 업체들의 관심을 끄는 것이 주요 목적이니 디자인이 더 우선시되어야 하고, 양산

품이면 점주의 편의성이 최우선되어야 하니 UI에 더 신경을 써야한다. 업체 미팅 전에 방향성을 확실히 해야 가이드를 줄 수 있어서 확인차 PL에게 회신을 보냈다.

안녕하세요, PL님.

프로젝트 콘셉트 목표를 조금 더 명확히 알고 싶습니다.

1. 좌측: PoC. 홍보 및 유치 목적

2. 우측: 양산. 편의성 위주의 현실적 서비스

좌측은 전시효과도 있고, 시선은 끌 수 있지만 실제 사용 시엔 불편함이 있습니다. 예를 들어, 상품 재고 관리 화면에서 음료 사진들만 갤러리 방식으로 있으면 예쁘게 보이지만, 가격/재고/판매 수량 등의 정보를 넣기 시작하면 우측과 같은 현실 화면이 됩니다. 실시간으로 정보를 가져오는 로딩 속도도 고려할 필요가 있고요.

좌측처럼 어느 정도 여백이 있어야 디자인이 좋아 보이기 마련인데, 그러려면 뎁스를 늘려야 합니다. 첫 인상이나 홍보 이미지로 쓸 수 있을 정도로 보기엔 좋지만 사용감은 좀 불편해 집니다.

둘 다 장단점이 있어서, 서비스를 홍보하고 협력업체를 유치하는 게 우선이면 조금 불편해도 홍보효과가 있는 좌측을 추천하고, 점주의 편의성이 우선이거나 넣어야 할 기능이 많고 바로 양산해야 하는 단계이면 우측을 추천합니다. 업체 미팅 전에 큰 방향성을 먼저 잡아야 하니 원하시는 방향을 알려주시면 그에 맞춰 진행하도록 하겠습니다.

문의 주신 내용에 대한 회신 드립니다.

기능 리스트는 아래와 같습니다.

1) 지점/사용자 로그인 화면

2) 현재 공간의 사람 계수

3) 판매 물품 리스트 및 매출 수

4) 사후 대응 상품 검수 (미결제 상품을 추후 점주가 결제 요청할 수 있는 기능)

5) 실시간 재고 관리

사람 계수 같은 부분은 좌측 디자인 쪽에 포커스 되는 것이 맞을 것 같고, 점장이 직접 사용하는 기능은 우측 UI가 더 맞을 것 같습니다.

해석해 보자면, 아마도 이런 기능들이 필수적으로 들어가야 하는데 디자인도 좋았으면 좋겠고, 점장도 편해야 하니 알아서 잘 만들어 달라는 뜻인 것 같다.

메신저로 다시 한번 물어보니 얼굴 인식과 제품 영상 인식 기술을 기반으로 무인 매장을 만들려 하는데, 아직 구체적인 사양은 정해지지 않은 상태였다. 당장은 데모가 목적이지만 유치가 성사되면 바로 양산화해야 하니 데모만을 목적으로 할 수도 없었다. UX/UI만 3개월 진행해도 모자랄 것 같은데, 개발 기간까지 3개월이라니 난감하다.

이렇게 일정이 촉박할 때는 어느 BP를 만나는지가 정말 중요하다. 경험이 적은 BP를 만나면 손발 맞추느라 초반 작업 시간을 다 허비하기 때문에 3개월은 절대 불가능하다. 일단 비슷한 서비스를 개발해 본 경험이 있는 BP와 함께 한다고 하니 그나마 안심은 되지만, PoC나 데모는 보이는 디자인이 중요한데 개발이 메인인 BP라고 해서 걱정이 앞선다.

일단은 BP와의 미팅까지 1주일이 남아 있으니 자료 서치와 미팅 때 요청할 내용을 정리해 봐야겠다.

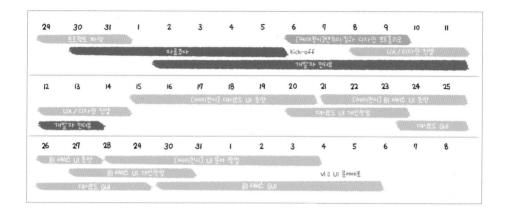

1. [D+7] 8월 5일(월) 자료 조사

지난 1주일간 무인점포 관련 현황을 살펴봤다. 벤치마킹, 콘셉트 빌딩, 사용자 조사는커녕 당장 10월 말까지 완성해야 하는데 예산도 시간도 없다. 준비 없이 BP와의 킥오프 미팅을 나갔다가는 인사만 나누고 돌아오게 될 게 분명하니 1주일 내내 미친 듯이 자료 찾고, 기사 읽고, 그동안 진행된 기술 자료를 들춰보며 손에 잡히는 대로 보고 또 봤다. 사실 이럴 때는 UX팀으로 협업하기보다 혼자 한다는 게 다행이다 싶기도 하다. 팀원 간에 싱크sync를 맞추기 위해 자료를 공유하는 시간조차 아까우니 말이다.

1-1. 무인 매장 현황

조사한 내용을 간단히 정리해 보면, 아마존 고는 매장 안에 있는 수십 대의 카메라를 통해 고객 동선을 파악하고, 물건을 인식하는 등 매우 이상적인 형태이기는 하다. 그러나 운영 및 설치 비용이 많이 들어 그야말로 PoC일뿐 아직은 널리 상용화할 수 있는 단계는 아니었다. 국내에도 편의점 수준의 무인 매장이 몇 군데 있다. 물건을 집어 들어 올렸을 때

센서로 파악해서 결제하는 곳, 나갈 때 고객이 자율적으로 결제하는 곳, 자판기 형태로 운영하는 곳 등이 있었다. 나름의 장단점이 있다. 첫 번째, 센서로 파악하는 곳은 고객이 물건을 들어서 제자리에 놓지 않으면 결제가 되어 버린다. 또한, 물건이 적당한 간격으로 잘 정렬되어 있어야 해서 공간 활용이 비효율적이다 보니 많은 물건을 진열하는 편의점보다는 어느 정도 가격대가 있는 상품의 진열에 더 적합해 보였다. 두 번째, 고객이 자율적으로 결제하는 곳은 아이스크림 무인 매장에서 많이 볼 수 있는 형태이다. 도난 발생 여부를 확인하기 어렵고, 도난이 발생해도 범인은 잡기 힘들기 때문에 유인으로 운영했을 때 드는 인건비보다는 도난을 감수하는 비용이 적게 든다고 산정해서 저가 상품 위주로 판매하는 경우이다. 마지막으로 자판기 형태의 매장은 기존 자판기 기능을 확대해서 다양한 물품을 일괄 결제할 수 있도록 하고 온수나 전자레인지를 제공하는 것이다.

그렇다면 무인 매장은 어떤 방향으로 가는 게 맞는 것일까? 이번 프로젝트는 얼굴 인식과 영상 분석으로 냉장고 안 물건을 파악하는 걸 선보이는 게 목적이다. 하지만 얼굴 등록도 고객에게는 분명 거부감이 있을 것이고, 물건을 매대에 늘어놓는 것이 아니라 냉장고 안에 넣어 두어야 한다는 것도 자판기와 뭐가 다른가라는 생각이 들기도 한다. 이 부분은 기술 로드맵을 확인해 보고, 당장은 이 정도 수준으로 진행하더라도 다음 단계에 대한 제안 작업도 고민해 봐야 할 것 같다.

1-2. 기술 현황

대략적인 무인 매장 수준을 살펴봤으니, 이번엔 기술 현황을 검토해 볼 차례이다. 우선 이번 프로젝트에서는 냉장고마다 설치된 카메라로 영상 분석을 해서 고객이 꺼내거나 돌려놓은 제품을 알 수 있다고 했다. 얼핏 생각해도 새로운 제품이 나올 때마다 데이터를 업데이트해야 하고 설치 비용도 만만치 않을 텐데 하필 왜?라는 의문이 들었다. 이럴 때는 삽질 방지를 위해 의문을 묻어두고 무조건 진행해야 하는 프로젝트인지 아니면 다른 방법을 제안해도 되는지를 먼저 파악해야 한다. 의문 해결을 위해 기술 PL에 알아보니, 이번 프로젝트는 기존 편의점이 타깃인데, 매장 일부분만 점주가 원할 때 무인으로 전환해서 이용하되 설치비용을 최소화해야 한다고 했다. 그런 의미에서 무게 센서는 매장의 전반적인 리모델링이 필요하고 철수 및 재활용 시 비용과 시간이 많이 든다. 또한 물품마다 태그 센서를 붙이는 방법은 비용적으로 배보다 배꼽이 더 크기 때문에 어려웠다. 무엇보다도 프로젝트 주체가 AI 영상 기술 관련 부서이니 일단 수단에 대해서는 더는 고민할 것 없이 '영상 분석으로 고객과 상품을 파악한다'라는 주제는 바꾸지 않기로 했다.

1-3. 얼굴 인식 기술 현황

다음 주요 기술인 얼굴 인식은 제대로 조사할 시간이 없으니 일단 인용 논문과 최근 논문들을 살펴봤다.

Biometrics	Universality	Uniqueness	Permanence	Collectability	Performance	Acceptability	Circumvention
Face	high	low	medium	high	low	high	low
Fingerprint	medium	high	high	medium	high	medium	high
Hand Geometry	medium	medium	medium	high	medium	medium	medium
Keystrokes	low	low	low	medium	low	medium	medium
Hand Vein	medium	medium	medium	medium	medium	medium	high
Iris	high	high	high	medium	high	low	high
Retinal Scan	high	high	medium	low	high	low	high
Signature	low	low	low	high	low	high	low
Voice Print	medium	low	low	medium	low	high	low
F.Thermogram	high	high	low	high	medium	high	high

2000년: 수집이 쉬우나 신뢰도가 낮음

Table 2: Comparison table of all biometrics[1]

Biometrics	Accuracy	Cost	Size of template	Stability	Security level
Finger print	Medium	Low	small	Low	Low
Facial recognition	Low	High	Large	Low	Low
Voice recognition	Low	Medium	Small	Low	Low
Iris scan	High	High	Small	High	Medium
Finger vein	High	Medium	Medium	High	High
Hand Geometry	High	Medium	small	Medium	Medium
Retina	High	High	small	Low	medium
Signature	Medium	Low	Medium	Low	Low

2014년: 정확도가 낮고 가격이 낮음. 신뢰도 낮음

Feature	Fingerprint	Palmprint	Retina	Iris	Face	Vein	Voiceprint
Ease of Use	High	High	Low	Medium	Medium	Medium	High
Accuracy	High	High	High	High	High	High	High
Cost	High	Very High	Very High	Very High	High	Very High	Low
User Acceptance	Medium	Medium	Medium	Medium	Medium	Medium	High
Remote Authentication	Available	Available	Available	Available	Available	Available	Yes
Mobile Phone Collection	Partly Available	Yes	Available	Available	Yes	Available	Yes

2017년: 편의성은 그저 그렇지만 비용이 높고 정확도 높음

딥러닝 기술이 발전하며 정확도가 획기적으로 높아진만큼 고성능 카메라 사용으로 비용은 커졌다. 코로나 사태 이후로는 마스크 착용 데이터가 쌓이며 어느 정도 얼굴을 가렸을 때의 인식률도 높아졌다고 한다. 일단 얼굴 인식률에 대해서는 크게 염려하지 않아도 될 수준인 것 같다. 양산화 프로젝트에서는 카메라 가격이 천 원, 이천 원 차이만 나도 경쟁력이 떨어진다고 하는 마당이니, 카메라 대수를 늘리는 방향의 기획 제안은 무의미하겠다는 부분을 체크해 뒀다.

얼굴 인식으로 알 수 있는 데이터는 성별과 나이, 기분 정도라고 한다. 사실 관상을 볼 것도 아니고 얼굴에서 더 이상 나올 게 뭐가 있을까 싶기도 하다. 문제는 '얼굴 인식을 통한 BI 서비스 제공'이라는 타이틀이 프로젝트의 목표로 잡혀 있다는 것인데, 수십년 전부터 전시

회마다 단골로 등장하던 아이템을 UX로 차별화 해야 한다니 답답하다.

이런 상황에 자괴감과 회의가 몰려온다. 조사하고 기획할 시간도 없을뿐더러 이미 개발도 어느 정도 진행해 버려서 콘셉트 잡을 여지도 없고, 쓸 수 있는 재료들도 없는 상황에 UX 는 너무너무 중요하다고 하니 더 걱정이다.

2. [D+8] 8월 6일(화) 에이전시 킥오프 미팅

에이전시와 킥오프 미팅은 늘 긴장된다. 어느 BP를 만나는지에 따라 고생지수가 천차만별 로 달라지기 때문이다. 안타깝게도 고생한다고 해서 결과물의 퀄리티가 잘 나오는 것도 아 니다. 표면적으로는 이번 프로젝트 잘 진행해 보자는 의미로 인사하고 명함을 교환하는 자 리이지만, 실무 담당자끼리 첫 대면과 동시에 서로를 탐색하는 자리이기도 하다. 보통은 킥오프 미팅 후에 각자 연구하고 검토하는 시간을 갖지만, 한 주는커녕 하루도 아까운 일 정이라 BP에게 두 가지를 바로 요청했다.

- 함께 진행하기로 한 디자인팀 포트폴리오
- 매장 관리 관련 서비스(web/app), BI 서비스 벤치마킹

이번 프로젝트는 특히 디자인팀을 잘못 만나면 정말 답이 없을 것 같아서 함께 진행하기 로 한 디자인팀의 포트폴리오를 먼저 받아보고 진행 방향성을 고민해 보기로 했다.

두 번째로 요청한 벤치마킹 자료는 어떤 프로젝트이든 간에 BP를 처음 만났을 때 반드시 요청하는 사항이다. BP 담당자들도 이제 막 프로젝트를 접했을 테니 어느 정도 연구할 시 간이 필요하기 때문이기도 하지만, 자료를 받아 보면 그간 조사한 것 이외의 정보들을 얻 을 수 있어서 아무리 급한 프로젝트이더라도 1주일 정도는 갖고 시작한다. 이 단계에서는 시간이 짧으니 굳이 형식에 구애받지 말고 가능한 많은 자료를 수집해 달라고 요청한다. 다양한 BP와 함께 일해 보니 사실 벤치마킹 자료만 봐도 담당자의 성향이나 경력이 짐작 가기도 한다.

그야말로 구글링 심지어 녹색 창에 검색 몇 번으로 이미지 긁어오는 담당자도 있고, 신뢰성을 찾아볼 수 없는 개인 블로그 사담이 출처인 경우도 있다.

잘 정리된 자료는 대충 자료를 붙인 듯해 보여도, 어느 정도 섹션이 나뉘어 있고 출처가 뉴스 기사부터 논문이나 보고서까지 다양하다. 그야말로 상부 보고에 가져다 써도 될 만한 자료를 모아서 보내 준다. 그리고 자료를 전반적으로 보면 어떤 흐름으로 조사가 되었는지 알 수 있고, 간혹 중요한 부분에 표시를 해 두거나 의견이나 제안을 남겨두는 훌륭한 경우도 있다.

3. [D+11] 8월 9일(금) 벤치마킹과 디자인 포트폴리오

BP에게 요청했던 자료들을 보내왔다.

3-1. 벤치마킹

이번 프로젝트에 필요한 요소들로 기준을 잡아 정리한 벤치마킹 자료들이다. 3일 만에 이 정도로 정리했다는 건 경험도 있고, 뭘 해야 하는지 잘 알고 있다고 볼 수 있다. 아쉬운 점이라면 얼굴 인식과 영상 분석, 무인점포 사례를 더 보고 싶었는데, 자료가 UI 표현 방법 정도로 제한되어 있다는 정도였다. 일단 이번 프로젝트를 혼자서 다 해야 하는 불상사는 피한 것 같아서 정말 다행이다.

Main 구성

대상 서비스:
결제 서비스 Easy shop, 제로페이 가맹점용, 피카 매장관리 및 개인 가계운영 서비스인 비주얼 가계부

벤치마킹 요소:
모든 서비스의 메인은 실시간 기준으로 수입/지출에 대한 정보를 기반으로 제공

시사점:
매장 운영 최 우선 정보는 실시간 매출 정보 부각 노출 필요

1) Easy Shop   **2) 제로페이**   **3) 피카 매장관리**   **4) 비주얼 가계부**

1. 오픈 서비스에서 메인 최 상단 배치는 당일의 매출(지출) 정보를 제공

2. 매장 포함 매장 내 설비 및 고객 체류 현황 정보 제공

세부 분석제공 데이터

대상 서비스 : 결제 서비스 Easy shop, 개인 가계운영 서비스인 비주얼 가계부

벤치마킹 요소:
- 매장 운영 중 발생한 매출 지표 혹은 가계 운영 중 발생한 수입/지출을 환경적 요인을 대입하여 다양한 정보 제공
- 수입/지출/예산 정보를 반영한 현재 자산 상태 분석하여 향후 운영 방안 제시

시사점:
발생된 매출의 발생 시간, 날씨, 성별 등 다양한 환경적 요인을 대입한 분석 지표 제공
단기간을 기준으로 매장 관리자의 매장 관리 포인트 정보 제공

1) Easy Shop   **2) 비주얼 가계부**

2. 시간 요일별 일별의 다양한 환경 요인

3. 사용자가 정의한 예산과 집계된 수입/지출을 분석하여 가계 관리 가이드 제공

운영현황관리

대상 서비스:
가구 내 전력 사용 관리 서비스인 한전 파워플래너, PC방 원격 운영 관리 서비스 피카 매장관리

벤치마킹 요소:
- 고객이 설치한 AMI를 기반으로 전력 사용 패턴 분석 정보를 제공으로 고객의 효율적인 전력 사용 유도
- 매장 운영 중 발생한 이벤트 알림 관리 및 매장 내 시설 이용 현황 모니터링 정보 제공

시사점:
- 매장 운영 효율성 강화를 위한 매장 내 유입/이탈 인원에 분석 및 설비의 효율 상태정보 제공
- 매장 운영 중 미결제, 설비 이상 감지 등 이벤트 발생 시 알림 메시지 제공

1) 한전 파워플래너   **2) 피카매장관리_이벤트관리**   **3) 피카 매장관리_좌석현황**

1. 전력 사용 패턴을 기반으로 전력 피크 타임 등의 지표를 기반으로 소비 효율 성 관리

2. 설정 기간 내 매장 내 변동 사항 발생 내역 및 발생 대상 정보제공

3. 조회 시점 기준 매장 내 체류 고객 및 설비 이용 현황 열람

반응형 UI(1/2)

대상 서비스 :
카카오 프렌즈, Reebok

벤치마킹 요소:
- 반응형 UI 반영 중 GNB의 경우 PC와 모바일 유형에 따라 최적화 된 GNB를 반영하고 컨텐츠는 동일하게 활용

시사점:
- device 유형에 따라 상단 GNB 영역에 최적화 된 기능 배치 및 GNB 제공

1) 카카오 프렌즈

2) Reebok

1. PC와 Mobile의 GNB를 독립적으로 구성

기타사례_ Infographics 요소

대상 서비스 :
기타 운영 대시보드

1. 각 카테고리별 주요 집계 현황 및 순위
2. 주요 지역별 분포 현황

3. 시간대별, 유입 경로별 통계
4. 제품별 구매 고객 점유율

기타사례_ Heat Map

대상 서비스 :
기타 Heat Map 적용 예시

1. 촬영된 매장 사진을 기준으로 집계된 혼잡율에 따른 정보 표기

5. 매장 도면을 기준으로 heatmap 정보 표기

5. 집계된 heatmap 좌표의 지표 분석 후 통계 로 제공

3-2. 디자인 포트폴리오

다음은 디자인 에이전시 – BP라고 하기도 한다 – 에서 보낸 포트폴리오를 살펴보니 PC 웹과 모바일 앱, 반응형 웹앱까지도 경험이 많아 보였다. 퀄리티도 포트폴리오만큼만 나와준다면야 이정도 예산으로는 더 바라는 게 욕심일 정도였다.

보통 디자인 에이전시의 포트폴리오를 볼 때 몇 가지 확인해야 할 부분이 있다.

- 프로젝트 기간: 창사 이후의 포트폴리오가 아닌 최근 1년간 포트폴리오를 봐야 한다. 물론 에이전시마다 다르지만, 디자이너 근속연수가 그리 길지 않은 곳이 대부분이다 보니 팀장이나 멤버 구성에 따라 퀄리티의 기복이 심한 편이다. 지금 잘하는 게 아니면 내 프로젝트에는 아무 도움도 되지 않는다.
- 유지보수: 간혹 '유지보수'라는 표현을 쓴 작업물이 있는데, 디자인은 초반에 다른 업체에서 진행하고 다음에 일부 수정하는 작업에 참여한 경우이다. 이런 작업은 디자인했다고 보기에는 애매한 면이 있어서 유지보수를 위한 프로젝트가 아니라면 거르고 볼 필요가 있다.
- 전반적인 콘셉트: 아이콘 스타일이나 서비스에 들어간 이미지 등 구성 요소가 포트폴리오마다 대부분 비슷하다면 템플릿을 가져다 쓰는 것 뿐인지 의심해 볼 필요가 있다. 물론 템플릿을 쓰는 것이 잘못된 것은 아니지만, 프로젝트 중반에 독특한 아이콘이 필요하거나 특별히 디자인해야 할 부분이 있어서 요청했을 때 참담한 수준의 결과물을 접하게 되는 경우도 있다.
- 기승전예산: 사실 디자인은 예산을 들인 만큼 나오기 마련이다. 예산이 많으면 디자인 인력이 많이 투입되고, BP들도 그만큼 신경 써서 퀄리티를 관리하기 때문에 잘 나올 수밖에 없다. 반면, 예산은 없는데 디자인은 좋아야 하는 경우라면 에이전시에는 미안하지만, 수십 번 당부하고 부탁하는 수밖에 없다.

이번 프로젝트의 경우에는 다행히도 UX 담당자나 디자인팀을 잘 만난 듯하니 바로 작업을 시작하면 될 것 같다. 시간이 넉넉하면 같이 아이디어 회의도 하고 의견을 나눌 수 있으면 좋겠지만, 일정이 촉박한 경우에는 명확히 방향을 제시하지 않으면 진척이 더뎌서 기간 내에 끝내기 어렵다. 일정을 맞추기 위해 수요일까지 UX와 디자인 방향을 정리해서 전달해 주기로 했다.

4. [D+15] 8월 13일(화) 개발자 인터뷰

개발 PL과는 꾸준히 연락을 주고받으며 기술 현황이나 상황을 묻고 사양 검토를 진행했다. 별다를 거 없이 계속 묻고 또 묻는 작업이다. 기기나 영상분석은 어떤 방식으로 돌아가는 건지, 가져다 쓸 수 있는 정보는 뭐가 있는지, 피해야 할 이슈는 없는지 등. 그러다가 아이디어가 떠오르면 구현이 가능한지를 묻고, 불가능하면 대안은 없는지 등을 의논하다 보면, 대략 어떤 형태로 화면을 구성할지 아이디어가 떠오른다. 그리고 개발 사양에 대해 주고받은 내용은 BP의 PL과 UX 담당자에게도 공유한다. 같이 알고 있지 않으면, 똑같은 아이템을 두고도 서로 다른 생각을 하게 되기 때문이다. 정말 괜찮은 BP는 메일 내용을 팔로우 업follow-up하다가 개인적으로 의견이나 새로운 아이디어를 보내주기도 한다.

개발자와의 인터뷰는 대면보다는 메일로 하는 편을 선호한다. 대면 미팅은 다른 사람과 내용 공유가 어렵고, 놓치는 것도 많다. 여러모로 서로 신세 한탄하고 한숨 쉬다가 끝나는 경우도 많다. 친목을 다지기 위해서는 필요하지만 일만 놓고 보면 그다지 효과적이지는 않다.

STEP3 UX 기획 – 콘셉트 정하기

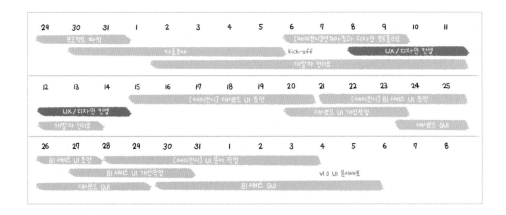

1. [D+16] 8월 14일(수) UX와 디자인 콘셉트
어느 정도 사전 조사를 마쳤으니 이제 BP가 UI 설계와 디자인 작업을 할 수 있도록 전반적인 콘셉트를 정리할 차례이다.

1-1. UX 콘셉트

가장 먼저 해야 할 작업은 산재한 사양들을 어떤 기준으로 묶어서 정리할 것인가이다. 이 서비스에서 가장 기본적인 요구사항 두 가지는 점주가 **현재 매장의 상태를 파악**할 수 있도록 하는 것과 장/단기적인 **매장 운영에 도움**을 줄 수 있는 BI를 제공하는 것이다.

01 매장 상태를 파악할 방법은 카메라를 통해 매장을 직접 육안으로 보는 것과 이상 상태나 재고 부족 등 눈으로는 볼 수 없는 상태를 텍스트나 인포그래픽Infographics으로 보여주는 방법이 있다.

02 CCTV와 상태 정보를 한 화면에서 볼 수 있으면 가장 좋겠지만, 서비스에 실시간 스트리밍streaming이든 재생VOD이든 영상을 넣을 때는 반드시 개발자와 협의를 우선 거쳐야 한다. 대용량 데이터가 오가는 작업이기 때문에 서버나 기기 연동, 속도, 비용 등 고려해야 할 항목이 많다. 사진도 영상보다는 덜하지만 같은 이유로 반드시 사전에 의논해야 한다.

03 이 서비스의 경우 가까운 시일 내에 CCTV를 연동해서 데이터를 제공할 가능성이 높지만, 일정 내에는 불가능한 것으로 파악되었다. 이럴 때는 일단 머릿속으로는 CCTV 연동이 가능한 사양까지 고려해서 기획해야 한다.

04 메인 화면인 대시보드dashboard 안에서 영상과 인포그래픽 모두를 보여줄 수 있을지 고민할 차례이다.

05 실시간으로 매장의 상태를 보여주는 대시보드에서 생길 수 있는 사용자 시나리오를 생각해 보면 카메라나 냉장고, 설비, 결제 상황 등 상황을 살펴보던 점주가 이상이 생겼을 때 선택해서 다음 단계depth로 넘어가게 된다.

06 텍스트나 인포그래픽을 선택했을 때는 간단한 팝업으로 띄워주거나 리스트 화면으로 넘어가면 되지만 CCTV 영상은 더 복잡하다. 실시간 영상도 봐야 하고, 미결제나 도난 등이 발생하면 해당 시점으로 영상을 돌려서 재생해야 하기 때문이다. 여러 개의 영상을

함께 돌려보거나 캡처하는 등 사실 CCTV만으로도 하나의 서비스가 될 정도의 규모이기 때문에 대시보드에만 담기는 어렵다.

07 이러한 사항을 고려해서 서비스 메뉴 트리 중 최상단에 위치할 메뉴를 다음 4가지로 정했다.

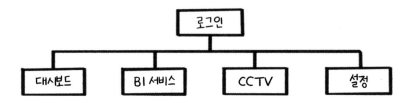

- 대시보드: 매장의 실시간 현황 정보
- BI 서비스: 장/단기적인 데이터 수집과 분석을 통해 매장 운영에 도움을 줄 수 있는 서비스
- CCTV: 매장 내 실시간/녹화 영상 확인(일정 내 구현 불가하지만, 데모 시 프로모션을 위해 탭을 만들어 노출시키고 선택불가(disabled) 처리함)
- 설정: 기기 관리, 재고 설정, 로그인 관리 등

1-2. UX 콘셉트: 대시보드

원칙대로라면 한 번에 4개 메뉴를 작업하면서 겹치는 건 없는지, 보완할 부분은 없는지 등을 고려해야 한다. 일부를 작업해서 디자인과 개발에 먼저 배포하면 나중에 다른 메뉴를 작업하다가 구멍을 발견했을 때 돌이키기 어렵기 때문이다. 4개의 메뉴 작업이 모두 끝났을 때 v1.0 UI 문서를 배포하는 것이 정석이지만, 이번 프로젝트는 시간이 절대적으로 부족하기 때문에 그렇게 했다가는 일정을 도저히 맞출 수 없다. 3개월 일정 중 적어도 2/3는 개발과 QA 기간으로 가져가야 하니, 기획과 디자인은 1달 안에 끝내야만 한다.

다행히 CCTV 메뉴 하나는 사라졌고, 대시보드와 BI 서비스는 성격이 전혀 다른 서비스라서 엮이거나 중복될 가능성이 낮기 때문에 대시보드 작업을 먼저 시작해서 디자인 작업을 넘기고, 그 사이에 BI 서비스 메뉴 기획 작업을 진행하기로 했다.

01 대시보드에서 보여줘야 할 주요 항목들을 먼저 나열해 보면 아래와 같다.

- 무인/유인 모드 선택
- 매장 선택: 점주가 여러 개의 매장을 가지고 있는 경우
- 각 냉장고 재고 상태: 재고의 부족이나 품절 시 알림
- 상태 이상: 냉장고나 장비들에 이상 발생 시 알림
- 매출 현황: 결제된 금액
- 미결제 현황: 결제 이상이나 도난 발생 금액

02 자료조사를 통해 점주들의 니즈를 파악해 보니, 매장에 들어온 사람 중 얼마나 실제 구매로 이어지는지 알고 싶어 했고, 무인 매장에 청소년이나 노숙자의 장기체류를 방지하고 싶어 했다.

- 구매율: 방문객 대비 실제 구매자
- 혼잡도: 매장의 혼잡 정도
- 장기체류자: 필요 이상으로 매장에 체류하는 인원 유무

03 확장성을 고려하기 위해 추가 가능성이 있는 항목들도 함께 살펴봐야 한다.

- 실시간 CCTV 영상
- 냉장고 외의 장비: 매대, 카메라, 설비 등

04 이러한 항목들은 앞서 개발자 인터뷰 단계에서 충분히 검토를 마친 상태여야 한다. UX 콘셉트 기획에 반영한다는 것은 일정 내에 개발이 가능하다는 확답을 받았다는 의미이다.

05 예를 들어, 장기체류자를 어떻게 판단할 것인지 생각해 보면 이 무인 매장은 출입 시에 얼굴과 카드 정보를 확인하고, 퇴장 시에는 얼굴을 확인해서 구매한 물품이 있으면 자동으로 카드 결제가 진행된다. 입장한 지 오랜 시간이 지났는데도 퇴장하지 않으면 장기체류자로 판단하면 된다고 간단히 생각할 수도 있겠지만, 그리 간단한 문제는 아니다. 입장할 때 신원 확인을 해서 문이 열리면 그 한 명만 입장하는 게 아니라 그룹을 지어 한꺼

번에 입장할 수도 있기 때문이다. 매장에 고의로 신원 확인 없이 꼬리물기로 입장하고자 하면 현재로서는 막을 방법이 없다.

06 혼잡도도 시스템적으로 입장한 인원이 아니라 매장 내 실제로 입장한 인원을 계수counting 할 필요가 있다. 그렇기 때문에 장기체류자와 혼잡도를 알기 위해서는 영상분석 카메라가 설치되어야 한다.

07 PL과 논의 끝에 매장 내 CCTV에 사람 인식 및 계수counting 알고리즘을 적용해서 사람 수를 알 수 있도록 하기로 했다. 개인 정보 보호때문에 임의로 얼굴 정보를 저장할 수는 없고 임시로 tag를 달아 입장/퇴장 여부를 확인하는 것인데, 그렇게 하면 매장 내에 몇 명이 남아있는지 알 수 있어 장기체류자와 혼잡도를 표시할 수 있다.

08 이 사양들을 어떻게 표현할지 고민할 차례이다. 정보들을 구체적으로 배치하고 설계하는 것은 UI 기획에서 할 작업이고, UX 기획 단계에서는 전반적인 구성과 표현 방법에 대한 가이드를 제시해야 한다.

09 장비나 카메라 영상들을 표시할 때, 단순하게 리스트로 나열하는 경우가 대부분이다. 작은 매장이라면 파악이 어렵지 않지만, 매장이 커질수록 CCTV의 영상도 비슷하고 카메라 이름만으로는 위치 파악이 어려워진다. 특히 영상이 아닌 장비들은 이름과 번호만 보고 어디에 설치된 것인지 파악해야 하는데 작은 매장조차도 쉽지 않은 일이다.

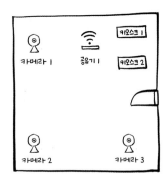

10 가장 효과적인 방법은 매장의 도면을 깔아두고 카메라나 장비를 배치mapping 시켜주는 것이다.

11 보통 서비스에 매장 도면을 깔아 달라고 하면 개발자는 듣자마자 못한다고 한다. 개발자가 생각하는 도면은 별도 엔진을 이용해서 구현해야 하는 3D 지도이기 때문에 그렇게까지 하지 않아도 된다는 것을 설명하고 구현할 방법까지 마련해서 설득해야 한다.

12 도면의 경우 반드시 고려해야 할 것은 확장성이다. PoC나 데모는 그 부담이 덜한 편이지만, 상용화 서비스인 경우에는 유지보수 항목 하나하나가 비용과 직결되기 때문에 신중하고 꼼꼼하게 살펴봐야 한다. 예를 들어, 서비스 중인 매장이 손에 꼽을 정도라면 좀 귀찮아도 직접 대응해 줄 수 있지만, 매장의 수가 많아지면 이슈가 많아지고 종류도 다양해진다. 매장이 추가돼서 도면이 새로 필요할 수도 있지만, 기존 매장의 매대 배치를 새롭게 바꿀 수도 있고 냉장고를 추가로 설치할 수도 있다. 수백, 수천 개의 매장에서 수시로 발생하는 변화에 인력과 시간을 낭비하지 않기 위해서는 반드시 서비스가 성장한 이후에 벌어질 수 있는 상황에 대해 미리 생각하고 고민해야 한다.

13 추가나 변경 요청이 들어올 때마다 매장 도면을 디자인해서 제공할 수는 없기 때문에 점주가 쉽게 이미지를 넣고 수정editing할 수 있어야 한다. 적어도 휴대폰 카메라로 대충 매장 설계도면을 찍어 넣을 수 있을 정도의 편의성을 제공해야 한다는 것이다.

14 편의성도 중요하지만, 식상하고 지루한 대시보드 화면에서 벗어나기 위해서라도 매장 도면은 반드시 넣을 필요가 있었다. 일단 사용자가 이미지를 넣고, 그 위에 장비 리스트에 있는 아이템을 끌어와 배치하는 것까지는 개발이 가능한 것으로 확인했다. 다만 당장 3개월 뒤에 수정할 수 있는 UI까지 개발은 어려우니 개발팀과 의논해서 단계phase를 나눠 우선은 데모용으로는 미리 넣은 이미지를 사용하고 1차 배포 후에 설정 탭에 수정 UI를 넣기로 했다.

15 메인 화면인 대시보드에서 시선을 끌 수 있는 장치를 마련했으니, 이제 나머지 정보들을 분류해서 배치하면 된다. 도면 위에 직접 표시할 냉장고 상태를 제외하고 나머지를 그 성격에 맞게 분류해 주는 것이다. 우선 데이터의 형태를 살펴본다.

- 무인/유인 모드 선택 (토글toggle 버튼이나 드롭다운 메뉴)
- 매장 선택: 점주가 여러 개의 매장을 가지고 있는 경우 (드롭다운 메뉴)
- 각 냉장고의 재고 상태: 재고의 부족이나 품절 시 알림
- 상태 이상: 냉장고나 장비들에 이상 발생 시 알림 (리스트)
- 매출 현황: 결제된 금액 (금액 표시)
- 미결제 현황: 결제 이상이나 도난 발생 금액 (금액 표시)
- 구매율: 방문객 대비 실제 구매자 (인원, 퍼센트(%) 표시)
- 혼잡도: 매장의 혼잡 정도 (인원, 퍼센트(%) 표시)
- 장기체류자: 필요 이상으로 매장에 체류하는 인원 유무 (인원)

16 표현 형태만으로도 어느 정도 구분이 되는 것을 볼 수 있다. 표현 형태가 같은 것만으로 같은 그룹으로 분류할 수는 없지만, 대체로 표현 방법이 같은 것은 유사한 종류의 데이터인 경우가 많다. 물론 처음부터 이렇게 똑 떨어지게 구분되지는 않는다. 자료조사와 개발자 인터뷰를 하는 동안 분류하고 정리하는 작업을 계속해서 하다 보면 UX 기획 정리 단계에서는 쉽게 그룹을 나눌 수 있다.

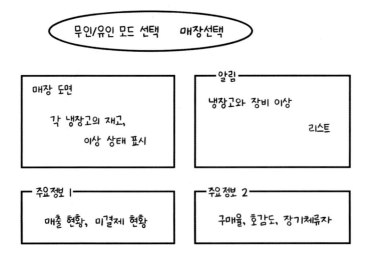

17 이제 묶은 그룹에 간단히 구분할 수 있는 이름을 붙여 준다. 이 그룹은 키스크린 UI 작업을 할 때 화면 내 영역의 이름이 되기도 한다.

18 텍스트로만 전달하면 BP에서 혼란에 빠질 수 있으니, 다듬고 설명을 첨부해서 이 콘셉트를 기준으로 대시보드 키스크린 UI 작업을 시작해 달라고 요청했다.

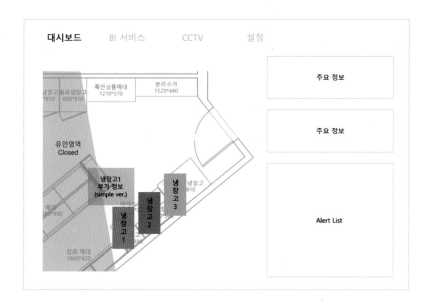

1-3. 디자인 콘셉트

보통 UX팀과 GUI(디자인)팀이 따로 있지만 이번 프로젝트에서는 혼자 UX와 GUI(디자인) 업무를 수행하려니 신경 쓸 일이 두 배로 늘었다. 나름의 장단점은 있다. 예전에는 디자인이 마음에 안 들어도 소관 밖의 일이니 아무 말도 할 수 없었지만, 지금은 의견을 제시할 수 있는 대신 책임지고 챙겨야 할 일이 많아졌다. 일반적으로 디자인 작업에 착수하면 프로젝트의 디자인 콘셉트부터 잡는데, 색상과 느낌 – 예를 들면 도시적인, 내츄럴한natural, 메탈릭한metallic 등과 같은 – 에 대한 시안을 몇 가지 보내오고, 그중에 선택하는 과정을 거친다. 더 나아가서는 폰트나 색상에 대한 시안도 필요하기 때문에 이 작업 과정을 줄일 수 있도록 가이드를 정해주면 훨씬 빨리 다음 단계로 넘어갈 수 있다.

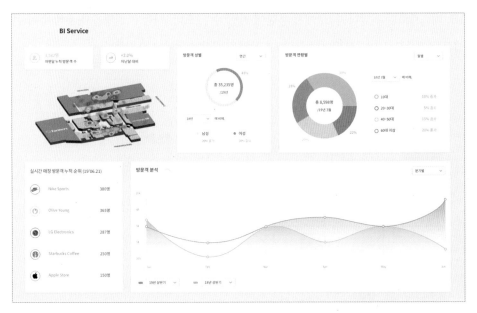

디자인 Look&Feel 참고 이미지

참고용으로 작업한 Look&Feel을 디자인 BP에게 전달했다. 색상과 폰트 가이드는 회사에서 최근에 리뉴얼한 서비스를 기준으로 잡고, Color Set과 폰트 타입/크기 Set를 구해서 전달하면 디자인 초반 작업 시간을 아낄 수 있으니 겨우겨우 일정에 맞춰볼 수 있을 것 같다.

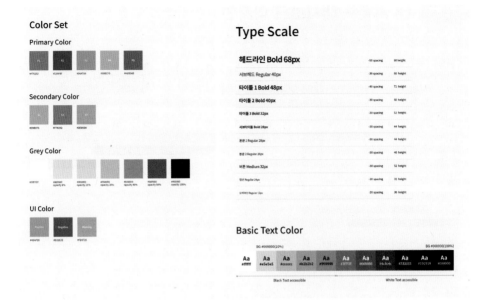

Color Set/폰트 Set

디자인 가이드를 전달한 후 시각적 퀄리티가 중요한 데모 프로젝트이니 추가로 UX와 디자인에 몇 가지 희망사항을 전달했다.

- 매장 도면상 정보와 우측 알람 리스트상 정보가 유기적으로 표현되도록 한다(ex. 알람에 마우스를 올리면, 도면상의 어느 냉장고인지 표시가 되도록). 컴포넌트 간의 연동은 놓치는 경우가 빈번하고, 뒤늦게 연동하려면 개발에서 난감해 하니 초반에 잘 챙겨둬야 한다.

- 그래프나 이미지화된 데이터가 여러 개 들어가는 것보다는 몇 가지로 최소화하고 대신 인포그래픽이나 자연스러운 이미지 전환 효과로 퀄리티를 높일 수 있도록 한다.

- 피드백이 빠짐없이 적용될 수 있도록 한다. 스크롤 속도까지도 신경 써서 부드럽게 움직이도록 하는 서비스가 있는가하면 어떤 서비스는 버튼을 눌러도 아무런 피드백이 없다. 사소한 것 같지만, 이 사소함이 그 서비스의 퀄리티를 결정하기 때문에 초반에 꼭 챙겨야 한다.

두 달은 걸려야 할 일을 보름 만에 진행하자니 시간이 어떻게 지나갔는지도 모르겠다. 일단 BP가 일을 시작할 수 있도록 급한 불은 껐으니, 키스크린을 보내오기로 한 20일까지 한숨 돌리면서 BI 서비스쪽 사양을 정리를 시작해야겠다.

STEP4 UI 기획 – 대시보드 디자인

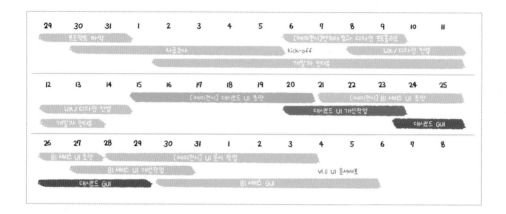

1. [D+22] 8월 20일(화) 대시보드 UI 초안

1주일 전에 전달한 UX 기획에 맞춰 BP가 키스크린을 보내오기로 한 날이다. 오후 4시 25분. 아마도 일정 내에 최대한 작업해서 보내려 노력했겠구나 짐작가능한 시간이다. 문득 예전 어느 프로젝트가 떠올랐다.

분명 MMMan Month 3명으로 계약했지만, 혼자서 일을 하는 듯한 BP가 있었다. 늘 약속한 다음 날 새벽에 결과물을 보내오는데 시간이 02시 00분, 04시 30분처럼 매번 너무나 딱 떨어지는 시간이어서 분명 고생하고 있다는 티를 내기 위한 예약 전송이라는 짐작이 갔다. 결과물이 너무 엉망이어서 컴플레인이라도 하면 새벽까지 고생해서 보냈는데 너무하는 거 아니냐며 도리어 화를 내기도 했다. 나중에는 빈정거리는 말까지 듣고 나서 정신 건강을 위해 깔끔히 연락 끊고 밤새워 직접 해 버렸던 프로젝트였다.

1-1. 파일 제목

이번엔 보내온 파일 제목만 봐도 그 정도일 리는 없어 보인다.

'무인 매장_Keyscreen_210820_v0.01'

별거 아닌 것처럼 보일지 몰라도 파일명에서도 경력을 짐작할 수 있다. '프로젝트명_문서
종류_날짜_버전'이 모두 포함되어 있다는 건 대규모 UI 문서 관리 경험이 있다는 뜻이다.
간단한 서비스라면 파일 종류를 구분할 필요 없이 프로젝트명만 기재하면 되기 때문에 하
나의 문서로 관리할 수 있지만, 대규모 프로젝트는 Music, Video, Search 등의 하위 메뉴
각각이 하나의 서비스와 맞먹는 분량이기 때문에 문서를 분리해서 관리한다. 버전이 v1이
나 v0.1이 아니라 v0.01까지 소수점이 내려가 있다는 점도 오랫동안 유지보수를 하는 서
비스 관리 경험이 있다고 짐작해 볼 수 있다.

몇 백 장짜리 문서가 여러 벌 관리되는 양산 UI를 해보지 않았으면, 저렇게 버전 관리를
해야 하는 필요성을 느끼지 못한다.

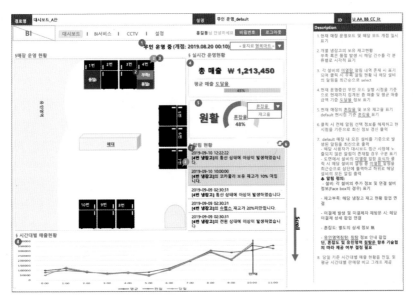

대시보드 A안

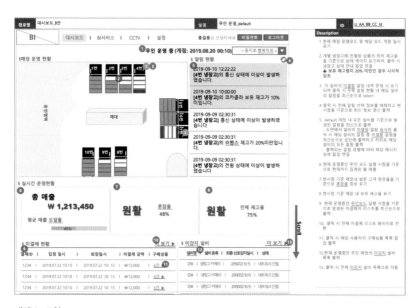

대시보드 B안

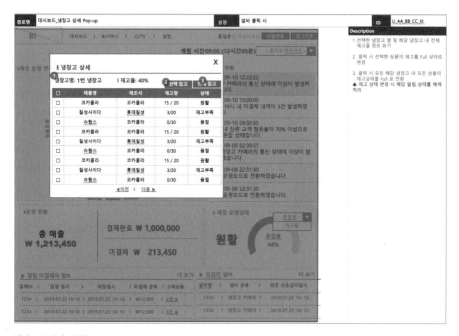

냉장고 부가 정도 팝업

1-2. 시안 선택

보내준 2개의 시안은 약간의 차이가 있지만, 전체적으로 첫 인상은 조금 아쉬웠다. UI 문서는 특성상 개발자와 QA부서 정도가 보는 문서이니 디자인은 필요 없지만, 가독성은 반드시 필요하다. 문서가 눈에 잘 들어오지 않고 복잡하다는 이유로 대충 보고 작업해 버리는 개발자도 간혹 있기 때문에 아무리 파워포인트 문서이더라도 프로토타입 툴로 디자인하듯이 깔끔하게 작업해야 한다.

또한 키스크린 작업할 때는 문서 우측의 설명description을 굳이 작성하지 않아도 된다. 키스크린만 봐도 어떤 기능을 하고, 눌렀을 때 어떤 결과가 나타날 지 예상할 수 있어야 하기 때문이다. 사용자가 서비스를 처음 접할 때 키스크린 화면을 보게 되는데, 기능마다 설명을 달아줄 수도 없으니 화면만 보고도 모두가 이해할 수 있을 만큼 명확하게 만들어야 한다.

내용만 살펴보면 들어가야 할 사항을 꼼꼼하게 잘 챙겨 넣은 것을 볼 수 있었지만, 이대로 디자인을 진행하면 템플릿을 사용한 관리자용 사이트가 될 가능성이 높아 보였다.

서비스 템플릿

보통 관리자용 사이트는 디자인이나 기획 비용을 아끼기 위해 기존 템플릿을 재활용해서 만들곤 한다. 디자인적으로 나쁘지 않고 흠잡기는 애매하지만, 눈길은 가지 않는 실용성 위주로 만든 형태이다. 디자이너를 쓸 수 없는 상황이라면 나쁘지 않은 선택일 수도 있겠지만, 이대로는 부족하다. 아무리 기능이 좋아도 눈길을 끌지 못하고 관심이 가지 않으면 소용이 없다. 서비스는 보기 좋아야 한다. 게다가 PoC나 데모를 해야 하는 서비스라면 관심이 갈 만큼 무조건 예뻐야 한다.

1-3. 시안 수정 요청

일단 시간이 많지 않으니 보내온 시안에 메모를 남기기 시작했다. 메모를 남겨 수정을 요청할 때는 장단점이 있다. 장점은 명확하게 하나하나 수정을 요청하기 때문에 빠르게 진행할 수 있다는 점이고, 단점은 아무래도 클라이언트의 요구사항을 반박하기 어렵기 때문에 그 안에 갇힐 가능성, 즉 딱 그 정도에서 끝날 가능성이 높아서 그 이상의 아이디어나 개선을 기대하기는 힘들다는 점이다. 보통 콘셉트 아이디어가 중요하거나 시간적인 여유가 있는 경우에는 이번처럼 꼭 짚어 메모를 남기기보다는 한두 번 정도는 전체적인 느낌에 대한 피드백을 전달해서 몇 번 더 의견을 주고받는 편이다. 하지만 이번에는 아무리 계산해 봐도 일정이 나오지 않아서 키스크린 작업은 BP에서 작업해 준 초안을 기반으로 직접 진행하기로 했다.

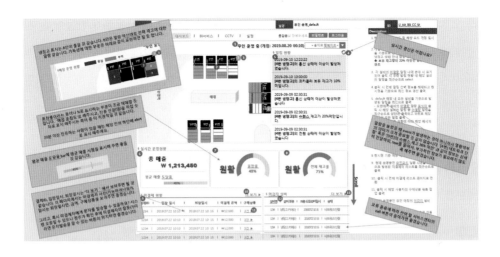

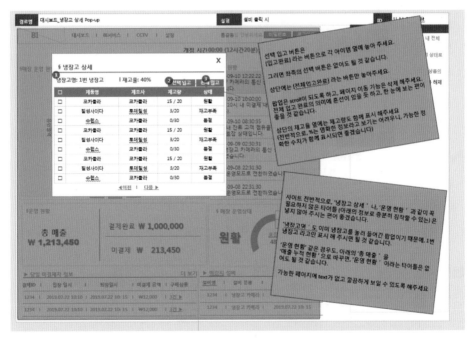

사실 메모를 남기다 보면 담당자에게 미안할 때가 있다. 기껏 작업해서 보냈는데 덕지덕지 메모를 남겨 회신하면 누가 기분 좋겠는가. 그렇기 때문에 UX팀으로 일할 때보다 혼자 UX를 담당하면서 BP의 담당자와 일하는 게 여러모로 편하다. 함부로 대한다는 뜻이 아니라 오로지 일만 생각할 수 있기 때문이다. UX팀으로 함께 일할 때는 동료가 만들어 온 시안에 메모를 남겨 수정 요청을 하기는 어렵다. 아이디어까지는 함께 짜낼 수 있지만 본격적인 키스크린이나 UI작업부터는 개인의 성향이나 역량이 여실히 드러나기 때문에 시안에 대한 수정을 요청하기는 쉽지 않다.

2. [D+25] 8월 23일(금) 대시보드 UI 개선 작업

메모를 남긴 부분들을 수정해서 회신이 왔다.

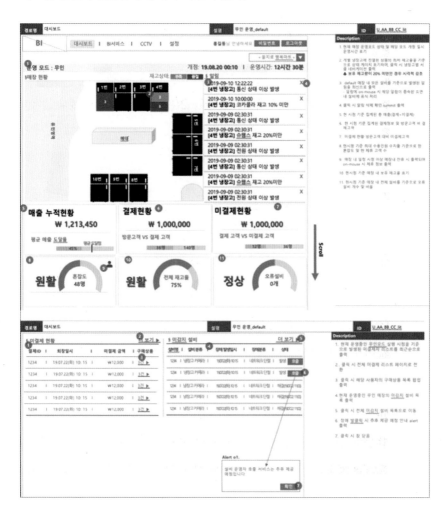

이 정도까지 작업이 진행되면 재료는 모두 마련이 되었으니 훨씬 수월해진다. BP에게는 이제 BI 서비스의 키스크린 작업을 시작해 달라고 요청하고, 대시보드 개선 작업을 시작해봐야겠다.

2-1. 전체 영역

가장 먼저 할 일은 전반적으로 적용할 General Rule을 잡는 것이다.

01 현재 비율은 4:3에 가까운 올드한 비율이므로 일단 사이즈부터 대중적인 1920*1080 비율로 변경했다. 이때 유의할 점은 1920*1080은 서비스 화면 사이즈가 아니라 모니터 화면이므로 상·하단의 브라우저나 상태표시 바 높이를 제하고 작업해야 원하는 대로 스크롤 바 없이 깔끔하게 보일 수 있다. 디자이너가 알아서 할 거라고 생각하면 안 된다. UI 기획 화면도 사이즈를 정해두고 시작해야 비율이나 크기에 맞게 배치하고 대략적인 라인수나 텍스트, 컴포넌트들의 분량을 계산할 수 있기 때문이다.

해상도의 기준이 있어야 UI 디자인을 시작할 수 있다(출처: https://brunch.co.kr/@plusx/6)

02 BI 서비스 메뉴는 수시로 보는 화면이 아니기 때문에 크게 상관없지만, 대시보드나 CCTV 메뉴는 실시간 모니터링용으로 상시 켜두기도 하는 서비스이므로 화면을 스크롤하지 않아도 한눈에 볼 수 있어야 한다. 모니터에 따라 브라우저 내 자체 스크롤이 생길 수는 있지만, 적어도 기준으로 잡은 1920*1080에서는 스크롤이 생기지 않도록 재배치하여 영역을 다시 잡았다.

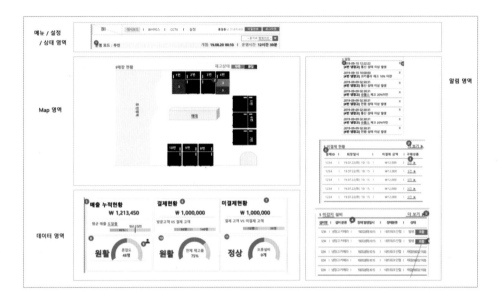

각 영역마다 재료들은 이미 담겨 있기 때문에 각각에 적당한 이름을 붙여주고 난 후, 영역별로 살펴보며 잘 정리해주는 작업을 하면 된다.

2-2. 메뉴/설정/상태 영역

변경 전

변경 후

01 기존안은 총 3줄로 되어 있지만, 공간을 효율적으로 활용해서 2줄로 줄여준다. 페이지에 스크롤을 없애기 위해서는 한 줄만 줄여도 훨씬 쾌적하게 느껴진다.

02 [설정] 탭은 서비스 탭이라고 볼 수는 없기 때문에 별도로 빼서 아이콘으로 간단히 표시한다. 메뉴나 아이콘 등 화면 내 구성 요소component들은 같은 수준level이나 유사한 기능별로 모아 두어야 사용자의 혼선을 줄일 수 있다.

03 설정 메뉴는 화면 전환이 아니라 팝업 형태로 만들어서 접근이 용이하도록 한다. 다만, 추후에 설정 메뉴 내 기능이 많거나 무거워지면 원래 레벨로 올려서 다른 탭과 마찬가지로 화면 전환이 되도록 한다.

04 사용자 인사말, 비밀번호 설정 등은 꼭 필요하거나 자주 사용하는 기능이 아니므로 설정 메뉴 안으로 넣는다.

변경 전   변경 후

05 기존안은 운영 모드, 개점 시간, 운영 시간의 폰트 사이즈나 굵기 등에 차이가 없어서 병렬로 배치만 해 둔 느낌이었다. 정보를 표시할 때는 중요한 정보가 어떤 것인지 경중을 따져서 다르게 표현해야 사용자에게 확실히 전달할 수 있다. 이 경우 점주가 무인 운영 중인지 유인 운영 중인지를 한눈에 명확히 파악하는 것이 가장 중요한 정보이므로 사이즈를 크게 하고 굵게bold 처리했다. 이 정도로 해 두면 디자인팀에서 강조해야 하는 정보로 인식하고 색상이나 디자인을 다르게 처리해 준다. 그리고 '운영 모드: 무인'이라는 간접적 표현보다는 '무인 운영 중'으로 현재 상태를 보다 직접적으로 표현했다.

변경 전

무인 운영 중 (19.08.20 00:10~ | ⏱ 12시간 30분 ●●●)　　　　　　　　　　행복마트 을지로점 ▽

변경 후

06 '운영 모드', '개점', '운영 시간'과 같은 타이틀은 그 의미가 명확해야 한다. 다른 의미로 해석될 수 있어서는 안 된다는 뜻이다. 이를테면 개점의 의미는 애매한 면이 있다. 무인 운영에서 개점은 무인 운영을 시작한 시점인지 또는 영업을 시작한 시점인지 모호하기 때문이다. 그리고 습관적으로 타이틀을 붙이는 경우가 많은데 내용만 봐도 충분히 파악할 수 있다면 굳이 이름표를 달아 화면을 복잡하게 만들 필요는 없다.

07 타이틀은 모두 삭제하고, '무인 운영 중' 바로 옆으로 시작 시간을 옮기고 '~' 기호를 더했으며 확실한 구분을 위해 옆에 운영 시간과 운영 중이라는 설명도 넣어 줬다. 이때, 운영 중이라는 문구는 이해를 돕기 위함일 뿐으로 없어도 무방한 정보이다. 다른 시간 정보들과 동일한 레벨로 표현되면 오히려 가독성이 떨어질 수 있기 때문에 작게 표시했다. 마지막으로 텍스트와 숫자가 잔뜩 늘어져 있으면 가독성이 떨어지고 의미 파악이 어렵기 때문에 사용자가 직관적으로 그룹을 나눠 볼 수 있도록 개점 시간과 운영 시간 사이에 라인과 아이콘을 넣어 구분했다.

08 로그아웃은 설정과 마찬가지로 아이콘으로 간소화했다. 보통 UI 문서에 [로그아웃]으로 표시해 두면 디자인팀에서 알아서 아이콘으로 바꾸기는 하지만, 적어도 키스크린 작업 때는 실제 화면과 가능한 한 유사하게 그리는 것이 좋다. 키스크린 UI 화면에서 아이콘이나 텍스트 등 요소들을 배치하는 목적은 요소들이 영역을 얼마나 차지하는지, 차지하는 영역에 따라 배치를 어떻게 다르게 해야 할 것인지를 파악하기 위함도 있다. 임의로 대충 넣

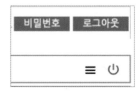

게 되면, 막상 디자인할 때 공간이나 라인이 부족해져서 생각했던 것과는 다른 결과물이 나올 수 있기 때문이다.

2-3. Map 영역

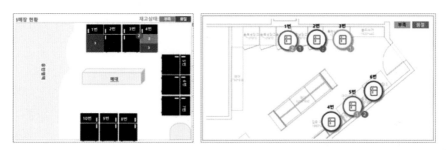

좌: 초안 / 우: 개선안

01 타이틀이 꼭 필요한지부터 생각해 보자. 도면과 상태표시 아이콘들만 있어도 [매장 현황]에 대한 내용인 것을 충분히 알 수 있고, 부족/품절이라는 단어 의미가 [재고상태]를 뜻하는 것임을 알 수 있다. 타이틀을 없애고 재고상태 표시를 도면 안쪽으로 옮겨주면 보기에도 깔끔하고 라인도 1줄 줄일 수 있다.

02 냉장고 아이콘은 한눈에 어떤 냉장고에서 몇 가지 품목의 재고가 얼마나 부족한지 혹은 설비에 이상이 발생했는지 등을 알 수 있어야 한다.

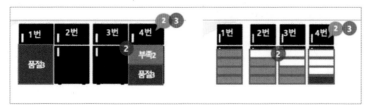

좌: A안 / 우: B안

개선안

03 기존 A안은 텍스트가 너무 많아서 품목 수가 보이지 않고, B안은 맨 하단에 품절 품목이 있다는 것인지 아니면 25% 정도 상품이 팔렸다는 것인지 그 표현 의도가 잘 와닿지 않는다.

04 우선 앞서 고민했던 것처럼 설정 메뉴에서 냉장고를 마우스로 끌어와 도면 위에 배치하기 용이하도록 복잡한 디자인을 원형 버튼 아이콘으로 단순화했다.

05 품절이나 재고가 부족한 품목 수는 각 아이콘에 배지badge 형태로 달아주었고, 냉장고에 이상이 발생하면 바로 알아챌 수 있도록 알림Alert 배지도 추가했다.

06 정리해 보면 아이콘의 테두리는 세 가지(정상, 부족, 품절) 상태가 있고, 배지도 세 가지(부족, 품절, 알림) 상태를 지니고 있다. 테두리는 보다 심각한 상황을 우선적으로 표시하도록 한다(정상〈부족〈품절〈알림).

§ 냉장고 상세			X
냉장고명: 1번 냉장고		재고율: 40%	② 선택 납고 ③ 천체 입고

☐	제품명	제조사	재고량	상태
☐	코카콜라	코카콜라	15 / 20	원활
☐	칠성사이다	롯데칠성	3/20	재고부족
☐	슈웹스	코카콜라	0/30	품절
☐	코카콜라	코카콜라	15 / 20	원활
☐	칠성사이다	롯데칠성	3/20	재고부족
☐	슈웹스	코카콜라	0/30	품절
☐	코카콜라	코카콜라	15 / 20	원활
☐	칠성사이다	롯데칠성	3/20	재고부족
☐	슈웹스	코카콜라	0/30	품절
		◀이전	다음▶	

기존안: 냉장고 상세 팝업

07 기존안에서는 냉장고 아이콘을 누르면 [냉장고 상세] 팝업이 떠서 그 냉장고에 들어 있는 제품별 재고를 보여줬다.

08 점주에게 도움이 되는 정보를 보여주고 싶어 고민하던 차에 검토 중이던 히트 맵heatmap 기능이 카메라 수급 문제로 결국 사양에서 빠지게 됐다는 소식을 들었다. 히트 맵은 일정 기간 동안 사람들이 이동한 데이터를 쌓아서 매장 내 어느 위치에 고객들이 오래 머물러 있는지 알 수 있는 기능이다.

09 점주들이 히트맵 기능을 요청한 이유는 고객들이 특정 상품 때문에 매장 내 그쪽으로 향한 건지 아니면 단순하게 이동 중이었는지 유의미한 결과를 알기 원했기 때문이다.

10 만약 특정 상품의 위치를 바꿨을 때 그 냉장고의 매출이나 사람들이 머무르는 것에 변화가 있는지 알 수 있다면 수익이 나지 않는 쪽으로도 사람들이 골고루 돌아볼 수 있게 경로를 분산시킬 수 있을 것이라는 의견이었다.

11 냉장고 상세 팝업을 통해 상세한 목록을 살펴보기 전에 보다 간략하게 각각의 냉장고 앞에 얼마나 많은 사람이 머물렀는지, 매출은 얼마나 발생했는지 등을 알 수 있으려면 어떻게 표현해야 할지 고민했다.

12 우선 팝업은 사용자 입장에서는 꽤 많은 노력이 필요한 UI이다. 팝업이 뜨면 뒤의 내용이 가려지고, 다시 닫기 위해서는 닫힘close 아이콘이나 확인 버튼 위치를 파악해서 눌러 줘야 한다.

13 플로팅floating 팝업은 팝업 창보다는 더 가볍고 직관적으로 띄울 수 있어서 간단한 내용을 표시할 때 사용하면 좋다. 팝업을 닫으려면 화면 내 아무 곳이나 눌러도 닫히게 할 수 있으니 사용성이 간편하기도 하다.

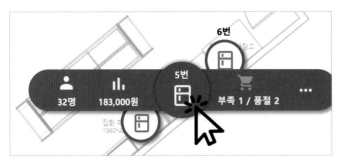

냉장고 플로팅 팝업

14 냉장고 아이콘을 누르면, 해당 냉장고에서 일정시간 이상 머문 고객 수와 매출 금액이 플로팅 팝업으로 떠서 볼 수 있도록 표시해 주었고, 기존의 상세 재고 팝업은 재고 아이콘을 누르면 뜨도록 하였다.

15 이때 마우스를 올리기hover만해도 플로팅 팝업이 뜨게 할 수도 있고, 클릭을 해야 뜨게 할 수도 있다. PC 브라우저 환경만 생각한다면 전자가 더 사용하기 편하고 여러 냉장고를 빠르게 비교해 볼 수 있지만, 하이브리드 웹앱으로 제작하게 되면 모바일은 마우스를 사용할 수 없는 환경이기 때문에 hover 기능 사용이 불가능하다.

16 이처럼 마우스를 사용하는 환경과 터치만 사용하는 환경이 다르기 때문에 PC에서만 사용할 수 있는 hover나 모바일에서만 사용할 수 있는 두세 손가락을 사용하는 액션 사용은 유의해서 적용해야 한다.

17 우측 알림 리스트와 냉장고 아이콘 간의 연동은 초반에 UX 담당자와 디자이너에게는 메모로 전달하긴 했지만, 개발자에게까지 전달이 되지 않았을 가능성이 매우 크니 다시 한 번 키스크린에서 짚어주며 확실하게 문서화해 줄 필요가 있다.

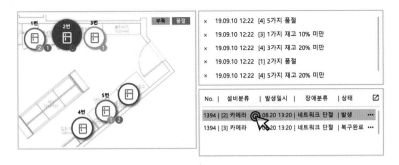

영역 간의 연동

서비스를 실제로 돌려보면 생각보다 많은 양의 알림이 쌓이게 된다. 지금은 냉장고가 몇 개뿐이니 찾기 쉬워 보이지만, 매장에 수십 개의 냉장고가 들어서게 되면 일일이 번호를 보고 위치를 찾기는 쉽지 않다. 그러므로 알림을 선택하면 해당하는 냉장고를 강조해서 직관적으로 위치를 알 수 있도록 해 주었다.

2-4. 알림 영역

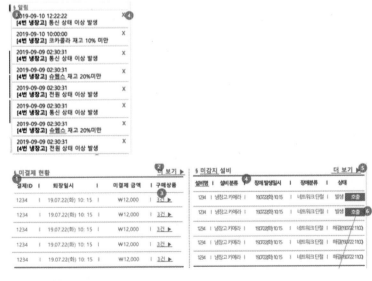

기존안: 알림 영역

01 타이틀은 한 번 붙이게 되면 일관성 때문에 모든 항목에 넣기 마련이다. [알림]은 내용을 보면 알 수 있고, [미결제 현황]도 테이블 안에 '미결제 금액' 항목이 있기 때문에 굳이 넣지 않아도 된다. [미감지 설비]는 에러의 종류가 많아서 미감지라는 이슈로만 대표할 수 없기도 하고, 테이블에 '장애' 항목이 있어서 타이틀이 없이도 내용을 충분히 파악할 수 있다. 기존안에서 전반적으로 타이틀만 없애도 화면을 훨씬 넓게 쓸 수 있다.

02 기존안에서는 [더보기]를 누르면 팝업이 떠서 전체 리스트를 볼 수 있다. 하루에 수십 혹은 수백 개의 알림이 오는 상황에서 매번 확인하기에는 상당한 번거로움이 예상된다.

03 각각 리스트 박스 안에 스크롤을 넣고 대신 높이를 조금씩 줄여서 스크린을 벗어나지 않도록 했다.

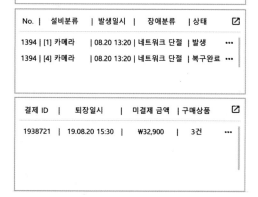

개선안: 알림 영역

04 스크롤하는 데이터를 무한정 표시할 수는 없기 때문에 무인 운영 모드로 새롭게 전환될 때마다 초기화reset 해주고, 우측 상단 아이콘을 누르면 팝업이 떠서 지나간 기존 데

이터도 찾아볼 수 있도록 했다.

05 스크롤을 넣을 때는 표현 방식에 대해 개발자와 꼭 의논해야 한다. 데이터를 불러오는 시간이 오래 걸릴 때는 좌우로 페이지를 넘기는 페이저pager UI를 사용하거나 상하 스크롤로 넘기는 중에 로딩loading 애니메이션을 넣어서 한 번에 불러오는 데이터 양에 제한을 주어야 과부하를 막을 수 있다.

06 이번 프로젝트의 경우 매장 장비로부터 앱쪽으로 텍스트 데이터를 계속 밀어 넣어주고 있기 때문에 속도에는 아무 지장이 없었다. 만약 역으로 앱이 장비로부터 실시간으로 데이터를 긁어 와야 하는 방식이었다면 사용자가 느리다고 느끼지 않도록 별도의 UI 기획 장치가 필요했을 수도 있다.

07 장애 리스트는 표시해야 할 데이터가 많아서 복잡하고 폭이 좁아 보인다. 이럴 때는 꼭 필요한 정보만 남기고 정리해야 하는데, 우선 YYMMDD(요일)로 표시되어 있는 장애 발생 일시를 MMDD로 줄였다.

08 상태는 가장 긴 텍스트를 파악하기 위해 개발자에게 요청해서 메시지 종류 리스트를 받아보니, '복구완료'라는 메시지여서 4자 기준으로 영역을 잡았다.

09 10자리로 된 이슈 번호는 굳이 밖에 보이지 않아도 되니 생략하였고, 설비번호(NO.)는 AS 요청 시 필요한 정보이니 그대로 두었다.

10 설비 분류명은 '냉장고 카메라 1'로 표시하면 이름이 길어질 경우 글자가 잘릴 수도 있기 때문에, '[1] 냉장고 카메라'와 같이 분류 번호를 앞쪽으로 옮겼다.

11 호출 버튼과 앞서 생략한 이슈 번호는 필요하지만 수시로 봐야 하는 정보는 아니므로 알람마다 더보기(...) 아이콘을 넣어서 누르면 플로팅 팝업으로 추가적인 내용을 확인할 수 있도록 했다.

2-5. 데이터 영역

기존안: 데이터 영역

01 기존안을 살펴보면 전반적으로 정보가 분산되어 있고, 의미가 불명확한 부분들이 있다. 예를 들면 매출 누적현황과 결제 현황의 차이가 무엇인지 불분명하고, 전체적으로 좌/중/우 세 개로 그룹이 묶인 것 같아 보이지만, 내용을 보면 9개의 카드를 배치한 기준이 보이지 않는다.

02 가장 먼저 해야 할 일은 기존안에 배치된 9개 데이터 중 불필요한 부분을 먼저 걷어 내는 것이다.

03 매출 누적 현황: 어느 시점부터의 누적 데이터인지 불분명하다. 그 달의 누적 판매 현황인지, 당일 판매 현황인지 알 수 없고, 월별 판매 통계는 BI 서비스에서 제공할 예정이니 굳이 대시보드에 표시할 필요가 없다.

04 결제 현황: 그날의 매출을 보여주는 데이터이며 점주가 가장 관심 있는 중요한 데이터 중 하나이다.

05 미결제 현황: 미결제 현황은 점주가 신속하게 처리해야 할 상황이다. 고객이 일부러 결제를 하지 않은 도난 상황일 수도 있고, 시스템 오류로 결제가 정상적으로 이루어지지 않은 상황일 수도 있다. 도난 상황이면 CCTV로 바로 확인할 수 있도록 해주고, 시스템 오류라면 사후 결제를 할 수 있도록 연동해 줘야 한다.

06 평균 매출 도달률: 매출 감소 여부는 점주에게 중요한 데이터이다. 대부분 매장은 주말 매출이 평일보다 크게 웃도는 등 요일에 대한 편차가 큰 편인데, 대시보드에서는 대략적으로 지난 달 평균과 비교하고 자세한 내용은 BI 서비스에서 분석해서 제공하도록 한다. 기존안에서는 평균이 어떤 평균인지, 평균 금액이 얼마인지가 기재되지 않아 불명확한 부분이 있기 때문에 기준월과 평균 금액을 함께 기재할 필요가 있다.

07 방문 고객 vs 결제 고객: 매장에 많은 사람이 방문했는데, 막상 결제하는 고객이 적다면 유동인구 문제가 아니라 매장에 고객이 원하는 물건을 갖추지 못한 것으로 볼 수 있어서 중요한 지표가 된다. 그러나 '방문 고객 vs 결제 고객'이라는 타이틀은 방문 고객이 무조건 결제 고객보다 많을 수밖에 없기 때문에 'vs' 사용은 맞지 않는다. '구매율'이라는 더 명확하고 간소화된 타이틀로 바꿔주고, 100%가 방문 고객 그리고 그중에 결제한 고객의 비율이 나타나는 형태로 바꿔준다.

08 결제 고객 vs 미결제 고객: 장기적으로 미결제가 얼마나 높은 비율로 발생하는지 살펴본다는 점에 있어서 의미가 아예 없다고 볼 수는 없지만, 미결제는 도난이나 시스템 오류에 해당하기 때문에 발생률보다는 당장의 발생 여부가 더 중요하다. 대시보드에서는 '미결제 현황'이 있으므로 굳이 중복해서 넣을 필요는 없는 데이터이다.

09 혼잡도: 30명 정도 고객을 수용할 수 있는 크기의 매장에 갑자기 많은 인원이 몰렸다면 안내방송을 하거나 매장으로 가서 직접 정리를 해야 할 필요가 있다. 점주가 수시로 CCTV를 확인하는 것보다는 매장 혼잡도를 통해 한눈에 확인할 수 있도록 하고, 일정 기준이 넘었을 때 알림을 보내줄 수 있는 중요한 데이터이다.

10 장기 체류에 대해 우측에 작게 아이콘으로 띄웠지만 어떤 의미인지 불명확하다. 무인 매장의 큰 우려사항 중 하나는 노숙자나 청소년들이 밤에 매장 내에서 시간을 보내는 부분인데, 다른 고객의 발걸음을 돌리게 하기도 하고 매장을 어지럽혀 놓는 등 위생적으로도 문제가 생길 수 있다. 그렇기 때문에 명확하게 점주가 정해 둔 기준에 맞춰 'OO분 이상 잔류 중인 인원이 O인 있습니다'라고 알림을 띄워준다.

11 전체 재고율: 점주가 한눈에 매장의 재고가 부족한지 파악할 수 있어야 물건이 부족해 고객이 발걸음을 돌리는 일이 발생하지 않을 수 있기 때문에 필요한 항목이다. 매장에 따라 다를 수 있지만, 퍼센트로만 표시하기보다는 정확한 개수를 함께 표시해주면 점주의 판단을 도울 수 있다.

12 오류 설비: 분명 필요한 정보이지만 오류 발생 개수는 중요하지 않다. 곧바로 어느 장비에 발생한 어떤 오류인지 파악하는 것이 중요하기 때문에 앞서 알람 영역에 정리한 장애 리스트로도 충분하다.

13 기존안 9개 항목 중에 유지할 항목이 7개로 추려졌다.

- 결제 현황 → 실시간 매출 집계
- 미결제 현황
- 평균 매출 도달률
- 방문 고객 vs 결제 고객 → 구매율
- 혼잡도
- 장기 체류자
- 전체 재고율

14 추려진 항목을 단순히 늘어놓으면 어느 정보에도 집중하기가 어렵다. 앞서 UX 기획 단계에서 진행했듯이 다시 한 번 유사한 항목끼리 그룹핑grouping을 하고, 표현할 방법을 고민해야 한다.

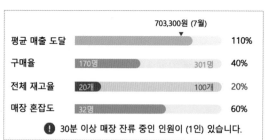

개선안: 데이터 영역

15 실시간 매출 집계와 미결제 현황은 금액(원)으로 표시할 수 있고, 장기 체류자 여부를 제외한 나머지 정보는 퍼센트로 표현 가능한 정보이다.

16 실시간 매출 집계와 미결제 현황이라는 타이틀은 있어야 한다. 하지만 점주가 서비스에 익숙해지면 위치에 대한 무의식적인 기억을 할 수 있기 때문에 금액을 더 강조해서 표시해 준다. 실시간 매출 집계는 미결제 금액이 포함된 금액인지 아닌지 애매하기 때문에 인포메이션 아이콘(i)을 넣어 선택 시 툴팁tool-tip으로 설명을 볼 수 있도록 한다. 이처럼 분류법이나 타이틀이 불명확하다면 부수적인 UI 기획 장치를 달아줘야 한다.

17 퍼센트(%)로 표현 가능한 4가지 항목은 그래프로 표시해 준다. 그동안 작업한 전반적인 대시보드 항목을 살펴봤을 때, 1/3을 차지하는 알림 영역이 모두 텍스트이기 때문에 데이터 영역까지 모두 텍스트로 작업하면 구분선이 없는 수십 개의 메뉴처럼 내용을 파악하기 어려워진다.

18 4가지 항목은 이슈가 없는 평소에는 군이 시선을 둘 필요 없는 정보이기도 하다. 특히 전체 재고율과 혼잡도는 재고가 넉넉하거나 매장이 혼잡하지 않은 경우에는 군이 수치를 살펴볼 필요가 없다. 그렇기 때문에 평소 그래프는 이슈가 없음을 의미하는 파랑blue이나 녹색green을 사용하고, 재고가 부족하거나 혼잡도가 높아져서 점주의 주목이 필요할 때는 문제problem를 의미하는 빨간색을 사용해서 시선을 끌 수 있도록 해 준다. 그렇게 하면 점주는 평소에는 이 영역의 정보를 군이 보지 않아도 되고, 빨간색의 그래프가 떴을 때만 확인하면 된다.

19 평균 매출 도달은 표현이 어려운 정보이다. 도달점을 아래처럼 고정해서 표시해 주면 얼추 150%까지는 표현에 문제가 없겠지만, 그 이상이 되면 그래프를 넘어버리고 만다. 이 정보는 매출이 많아질수록 점주 입장에서는 좋은 상황이기 때문에 그 수치가 월등히 높아졌다고 해서 문제가 되지 않는다. 그렇기 때문에 고정 위치에 평균 매출을 적어주고, 그래

프의 끝까지 도달했을 때는 그래프가 가득 차 있는 상태 그대로 두고 퍼센트만 정확히 반영해서 표시해 주도록 한다.

20 평균 매출 도달과 구매율은 재고율이나 혼잡도처럼 경고를 띄울 필요는 없다. 특히 평균 매출 도달 그래프는 매장을 오픈하면 0%부터 시작하기 때문에 거의 종일 평균에 도달하지 못할 가능성이 높아 불필요하게 시선을 끄는 붉은 색으로 띄울 필요가 없다.

21 구매율도 굳이 경고를 할 필요는 없다. 매장마다 그 특성이 다르기도 하고, 당장의 구매율이 낮다고 해서 곧바로 대처할 방법이 없기 때문이다. 그날의 대략적인 추이만 보여주고 추후 BI 서비스에서 종합적인 대처를 할 수 있도록 하는 정도의 정보로 제공한다.

22 전체 재고율과 혼잡도는 매장마다 특성이 다르기 때문에 '설정'에서 점주가 직접 기준을 정할 수 있도록 해준다. 예를 들어, 재고가 20% 이하로 내려오면 부족하다고 표시하게 한다거나 매장에 30명 이상이 들어오면 혼잡 알림을 띄우는 등 기준 수치를 직접 입력하는 것이다.

23 장기 체류자가 없을 때는 굳이 표시할 필요가 없기 때문에 혼잡도 하단은 평소에는 비워 두고, 필요 이상으로 오랫동안 체류 중인 인원이 발생하면 경고를 표시해서 점주가 대응할 수 있도록 해준다. 그래야 점주가 굳이 CCTV를 통해 수시로 확인하지 않고, 대시보드나 서비스 알림 메시지를 통해 상황을 파악할 수 있기 때문이다.

24 다른 영역도 마찬가지이지만 항목들의 위치와 순서는 계속해서 바꿔보면서 최적을 찾아내야 한다. 그룹핑도 여러 가지로 해보고, 영역 내의 배치만 고려하는 것이 아니라 대시보드 전체적인 균형을 살피며 수십 번 수백 번 옮겨보고 배치하면서 안정적이고 효율적인 최적의 구성을 찾아내도록 한다.

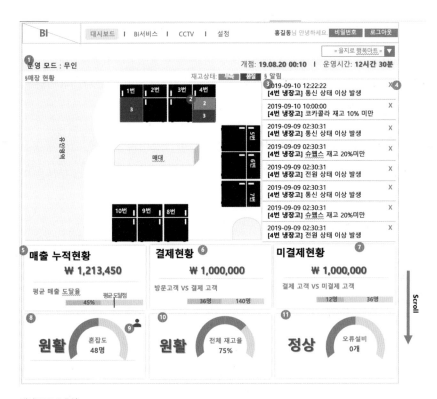

대시보드 UI 초안

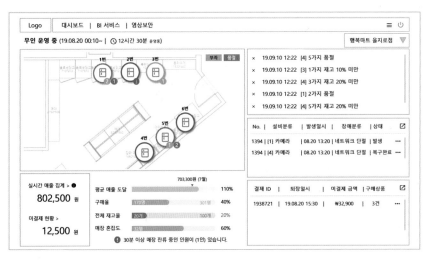

대시보드 UI 개선안

개발팀에 넘기기 위해서는 문서에 상세설명description을 써서 각 기능과 그 다음에 발생해야 하는 액션들에 대해 설명해야 한다. 하지만 키스크린 초안에는 설명을 쓰지 않고 공유하는 편이다. 좋은 UX/UI는 '그럴 것 같아서' 눌렀을 때 '그렇게 되어야' 한다. 즉 어떤 아이콘을 눌렀을 때 사용자가 예상한 결과가 나와야 좋은 UX라는 것이다.

그런 차원에서 키스크린 초안에는 부수적인 설명을 가능한 덧붙이지 않는데, 그렇게 공유했을 때 이건 어떻게 동작하는지, 어떤 걸 의미하는지 등의 질문이 들어오면 그 부분은 다시 한 번 표현 방법을 검토해 보곤 한다.

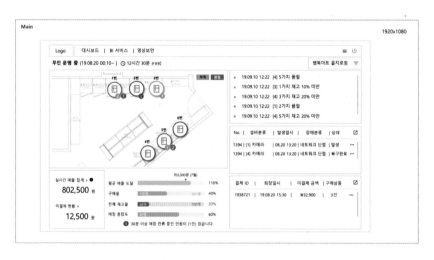

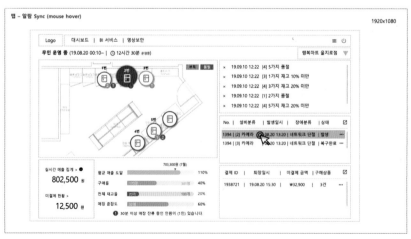

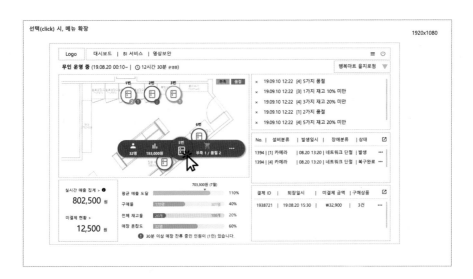

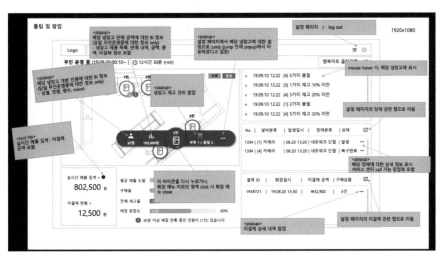

디자인팀에 넘긴 원본 키스크린 문서들

3. [D+31] 8월 29일(목) 대시보드 GUI 작업

드디어 디자인 에이전시에서 파일이 왔다. 일정상 디자인이 마음에 안 들면 여러모로 힘
들어지기 때문에 과연 어떻게 바뀌었을지 긴장되는 순간이다.

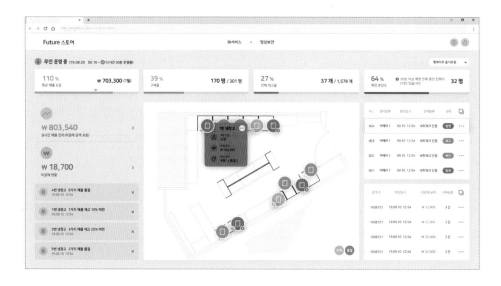

전반적인 디자인뿐만 아니라 요소 하나하나가 정말 마음에 들었다.

3-1. 구조에 대한 더 나은 제안

UI 키스크린에는 좌/우 영역으로 표현했지만 디자인 BP에서는 여러 구조를 고민해 봤을 때, 1안과 같이 좌/중/우 구조가 추후 하이브리드웹앱 작업 가능성을 고려했을 때 더 적합할 것 같다고 제안하면서 그에 따른 시안을 보내 왔다. 구조 변경에 대한 제안을 하는 BP도 드물지만, 보통은 'Structure'한 페이지만 우선 보내고 의사 결정을 요청한 다음 결정이되고 나서 시안 작업을 시작하곤 한다. 혹시라도 클라이언트가 구조를 바꾸지 말라고 하면대공사를 다시 해야 하기 때문이다. 우리 작업이 분명 마음에 들 거라는 자신감이 느껴지는 부분이었다. 이런 자신감이라면 얼마든지 환영이고, 시간만 끄는 것보다 훨씬 좋다.

사실 'Structure'한 페이지만 보내면 담당자는 특별한 이유가 없으면 그렇게 진행하라고 한다. 어차피 그 이후 작업을 봐야 확실히 알 수 있기 때문에 뭔가 생각이 있겠거니 하고 넘어가기 마련이다. 하지만 나중에 막상 디자인 결과물을 보면 영 아니어서 원래 구조대로 재작업을 요청하고, 디자이너는 확인하지 않았느냐며 항의하고, 담당자는 그러면 구조는 놔두고 디자인이라도 다시 해달라고 하는 등 그야말로 악순환이 계속되곤 한다. 이번에 만난 디자인팀은 기획 의도를 잘 파악해서 작업해 준 것도 물론 좋았고, 촉박한 일정에 맞는 속도감 있는 진행과 자신감 있는 제안 그리고 그에 따른 실력이 뒷받침된 좋은 BP였다.

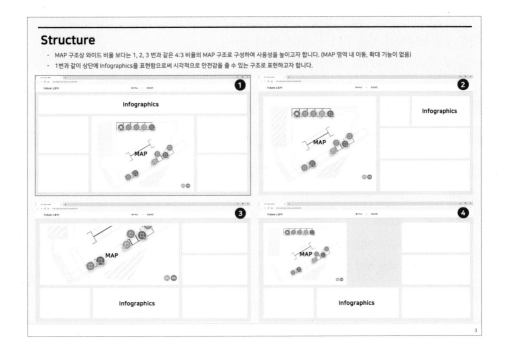

3-2. 표현 방법에 대한 고민

색칠 공부라고 표현할 법한 작업을 해오는 BP도 꽤 많다. UI 키스크린을 보내면 그야말로 구조와 배치, 형태 등을 그대로 두고 색상만 입히고 보기 좋게 정리만 해서 보내는 경우이다. 혹은 전반적으로 마음에 들지 않아서 '이건 좀 아닌 것 같은데요'라고 하면 디자이너는 확실한 피드백을 요구하곤 하는데, 디자인은 아무래도 주관적이다 보니 피드백을 하기 참 어렵다.

물론 반대 경우도 있다. 아이콘 라인이 너무 두껍고, 여기 색상은 이거 말고 다른 색으로 바꾸고, 이 폰트는 더 크게 해달라는 등 담당자가 이런저런 요구를 계속하다 보면 디자이너가 처음 잡았던 콘셉트와는 영 다른 방향으로 흘러가고, 나중엔 걷잡을 수 없이 엉망이 되어 버리는 것이다. 담당자와 디자인 BP도 여느 팀과 마찬가지로 케미가 잘 맞으면 결과물이 잘 나오기 마련이고, 담당자가 함께 일할 BP를 잘 만나길 바라는 것 이상으로 BP도 함께 일할 담당자를 잘못 만나면 고생하기 마련이다.

이번 디자인 BP는 화면 내 인포그래픽infographic을 어디에 위치 시킬지, 어떤 정보가 중요한지 분석한 것을 볼 수 있다.

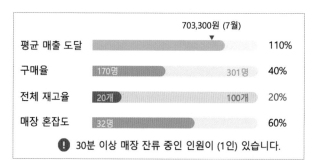

데이터 영역 UI 시안

데이터 영역 GUI 적용안

예를 들어, 구매율에서 39%를 가장 크게 표현하고, 170명을 301명보다 크게 표시한 것이나 4개의 아이템을 일렬로 배치하고 매장 잔류 인원 표시를 매장 혼잡도 안쪽에 하이라이트해서 표시한 것 등은 디자이너가 항목마다 어떤 의미인지 잘 파악해서 디자인했다는 것이다. 당연한 얘기로 들릴 수도 있겠지만, 각각의 항목에 대한 고민 없이 보기 좋게만 만드는 디자이너들도 의외로 많다.

3-3. 디자인 경험치

급히 UI 키스크린을 보내고 나서 아차 싶었던 부분이 있었다. 냉장고를 누르면 뜨는 레이어 팝업이었다. 누르면 옆으로 뻗어 나오는 애니메이션을 생각했는데, 나중에 생각해 보니 냉장고가 맵 영역 구석에 있거나 모바일 사이즈 브라우저에서는 골치 아플 수 있겠다는 생각이 들었다. 고맙게도 알아서 적절한 형태로 바꿔주고, 그 외 메뉴인 '...' 아이콘 위치까지 우측 상단으로 올려서 작업하는 센스를 보여주니 감동적이었다.

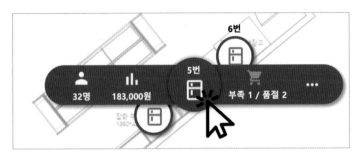

플로팅 팝업 UI 시안

플로팅 팝업 GUI 적용안

이처럼 잘못된 UI 시안을 받았을 때 BP의 반응을 보면 몇 가지 유형으로 나뉜다.

(1) 잘못된 건지 모른다
(2) 이러이러한 문제가 있을 것 같은데 어떻게 할지 묻는다
(3) 문제가 있을 것 같은데, 몇 가지 대안을 마련했고 그 중에 선택해 달라고 한다
(4) 개선안을 보낸다

(1)번은 색칠 공부하는 BP이고, (2)번 유형의 BP와 일하면 좀처럼 일에 속도가 붙지 않는다. 바로 옆자리에 앉아 있다면 함께 의논하면서 진행할 수 있다는 장점이 있겠지만, 그럴 수 있는 경우는 거의 없기 때문에 하나의 이슈로 몇 번 메일이 오가면 며칠이 지나버려서 시간 낭비를 하게 된다.

이번 BP의 경우 (4)번에 가깝고 대신 구조 제안의 경우 몇 가지 안을 고려해 봤다는 (3)번의 흔적을 남겼다. 일정이 촉박하고 실력 있는 디자이너라면 (4)번이 좋고, 시간이 넉넉하거나 중요한 프로젝트여서 상부 보고를 해야 하는 경우라면 (3)번도 좋다. 여러 가지 안을 가져가서 보고를 하고 선택해 달라고 요청하는 행동action 자체에 의미가 있는 경우도 많기 때문이다. 솔직히 보스가 A, B, C 안 중에 제일 별로인 안을 고르면 어쩌나 하고 조마조마하지만, 결정 과정에 그렇게라도 참여시키면 나중에 디자인이 별로라는 등의 딴소리를 들을 확률이 현저히 낮아지기 때문에 일종의 보험으로 일부러 보스가 선택하도록 만들기도 한다.

(1)번보다 최악은 실력은 없는데 마음대로 작업해서 기획 의도와는 전혀 다른 결과물을 가져오는 경우이다. 심지어 디자인도 별로인 결과물을 가져와서는 담당자에게 디자인을 몰라서 그런다는 BP도 있다.

설마라는 생각이 들겠지만 의외로 적지 않다. 특히 UX/UI 담당자가 없어서 개발자가 PM을 맡고 UX/UI와 디자인을 통으로 에이전시에 맡긴 경우, 표현 강도의 차이가 있을 뿐 무시하는 태도로 개발자를 대하는 것을 너무나 많이 봐 왔다.

그런 의미에서 기획자나 개발자도 디자인을 챙겨야 하는 자리에 있다면 꾸준히 보는 눈을

키울 필요가 있다. 디자인 전시회도 둘러보고, 디자인 잡지도 보고, 웹 사이트나 앱들도 괜찮은 콘셉트가 있다면 기억해 두는 등 신경 써서 자주 접하게 되면 직접 디자인을 하지는 못하더라도 보는 눈을 키울 수 있다. 아래 추천하는 몇 가지 사이트는 시간이 날 때마다 가볍게 둘러보면 요즘 트렌드를 느껴볼 수 있을 것이다.

- 우수 웹사이트 선정: awwwards.com
- 디자인 포트폴리오(해외): behance.net
- 디자인 포트폴리오(국내): loud.kr/portfolio/all
- 여러 가지 디자인: pinterest.com

일정이 촉박해서 걱정했지만 다행히도 UX와 디자인 BP를 잘 만나서 일정 내에 순탄히 진행할 수 있을 듯 하다. 디자인은 소소한 몇 가지만 수정 요청하고, 대시보드 메뉴는 이대로 진행하기로 했다.

STEP5 UI 기획 – BI 서비스 디자인

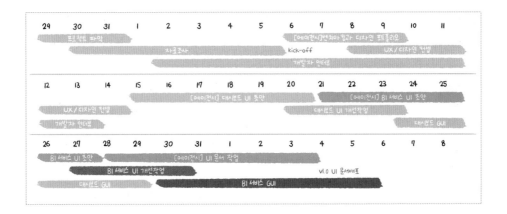

1. [D+29] 8월 27일(화) BI 서비스 UI 초안

대시보드 메뉴를 진행하는 동안 BP에서 작업한 BI 서비스 키스크린 초안이 도착했다.

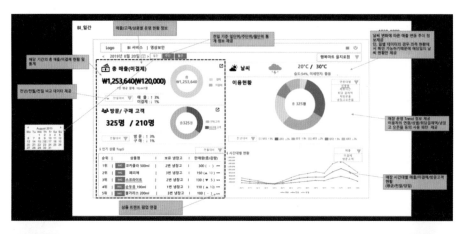

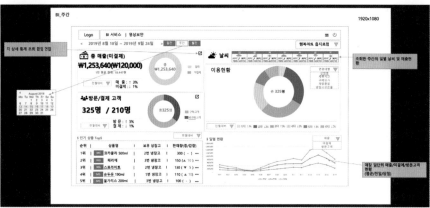

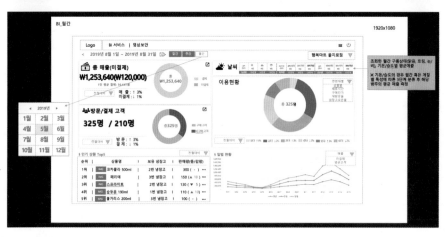

BI 서비스 초안: (순서대로) 일간, 주간, 월간

BIBusiness Intelligence는 수집된 데이터를 사업에 가치 있는 정보intelligence로 가공해서 보여주는 것이다. 날 것 그대로의 데이터가 도움이 될 수도 있겠지만, 이번 프로젝트는 데이터전문가가 아닌 일반 점주, 즉 최종 사용자end-user 타깃이기 때문에 가능한 한 쉽고 의미 전달이 명확해야 한다.

물론 이 정도로 초안 작업을 잡아주면 다음 작업이 훨씬 수월하다. 아무 것도 없는 상태에서 어떤 재료를 가져올지 고민할 필요 없이 있는 재료를 어떻게 요리할 것인지 고민하면되기 때문이다.

남은 일정을 계산해 보니 개발팀이 작업을 당장 시작하지 않으면 3개월 일정을 도저히 맞출 수 없을 것 같아서, BP에게는 작업해 둔 대시보드 개선안을 기준으로 개발팀에게 전달할 상세 UI 문서 작업을 해달라고 요청했다.

2. [D+32] 8월 30일(금) BI 서비스 UI 개선 작업

초안을 살펴보면 일간/주간/월간의 차이는 날씨 표현 방법 정도였다. 몇 월 며칠에 날씨가어땠고, 얼마를 팔았다는 것 자체는 BI 서비스에서 그리 중요한 정보가 아니다.

날씨 초안: (순서대로) 일간, 주간, 월간

꼭 알아야 한다면 날씨는 인터넷에서 찾아보고, 그날의 매출을 찾아보면 충분히 알아낼수 있는 정보이다. BI 서비스에 날씨가 필요한 이유는 점주에게 '내일 비가 온다는데, 비오는 날은 어떤 물건의 재고를 넉넉히 주문해야 할까'를 알려주고자 하는 것이다. 기존안대로라면 그 정보를 알기 위해서는 날씨와 매출 정보를 일일이 뽑아내서 평균을 내고 분석을 해야 하는데, 그렇다는 것은 지금 상태가 BI 서비스라고 할 수 없다는 뜻이기도 하다. 즉 단순히 데이터를 불러와서 보여주는 것은 DBData Base 서비스이고, 그 데이터를 재가공해서 의미 있게 만들어 보여주는 것이 BI 서비스이다.

2-1. UX 기획

대시보드 경우 초안을 맡기기 전에 UX 기획 작업을 거쳐 어느 정도 영역을 잡아놓고 시작했기 때문에 따로 수정할 필요가 없었다. 반면에 BI 서비스는 UX 기획 단계 없이 진행해서 어디서부터 어떻게 수정해야 할지 막막함이 앞섰다. 일단 초안 내용을 살펴보면서 하나씩 풀어보기로 했다.

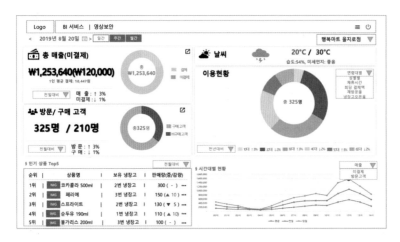

기존안: BI 서비스 키스크린

- 총 매출 영역
- 구매율 영역
- 인기 상품 리스트
- 날씨 영역
- 이용현황 영역: 연령대, 성별, 체류 시간, 구매단가, 재방문율, 냉장고오픈율
- 시간대별 현황 영역: 미결제, 방문 고객

01 데이터를 구분한 기준이 눈에 잘 띄지 않았다. UI 기획을 할 때, 특히 BI 서비스처럼 단순히 겉에 보이는 것이 아니라 내용에 대한 기획이 필요할 때는 'So What(그래서)?'을 늘 염두 해둬야 한다. 예를 들면, 이용현황에서 성별을 선택하면 그 기간 매장을 방문한 남녀 비율을 알 수 있다. So What? 점주가 남녀 비율을 알았다면 다음에 그 데이터로 무엇을 할 수 있을까 생각해야 한다. 매장 이용 고객 중 남자가 60%, 여자가 40%라는 사실을 알아내도 그 이상 할 수 있는 행동이 없다. 연령대별로 다시 분석해서 '매장에 가장 많이 방문하는 고객층은 30대 여성'이라는 결과를 얻을 수 있으면 적어도 그 고객들을 대상으로 집중 프로모션을 할 수 있을 것이다.

02 대시보드의 정보와 연동이 필요해 보였다. 대시보드에선 냉장고별로 데이터를 보여주는데, 그 데이터가 BI 서비스로 오면서 이용현황에 전부 통으로 묶여버렸다. 매장에 사람들이 들어와서 냉장고 문을 여는 비율이 30%밖에 안 된다는 결과를 받으면 점주 입장에서는 뭔가 이상하고 뭘 어떻게 해야 할 것인지에 대한 의문만 남게 된다. 그러나 냉장고별로 체류 시간이나 오픈율, 매출 등을 파악할 수 있으면 물건 배치나 동선 등에 참고해서 상황을 개선해 볼 수 있다. 심플한 것도 좋지만 그냥 지나치게 되면 얻을 수 있는 유용한 정보도 함께 사라져 버린다.

03 날씨는 매출에 큰 영향을 미치는 요인이다. 초안에서 표시한 날씨 정보와 같은 단순 일기예보는 BI 서비스에서 굳이 표시해 주지 않아도 된다. BI 서비스의 날씨 정보라면, 내일 비가 온다고 했을 때 매장에 어떤 상품을 진열해야 매출이 더 잘 나올 수 있을지 알려줄 수 있어야 한다.

04 그 외에 점주의 고민 중 하나는 언제 매장에 사람을 써야 하는 지다. 무인 운영을 하더라도 재고 정리나 매장 청소 등 사람의 손이 필요하다. 그렇기 때문에 정기적으로 파트타임을 쓸 수 있도록 언제가 가장 적당한지 알고 싶다는 것이었다. 평균적으로 재고가 부족해지는 시간과 매장이 한산해서 청소 가능한 시간 혹은 매장이 너무 붐벼서 사람의 안내나 유인 운영 전환이 필요한 시간대를 알아야 한다.

05 살펴 본 내용을 바탕으로 BI 서비스 키스크린은 크게 좌측과 우측으로 정보를 나누었다.

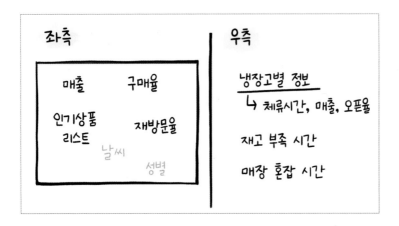

- 좌측: 매출과 구매 고객, 판매 상품 순위 등 점주의 해석이 필요 없는 직관적인 정보
- 우측: 냉장고별 정보, 재고 부족, 매장 혼잡 시간 등 매출과 직접적인 관련은 없으나, 매출 신장에 도움을 줄 수 있는 정보

06 큰 단위로 구분했지만, 여전히 명확히 분류된 느낌은 아니다. 게다가 매출이라고 간단히 썼지만 그 안에도 표시할 재료들이 많이 있기 때문에 다시 한 번 그룹핑해서 보다 명확히 나눠주었다.

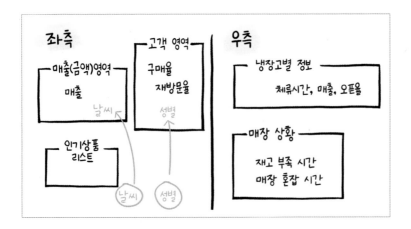

07 세부적인 표현 방법은 UI 기획 작업을 진행하면서 고민해 봐야겠지만, 기존안에는 전반적으로 사용자가 선택해야만 볼 수 있는 정보가 너무 많았다. 예를 들어, 이용현황에는 여러 가지 주제들이 드롭다운 메뉴 안에 들어가 있다. 사용자가 보고 싶은 주제를 선택해 각각 볼 수 있도록 했지만 정보가 지나치게 파편적이어서 한눈에 파악하기 어려웠다. 우선 기획의 1차적인 목표를 한눈에 볼 수 있도록 바꾸는 것으로 잡았다.

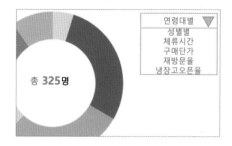

2-2. 조회 기간 설정

BI 서비스의 키스크린은 조회 기간에 따라 다르다. 날씨 정보만 봐도 일간, 즉 당일의 날씨만 표시할 때와 주간이나 월간 날씨를 표시할 때가 다르다. 가장 먼저 조회 기간에 대한 기준을 정해야 한다. 초안대로 일간/주간/월간 단위로 표시하는 것이 맞는지부터 생각해 봤다.

기존안: 기간 선택

01 기존안에서 일간은 0시부터 24시, 주간은 월요일부터 일요일, 월간은 1일부터 그 달의 마지막 날까지를 기준으로 잡고 있다. 일반적인 방법이고 간단하게 넘어갈 수도 있지만 이 서비스는 유인/무인이 혼합된 형태의 매장이고, 무인 운영 중 데이터만 분석해 BI 서비스로 제공하기 때문에 깊게 생각해야 한다.

02 매장 운영 패턴에는 여러 가지가 있다. 정기적으로 밤 9시부터 아침 6시까지 무인으로 운영하는 점주가 있는가 하면, 주말 내내 무인 운영을 돌리는 점주도 있고 혹은 짬이 날 때마다 들러서 유인 운영을 하는 점주도 있다. 이처럼 매일 운영 시간이 들쭉날쭉 할 수 있어 단순히 0시부터 24시까지를 일간 데이터로 묶어버리면 기대와는 다른 데이터가 나올 가능성이 높다.

03 이 서비스에서는 일간, 즉 0시부터 24시까지의 날짜 선택 이외에도 무인으로 운영한 구간별로 조회가 가능하도록 했다. 예를 들어, 금요일 저녁 7시부터 월요일 아침 9시까지 무인으로 운영했다면 3박 4일간의 기간이 하나의 구간으로 묶인다. 혹은 아침 9시부터 오후 1시까지 4시간을 무인으로 운영하고, 저녁에 2시간 정도 다시 무인으로 운영했다면 하루에 2개의 구간이 있을 수도 있다.

04 조회 기간을 구간, 일간, 주간, 월간 총 4가지로 제공하기로 결정했으니 이제 그 표현 방법을 고민할 차례이다.

> < **2019년 8월 20일** 📅 > 일간 주간 월간

기존안: 기간 선택

05 기존안에는 BI 서비스 메뉴에서 날짜를 하루씩 넘기거나 일간/주간/월간 버튼을 눌러 달력 팝업을 띄워 선택하도록 되어 있다.

06 키스크린 작업에서 가장 유의해야 할 점 중 하나는 일관성을 지키는 것이다. 이전에 작업한 대시보드 메뉴에서 해당 영역의 전체적인 틀을 보면, 좌측에 주요 내용이 있고, 우측에는 날짜와 시간 등 부가정보가 위치하고 있다.

무인 운영 중 (19.08.20 00:10 ~ 12시간 30분 운영중)

대시보드: 날짜/시간 영역

07 우리나라를 포함한 대부분 나라에서는 좌측에서 우측으로 정보를 읽기 때문에 좌측에 주요 정보나 사용자가 해야 하는 작업, 즉 시선을 주목시킬 필요가 있는 정보를 두는 것이 좋다. 그렇기 때문에 선택 버튼을 좌측으로 옮기고 날짜를 우측으로 옮겨준다.

| 일간 | **주간** | **월간** | < **2019년 8월 20일** 📅 >

08 구간 선택 정보를 표시하기 위해서는 지금의 날짜 표현 형식으로는 부족하다. 지금은 날짜만 표시할 수 있지만, 8월 18일 06시부터 8월 20일 20시까지의 기간을 표시할 수 있어야 한다.

09 기존의 UI대로면 20일에서 다음 날의 데이터를 보기 위해 버튼을 넘겼는데 만약 21일 하루 종일 유인 운영을 했다면, 표시할 데이터가 없어 문제가 생겨 버린다. 이 경우 선택을 해야 한다. 하나는 '해당일에는 수집된 데이터가 없습니다'라고 BI 서비스 페이지에 크게 띄워주는 것이고, 다른 하나는 데이터가 있는 이틀 뒤로 건너뛰는 것이다. 전자는 사용자에게 마치 문제 상황인 것처럼 보일 수 있어서 가능한 피해야 하는 방법이고, 후자는 사용자가 날짜를 확실히 확인하지 않으면 21일의 데이터인 줄 알고 봤는데 사실은 며칠 뒤의 데이터였을 수도 있기 때문에 마찬가지로 그리 바람직하지는 않다.

10 따라서 날짜를 좌우로 넘기는 버튼은 삭제하고, 기간으로 표시했다.

11 이때 유의할 점은 데이터 표시 방법의 일관성이다. 대시보드에서 시간 표시는 YYMMDD HH:MM으로 되어 있지만, 기존안에는 YYYY년 MM월 DD일로 되어 있다. 데이터를 표시하는 방법은 같은 영역뿐만 아니라 서비스 전반에 걸쳐 일관성 있게 가져가야 한다.

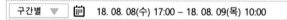

12 마지막으로 좌측에 위치한 세 개의 선택 버튼은 직관적이지만 많은 영역을 차지한다. 특히 모바일 환경에서 3개의 버튼을 늘어놓는 것은 거의 1개 라인에 해당한다.

13 일간 버튼을 눌러 날짜 선택 팝업을 띄웠다가 주간을 선택하려면 팝업을 닫고 다시 선택해야 하는 불편함도 있다. 그래서 크게 두 가지로 묶어 조회 기간을 설정하도록 했다.

| 구간별 ▼ | 📅 | 18. 08. 08(수) 17:00 – 18. 08. 09(목) 10:00 |

개선안: 기간 선택

- 구간별: 무인 운영구간, 일간, 주간
- 월간

14 우선 비교적 간단한 월간 선택을 살펴보면, 기존안에서는 단번에 월을 선택할 수 있는 팝업을 띄웠다.

월간

◀	2019년	▶
1월	2월	3월
4월	5월	6월
7월	8월	9월
10월	11월	12월

기존안: 월간 선택 팝업

15 선택이 간편하고 직관적이라는 장점은 있지만, 이 달에 유인/무인 운영이 얼마나 어떤 패턴으로 진행되었는지 알 수 없다는 단점이 있다.

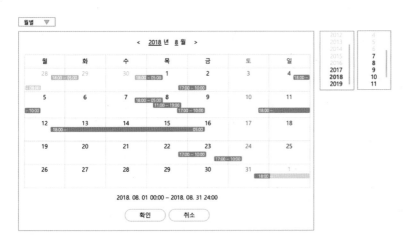

개선안: 월간 선택 팝업

16 연도와 월은 하나씩 넘기지 않아도 되도록 숫자를 눌러서 단번에 선택할 수 있게 해주고, 달력에는 무인으로 운영된 시간을 표시했다.

17 UI 기획에서 일관성만큼 중요한 것은 사용자가 애매하게 느끼지 않도록 명확하게 표시하는 상호배타성이다. 만약 이전 월의 데이터를 회색으로 구분해서 표시하지 않는다면 시작 일자가 7월 30일 저녁부터인지 8월 1일 00시부터인지 애매할 수 있다.

18 확실한 인지를 위해 색상으로 시작 시점을 구분해주고, 하단에 기간을 다시 한 번 텍스트로 정확히 표시해서 더욱 명확히 할 수 있도록 했다.

19 다음은 구간 선택이다. 우선은 일관성을 위해 월간 선택에 사용한 팝업의 틀을 그대로 사용하고, 무인 운영구간과 날짜, 주간을 하나의 팝업에서 해결하기 위해 고민했다.

개선안: 무인 운영구간 선택 시

20 원하는 운영 구간을 선택하기 위해서는 무인으로 운영된 구간을 표시한 바bar 중 하나를 누르면 해당 구간이 선택되도록 했다.

21 특정일의 0시부터 24시까지를 선택하고자 할 때는 날짜를 표시한 숫자를 누르면 해당 날짜가 선택 되도록 했다.

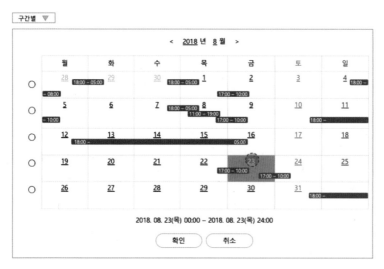

개선안: 일간 선택 시

22 마지막으로 월요일부터 일요일까지 한 주간을 선택하고 싶을 때는 좌측에 배치한 라디오 버튼radio button을 선택해서 한 주간의 일정이 일괄 선택되도록 했다.

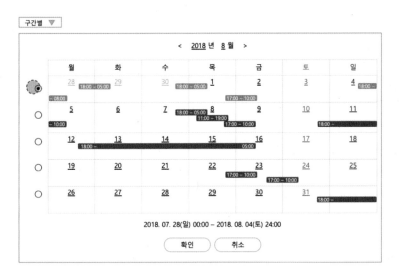

개선안: 주간 선택 시

23 월간과 마찬가지로 선택한 시작과 끝을 명확히 인지할 수 있도록 색상으로 구분하고 하단에 텍스트로 기재해 주었다.

2-3. 매출 영역

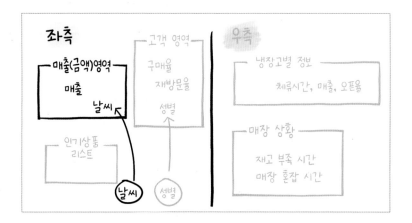

BI 서비스는 대시보드에서 보여준 실시간 데이터를 축적해서 분석해 보여주는 곳이다. 그렇기 때문에 대시보드와 BI 서비스가 동떨어져 있어서는 안된다. 점주가 대시보드를 보며 궁금증이 생기면 BI 서비스 메뉴로 넘어와 해결할 수 있어야 한다. 즉 실시간 매출 집계를 보다가 지난 달 매출이 궁금해졌을 때 BI 서비스 메뉴로 와서 해당 항목을 바로 찾아 볼 수 있어야 한다는 뜻이다.

대시보드: 매출 정보

01 초안을 살펴보면, 대시보드 표시와 일치하고 있고 전월 대비해서 매출이나 미결제가 어느 정도 늘거나 줄었는지 잘 표시해 주고 있다. 다만 더 간결하게 표현할 필요가 있어 보인다.

기존안: 매출 정보

02 기존의 BI 서비스들을 보면 대부분 그래프의 향연이라고 여겨질 만큼 그래프와 표를 남발하는 것을 볼 수 있다. 보기 좋기 위해 넣는 것도 지나치면 오히려 지저분해 보이고 어디에 집중해야 할지 알 수 없게 되기 마련이다. BI 서비스 같은 유형은 특히 그래프로 표현할 수 있는 데이터들이 많아서 도식으로 표현하고 싶은 유혹에 넘어가기 쉽다. 물론 더 간결하고 명확하게 표현할 수 있는 장점이 있다면 당연히 사용해야겠지만 오히려 사용자의 불편함이 늘어나기만 하는 건 아닌지 반드시 고민하고 넣어야 한다.

03 기존안을 하나씩 살펴보면, 미결제는 오류 상황이나 마찬가지이기 때문에 발생하지 않아야 할 부분이고 정상결제와 미결제의 비율을 아는 것은 매장 운영에 있어서 별다른 의미가 없다.

04 그래프 안에 위치한 총 금액도 좌측 총 매출과 동일한 값이어서 굳이 또 넣어줄 필요가 없다. 오히려 같은 값인지 아니면 혹시 다른 의미가 있는 값인지 사용자에게 혼선만 줄 뿐이다.

05 드롭다운 메뉴를 사용해서 전일대비, 전월대비와 같이 비교 대상을 선택할 수 있도록 했는데, 비교 데이터군은 동일해야 그 의미가 있다. 대시보드에서 금일 매출이 지난달 평균에 비해 어느 정도 달성하고 있는지 넣었던 것은 점주가 오늘도 별다른 이상 없이 어느 정도 매출을 달성하고 있는지 대략적으로 파악하기 위함이었다. BI 서비스에서는 대략

이 아닌 객관적이고 의미 있는 정보를 제공해야 한다. 데이터 조회 기간을 주간으로 선택했다면, 지난주와 비교해야 하고, 월간으로 선택했다면 지난 달과 비교해야 한다.

06 다만, 매출이나 방문 고객 수의 경우 지난달이 아니라 3개월 전 혹은 1년 전과 같이 특정 월과 데이터를 비교할 필요는 있다. 예를 들어 작년 겨울과 올 겨울 사이에 매출 변화가 있는지를 비교하는 것이 직전 달과의 비교보다 의미있을 수 있기 때문이다. 그래서 연간 매출과 고객 방문 추이에 대해서는 별도로 연간 매출 보고서를 넣기로 했다.

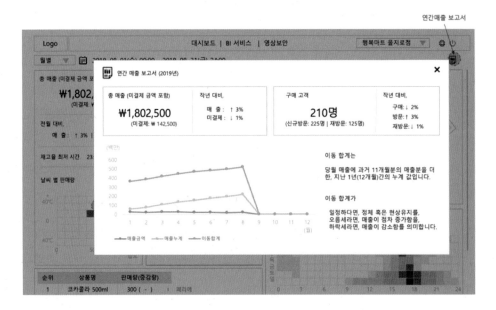

개선안: 연간 매출 보고서

07 이제 살펴본 내용을 바탕으로 정리할 차례이다. 이때 유의해야 할 점은 일관성을 지키는 것이다. 대시보드에 동일한 항목이 있다면 동일한 용어를 사용해야 한다. 예를 들어, 대시보드에는 미결제라고 쓰고 BI 서비스에는 결제 이상이라고 쓰면 안 된다.

상: 기존안, 좌: 대시보드, 우: 개선안

08 이름뿐만 아니라 표시 방법도 일관성을 지켜야 한다. 총 매출에 미결제 금액을 포함해서 표시했다면, BI 서비스에서도 동일하게 적용해야 한다. 키스크린을 만들 때는 계속해서 다른 메뉴들을 살펴가며 내용이나 형식이 일관성을 잘 유지하고 있는지 반드시 확인하고 작업해야 한다.

09 총 매출이라는 타이틀 자체는 그리 중요하지 않기 때문에 비중을 낮추고 금액 자체에 대한 비중을 높여줬다.

10 미결제는 대시보드에서는 당장 해결해야 할 이슈였지만, BI 서비스에서는 그 정도로 시급한 정보는 아니다. 총 매출보다는 비중을 줄이되 이슈problem를 나타내는 붉은 색으로 표시해 주었다.

11 전일, 전월 대비를 선택하던 드롭다운 메뉴는 삭제하고, 조회 기간 설정에 따라 타이틀이 바뀌도록 했다. 예를 들어, 조회 기간이 주간으로 되어 있다면 전주 대비 데이터를

보여주고, 월간으로 되어 있다면 전월 대비 데이터를 보여줬다.

날씨 정보는 그 위치나 표현방법을 가장 많이, 그리고 마지막까지 고민했다. BI 서비스이니 단순한 매출 정보가 아니라 뭔가 매장 운영에 도움을 줄 수 있는 직관적인 정보를 제공하고 싶은데, 막상 쓸 수 있는 Intelligence한 데이터라고는 고작 고객의 성별과 나이 정도이니 날씨 정보라도 잘 가공해 봐야겠다는 생각이 들었다.

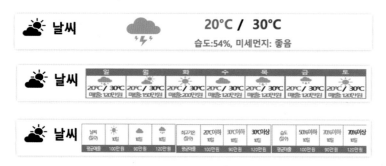

기존안: 날씨 영역

01 일단 기존안의 날씨 정보는 단순한 일기예보 수준이어서 접어두고 아예 새롭게 구상을 시작했다.

02 사용자 입장에서 생각하라는 말을 귀에 딱지가 앉을 정도로 들었으니 이제 점주 입장에서 생각해 보자. 점주는 재고 확인 후 필요한 품목과 양을 본사에 주문 넣고 배송을 받아 물건을 채워 넣는다. '내일 비가 온다고 하는데, 비 오는 날 어떤 물건을 더 많이 발주해서 채워놔야 할까'라는 고민은 다음 날의 매출과 직결되는 중요한 일이다.

03 우선 개발팀으로부터 날씨 API로 가져올 수 있는 항목을 받아 살펴보니, 온도, 습도, 생활지수, 눈이나 비가 올 확률 등 꽤 많은 데이터였다. 잘 생각해 보면 불필요한 데이터는 없다. 온도가 높으면 더워 아이스크림이 잘 팔릴 것이고, 눈이 올 확률이 높으면 따뜻한 음료나 핫팩이 잘 팔릴 것이다. 미세먼지가 높으면 마스크를 더 많이 준비하는 것이 좋을 것이다.

04 하지만 BI 서비스와 같이 대량 데이터를 축적해서 활용하기 위한 서비스라면 가능한 객관적인 수치를 사용해야 한다. 그래야 많은 데이터가 쌓였을 때 신뢰를 높일 수 있다. 예를 들어, 12월의 어느 날, 기상청의 서울 지역에 눈이 왔다고 기록되었다고 해서 정말 눈이 왔을까? 아주 잠깐 내린 눈이었을 수도 있고, 비인지 눈인지 알 수 없는 무언가였을 수도 있다. 혹은 왔다 하더라도 내 매장이 있는 지역에는 오지 않았을 수도 있다. 이처럼 불확실한 정보는 데이터를 오염시킬 수 있기 때문에 피하는 것이 좋다. 빨래 지수나 세차 지수와 같은 생활 지수도 마찬가지이다.

05 여러 항목 중에 BI 서비스에 넣을 날씨 관련 데이터로 온도와 습도를 선택했다. 객관적인 수치이고, 비교적 지역 편차가 적기 때문이다.

06 데이터를 정했으면 어떻게 표현할지 고민할 차례이다. 온도와 습도를 한 번에 표현하되, 복잡하지 않고 한눈에 알아볼 수 있도록.

07 쓸데없는 그래프 향연이 되지 않기 위해서는 데이터를 그냥 표시하는 것보다 그래프를 사용했을 때 반드시 더 효과적이어야 한다.

08 서비스 안에 여러 종류 그래프가 들어가는 것도 지양해야 한다. 화면 안에 원형, 선형, 막대형 등 여러 가지 그래프가 나열되어 있으면 시각적으로 지저분해 보일 뿐 아니라 파악하기도 어려워진다.

09 파워포인트 안에서만 그래프를 찾으려 하면 안 된다. 정형화된 뻔한 형태의 그래프밖에 없기 때문에 데이터를 그래프에 억지로 끼워 맞추게 되어 버린다. 그래프에 데이터를 집어넣는 것이 아니라 데이터에 맞는 그래프 형태를 찾아야 한다.

10 온도와 습도, 그에 따라 잘 팔리는 상품들이라는 3개의 주제를 염두해 두고 인포그래픽Infographic, Chart, BI service, Weather Graph 등등 관련된 검색어를 핀터레스트pinterest나 구글google 혹은 그동안 언급했던 사이트들을 계속 뒤지다 보면 마음에 드는 그래프가 눈에 띄기 마련이다. 얼마나 찾아봐야 하는지 묻는다면, 하도 찾아서 더 이상 새로운

게 눈에 띄지 않을 때까지 찾아보면 된다.

11 찾다 보면 유려한 애니메이션과 함께 펼쳐지는 그래프들도 많다. 아무리 보기 좋은 애니메이션도 과도하면 사용자에게 짜증을 유발하기 마련이다. 한두 번 정도는 신기해 보일 수 있지만, 일상적으로 사용하는 서비스에서 계속 반복되는 애니메이션은 아무리 짧은 1, 2초도 상당히 길게 느껴지기 때문이다.

12 날씨 그래프는 각 칸에 밀도를 표현할 수 있는 바둑판 형식으로 콘셉트를 잡았다.

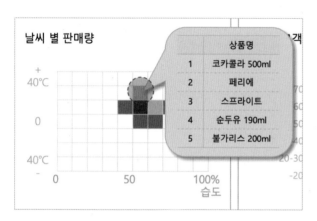

개선안: 날씨 영역

13 온도나 습도를 정확한 수치로 표시할 필요는 없고, 내일 온도가 대략 OO℃, 습도가 OO%일 때, 그에 해당하는 칸을 선택하면 그 날씨에서는 어떤 상품이 가장 많이 팔렸는지 보여주는 형태이다.

14 당장은 내 매장 기록만 볼 수 있지만, 추후 서비스가 확장되고 수많은 매장 데이터가 모여서 쌓이게 되면 전국에서 그 날씨에 가장 잘 팔린 품목을 볼 수도 있어서 신제품을 주문하는데 참고할 수도 있을 것이다.

2-4. 고객 영역

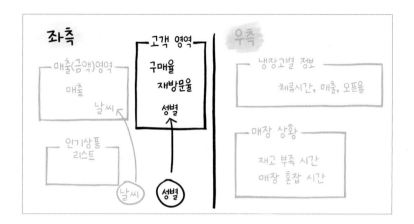

01 기존안에서 구매 고객 정보는 매출 정보와 동일한 형태로 구성한 것을 볼 수 있다.

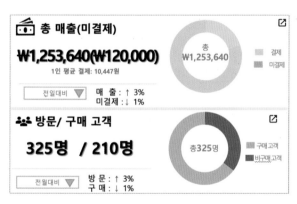

기존안: 구매 고객 정보

02 대시보드에서 고객 정보는 구매율 정도여서 크게 고려할 부분은 없지만 일관성은 지켜야 한다.

03 기존안을 보면 방문/구매 고객으로 되어 있고, 대시보드에는 구매/방문 고객 순서로 되어 있다. 같은 값을 사용할 것이라면 순서도 반드시 일치하도록 해야 한다.

대시보드: 구매 고객 정보

04 BI 서비스의 전반적인 배치를 봤을 때, 우측에는 냉장고별 정보나 매장 상황 영역에 매장 도면과 그래프들이 들어갈 예정이기 때문에, 좌측의 나머지 정보들은 조금 단순하고 간결해질 필요가 있었다. 영역 간의 중요성 수준을 떠나서 모든 영역이 전부 시각적인 개성을 지니고 있으면 그저 지저분하고 복잡한 화면이 되기 때문이다.

05 기존안처럼 매출 영역과 고객 영역을 동일한 형태로 구성해 주었다.

개선안: 구매 고객

06 방문 고객은 신규방문과 재방문으로 구분해 주었다. 매장 운영에 있어서 매장에 단골 고객이 있는지 여부는 상당히 중요하다. 지속적인 운영을 예측할 수 있기도 하고, 재방문 고객이 없다는 것은 매장을 다시 찾을만한 매력이 없거나 뭔가 재방문을 꺼리게 하는 문제가 있다는 뜻이기도 하기 때문이다.

07 이 서비스는 얼굴 등록 후 이용하는 서비스이기 때문에 재방문 고객인지 아니면 신규 방문한 고객인지 구분할 수 있어서 방문 고객을 신규 방문과 재방문 둘로 나눠 표시했다.

수집 가능한 구매 고객 특성에 관한 데이터는 성별과 연령 두 가지다. 상품이 어느 연령대의 남성 혹은 여성에게 팔리고 있는지를 파악하는 것은 꽤 유용한 정보이다. 편의점 본사 입장에서는 제품의 마케팅(광고)이나 이벤트 타깃을 누구로 해야 할지 제한해서 효율적으로 대응할 수도 있고, 매장 입장에서는 편의점을 방문하는 주요 고객층을 파악해서 선호하는 물건을 주로 구비해 둘 수도 있기 때문이다.

실제로 편의점에서는 고객이 물건을 계산할 때, 점주가 POS기에 성별과 나이를 짐작해서 입력하도록 되어 있지만 눈짐작으로 알기도 어려울뿐더러 매번 입력하기도 번거로운 일이어서 필요는 하지만 무용지물에 가까운 기능이 되어버렸다.

01 기존안의 성별과 나이 정보를 살펴보면 각각 별개 데이터로 원형 그래프를 사용한 것을 볼 수 있다.

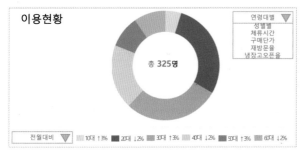

기존안: 구매 고객 특성

02 정보를 재가공하지 않고 있는 그대로 보여주게 되면 데이터로부터 인사이트를 얻기 어렵다. 예를 들어, 20대가 2% 감소했다고 하지만 그것만으로는 원인을 파악하기 힘들다. 혹은 홍보 마케팅 이후 여성 고객이 5% 증가했다고 하더라도 어느 연령층 여성 고객에게 좋은 반응을 이끌어낸 것인지 알 수 없다.

03 성별과 나이는 온도, 습도와 마찬가지로 대략적인 분포를 보는 것이 우선이기 때문에 정확한 수치를 표시해 줄 필요는 없다. 날씨와 같은 바둑판 형태 그래프로는 표현이 불가능한 종류의 데이터이기 때문에 또 다시 검색을 시작했다.

04 그래프를 찾을 때 또 하나의 팁이라면, 하이차트라는 사이트를 이용하는 것이다. 많은 개발자들이 그래프를 만들 때 템플릿으로 사용하는 곳으로, 다양한 형태의 그래프 데모를 볼 수 있다. 템플릿이 존재하는 그래프는 개발이 훨씬 수월해지기 때문에, 꼭 하이차트가 아니더라도 함께 일하는 개발자에게 선호하는 템플릿 서비스를 미리 물어두는 것도 좋은 방법이다.

highcharts.com

05 날씨 정보에 사용한 바둑판 형태 그래프는 조금 독특한 형태였지만, 성별이나 나이에 관련한 데이터들은 흔한 편이어서 적당한 그래프를 비교적 쉽게 찾을 수 있었다.

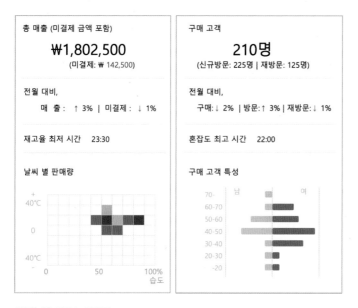

개선안: 매출 영역 / 고객 영역

06 남성과 여성을 가운데 축을 기준으로 좌우로 나누고, 나이를 세로축으로 세워 성별과 나이를 종합적으로 한눈에 볼 수 있도록 했다. 이 그래프를 해석한다면, 이 매장은 전반적으로 여성의 방문이 더 많고, 40대 고객이 가장 많이 찾는 것을 알 수 있다.

2-5. 인기 상품 리스트 영역

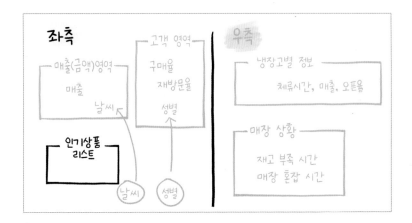

매장에서 판매 중인 물품들의 판매 순위는 추가 주문을 할 때 필요한 중요 정보 중 하나이다. 매장에 변화를 주었거나 행사event를 한 뒤에 순위가 변경되었는지 등 변화의 효과를 보기 위해서도 반드시 필요한 정보이다. 예를 들어, 8위에 있던 음료의 냉장고 위치를 바꿨을 때 혹은 1+1 이벤트를 했을 때 판매량이나 순위에 변화가 있는지 볼 수 있다.

§ 인기 상품 Top5							전월대비 ▽
순위		상품명		보유 냉장고		판매량(증/감량)	
1위	IMG	코카콜라 500ml		2번 냉장고		300 (-)	•••
2위	IMG	페리에		3번 냉장고		150 (▲ 10)	•••
3위	IMG	스프라이트		2번 냉장고		130 (▼ 5)	•••
4위	IMG	순두유 190ml		1번 냉장고		110 (▲ 10)	•••
5위	IMG	불가리스 200ml		3번 냉장고		100 (-)	•••

기존안: 인기 상품 리스트

01 기존안에는 상품 이미지를 표시하도록 했는데, 모든 상품의 이미지 데이터를 가져오는 것도 불가능할뿐더러 도저히 이미지를 넣을 수 있는 크기의 영역이 아니다.

02 간단히 음료, 과자, 빙과류 등 제품군을 나타내는 아이콘을 넣을 수도 있겠지만 분류에 따른 판매 분석을 보여줄 것이 아니라면 굳이 넣을 필요는 없어 보인다. 만약 꼭 넣고

싶은 정보라면 사전에 POS기 혹은 본사 데이터에서 상품 분류 기준표를 연동해서 가져올 수 있도록 개발팀과 논의를 했어야 한다.

03 보유 냉장고 항목은 빼기도 넣기도 애매했다. 만약 1~5위가 특정 냉장고에 몰려 있다면 고객 동선을 분산시키기 위해 품목들을 나눠둘 필요가 있다는 식으로 활용할 수 있으니 필요한 정보이기는 하다. 하지만 그럴 확률이 높지 않고, 대부분 같은 제품군끼리 진열하기 때문에 큰 도움이 될 것 같지 않았다.

04 인기 상품 리스트를 표시할 수 있는 영역은 한정되어 있기 때문에 단순한 정보를 표시하기보다는 조금 더 효과적인 정보를 표시하고 싶었다.

순위	상품명	판매량(증감량)
1	코카콜라 500ml	300 (-)
2	페리에	150 (▲10)
3	스프라이트	130 (▼ 5)
4	순두유 190ml	110 (▲15)
5	불가리스 200ml	100 (-)
6	TOP 블랙	90 (-)
7	위생천	79 (▲10)
8	데자와	75 (-)

페리에
품절(부족) 횟수 : 3(2) 회

개선안: 인기 상품 리스트

05 고민 끝에 품목을 선택하면 우측에 해당 상품이 품절된 횟수와 구매한 고객 특성이 나타나도록 했다. 품절 횟수가 잦다면 재고를 채워 넣을 때까지 놓친 고객이 많다는 뜻이니 재고를 채우는 시간이나 횟수 혹은 배치하는 양을 검토해 볼 필요가 있다.

06 각 품목에 대한 고객 특성 분포를 보면 해당 상품이 어느 고객층에 인기가 있는지 알 수 있으므로 보다 적극적인 홍보를 하거나 그 품목 옆에 동일한 고객층에게 인기가 있는 상품을 배치해서 함께 구매할 수 있도록 유도하는 전략을 세울 수도 있다.

이렇게 좌측에 있는 매출, 고객, 상품 리스트 세 가지 영역의 작업을 마쳤고, 이제 우측 정보들을 살펴 볼 차례이다.

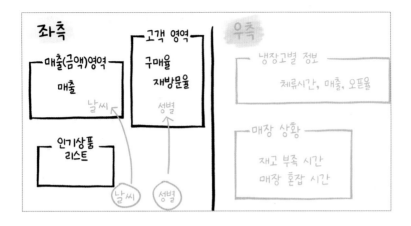

- 좌측: 매출과 구매 고객, 판매 상품 순위 등 점주의 해석이 필요 없는 직관적인 정보
- 우측: 냉장고별 정보나 재고 부족, 매장 혼잡 시간 등 매출과 직접적인 관련은 없으나 매출 신장에 도움을 줄 수 있는 정보

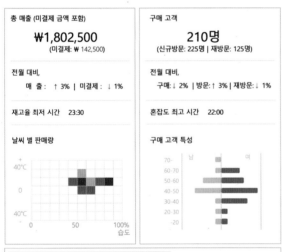

순위	상품명	판매량(증감량)
1	코카콜라 500ml	300 (-)
2	페리에	150 (▲10)
3	스프라이트	130 (▼ 5)
4	순두유 190ml	110 (▲15)
5	불가리스 200ml	100 (-)
6	TOP 블랙	90 (-)
7	위생천	79 (▲10)
8	데자와	75 (-)

개선안: BI 서비스 좌측

2-6. 냉장고별 정보 영역

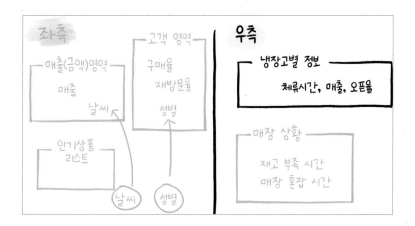

좌측 정보들은 직관적인 데이터들 위주로 단순하고 간결하게 표현하는 것을 목표로 했기 때문에 우측 정보들은 BI 서비스다운 그럴듯한 표현을 할 필요가 있어 보였다. 어쨌든 이 서비스를 만드는 목적은 양산화에 앞서 홍보를 위한 데모이기도 하고, 기존에 있는 데이터 나열식의 BI 서비스와의 차별화가 필요하기도 하기 때문이다.

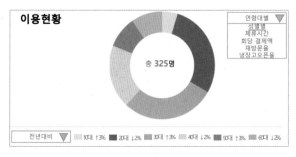

기존안: 이용 현황

01 우선 기존안을 살펴보면, 여러 가지 데이터를 이용 현황이라는 영역에서 각각 선택해서 볼 수 있도록 했다.

02 데이터를 그래프로 표시하는 목적은 비교하기 위한 것이다. 전후 비교나 냉장고 사이의 비교일 수도 있고, 전체적인 흐름을 보고 싶은 것일 수도 있다. 하지만 이렇게 데이

터가 파편화되면 점주 입장에서 그 다음에 할 수 있는 일이 떠오르지 않는다.

03 기존안에 있는 연령대별부터 냉장고 오픈율까지의 6개 항목 중 나이, 성별, 재방문율은 이미 좌측 영역에 배치했고, 남은 3가지 항목인 체류 시간, 결제액, 냉장고 오픈율은 대시보드에서 사용한 매장 도면의 냉장고별 데이터에 녹여 넣기로 했다.

대시보드: 냉장고별 정보

04 대시보드에서 냉장고 아이콘은 실시간 재고상태와 알림을 보여주는 것이 주요 기능이었고, 부수적인 정보로 플로팅 팝업을 사용해 냉장고 문을 연 고객 수와 해당 냉장고의 판매 금액을 보여줬다.

05 대시보드에서는 냉장고 오픈율과 매출이 큰 의미를 지니지 못했지만, 한 주간 혹은 한 달간 데이터를 모아 분석한 결과라면 냉장고 별로 차이가 두드러지게 나타날 수도 있고 정확도도 높아진다.

06 실시간 상태를 표시하는 재고 관리와 알림 데이터를 제외하고 기존안과 대시보드 항목들을 취합해 보면, 개방 인원, 판매 금액, 체류 시간, 냉장고 오픈율 정도이다.

07 개방 인원과 냉장고 오픈율은 같은 의미를 가진 데이터이기 때문에 오픈율로 취합하고 나면 세 가지 항목이 남게 된다.

- 체류 시간: 고객이 냉장고 앞에 머문 평균 시간
- 오픈율: 체류한 고객 중 문을 연 고객의 비율
- 매출: 해당 냉장고에서 발생한 매출 금액

08 이 데이터들을 매장 도면상에 모두 꺼내 놓고 냉장고끼리 한눈에 비교할 수 있도록 하고 싶었다. 그래야 어느 냉장고의 매출이 높고, 매출이 체류 시간이나 오픈율과 상관관계가 있는지도 함께 비교해 볼 수 있기 때문이다.

09 대시보드에서의 매장 도면 디자인과 일관성을 지녀야 한다. 전혀 동떨어진 데이터가 아니라 같은 포맷을 기반으로 대시보드에서는 실시간 정보를, BI 서비스에서는 취합된 정보를 보여주는 식의 느낌을 사용자가 받을 수 있도록 하고자 했다.

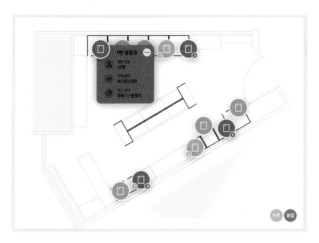

대시보드: Map 영역

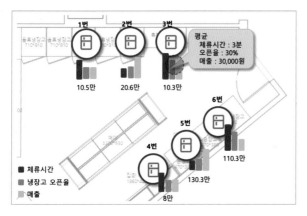

BI 서비스 개선안: 냉장고별 정보 영역

10 매장 도면과 냉장고 아이콘, 배치 등은 대시보드와 동일하게 가져갔다. 표시할 데이터들은 구체적인 값이 중요한 것이 아니라 서로 비교하기 위한 목적이기 때문에 추이를 볼 수 있는 작은 막대 그래프를 사용했다.

11 매출 금액 경우에는 점주 입장에서 구체적인 값을 알고 싶을 가능성이 높고, 격차가 매우 크지 않은 이상 막대 그래프만으로는 비슷비슷하게 보일 수 있어서 그래프 아래에 추가적으로 금액을 기입해 주었다.

12 세 가지 항목에 대해 구체적인 값을 보고 싶을 때는 그래프 영역을 선택하면 툴팁이 떠서 간단히 확인할 수 있도록 했다.

13 이 데이터들을 활용할 수 있는 방법을 생각해 보면, 만약 4번 냉장고의 체류 시간이 유난히 긴데도 불구하고 오픈율이 낮다면, 고객이 여러 물건을 오랫동안 살펴보다가 결국 사지 않고 발걸음을 돌렸다는 것으로 해석할 수 있다. 이 경우라면 그 냉장고에 있는 품목들의 종류, 즉 맥주가 모여있는 냉장고라면 맥주를 사고자 계속 훑어봤지만 결국 사고 싶은 맥주를 찾지 못했다는 것으로도 볼 수 있다.

14 혹은 매출이 유난히 낮은 냉장고가 있다면, 그 안에 있는 잘 팔리지 않는 품목들을 다른 상품으로 대체한다거나 미끼상품을 배치하는 등 새로운 전략을 세워볼 수 있을 것이다.

2-7. 매장 상황 영역

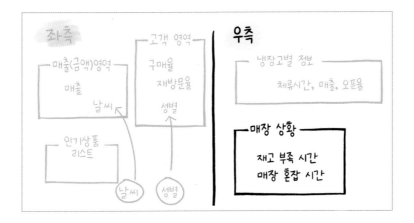

점주가 무인 매장을 운영하는 가장 큰 이유는 인력을 효율적으로 사용하기 위함이다. 점주가 24시간 매장에 있는 것은 현실적으로 불가능하다. 파트타임 고용도 쉽지 않고, 야간에 일할 사람을 구하는 것도 너무 어려워서 관리가 쉽지 않기 때문이다.

하지만 무인 매장으로 전환한다고 해서 인력이 전혀 필요 없는 것은 아니다. 물건을 채워넣는다거나 매장을 청소하는 등 최소한의 인력은 필요하기 마련이다. 그렇다면 언제 얼마나 인력을 투입해야 할지 결정해야 한다.

CCTV를 설치해 두고 재고가 없어지면 달려가서 채워 넣거나 매장에 사람이 몰려들면 5분 대기조처럼 뛰어 나갈 수도 없는 노릇이다. 파트타임을 고용하더라도 정기적인 시간을 정해야 하는데 불필요한 시간에 투입하게 되면 결국 점주가 직접 수습하기 위해 매장으로 가야 하니 무인 매장의 장점이 희석되어 버린다.

01 유인 관리 시점을 알기 위해 필요한 정보는 두 가지이다. 첫 번째는 재고를 채워 넣기 위한 재고 부족 발생 시간이고, 두 번째는 매장에 고객이 많을 때 직접 대응해서 과부하를 줄일 필요가 있는 매장 혼잡 시간이다.

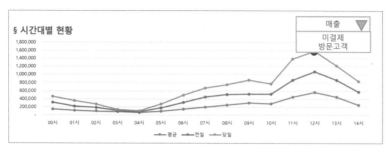

기존안: 방문 고객 현황

02 기존안에서는 방문 고객 현황을 선형 그래프로 표현했다. 전형적인 형태이지만 이것만으로는 뭔가 부족했다. 그래프대로면 12시가 가장 피크이니 그때 유인 관리자를 투입하면 된다. 하지만 매장은 요일별 차이가 매우 크다. 주말과 평일의 차이는 물론이고, 평일 중에서도 손님이 뜸한 요일과 많이 몰리는 요일이 다르기 마련이다. 게다가 다양한 변수가 존재하는 매장에서 어느 날의 데이터만 보고 전체를 판단할 수는 없다.

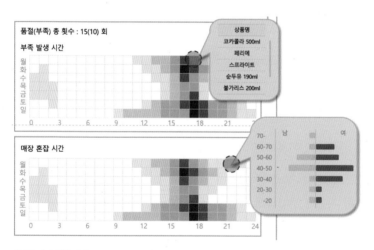

개선안: 매장 상황 영역

03 시간과 요일을 함께 넣고, 품절과 혼잡을 알리는 알람 발생 빈도는 일종의 Z축이라고 할 수 있는 명암으로 표현했다.

04 다섯 개 영역들을 순차적으로 살펴보긴 했지만, 실제로 작업할 때는 서비스에 들어갈 데이터들을 전반적으로 구상하면서 그래프 형태를 찾고 고민한다. 날씨에 쓰인 바둑판 형식 그래프를 매장 상황 영역에 마침 적당해서 가져다 쓴 것이 아니다. 데이터들을 중구난방 여러 개의 그래프로 표현하는 것이 아니라 가능한 같은 형태의 그래프로 표현할 수 있도록 기획한 것이다.

05 그래프상으로 봤을 때 화요일 16~17시와 주말 17~18시가 특히 재고가 부족하고 매장이 붐비는 것을 볼 수 있다. 정기적으로 16시에서 18시 전후에 인력을 투입한다면 나머지는 무인으로 운영해도 별다른 문제가 없을 것으로 보인다.

BI 서비스 UI 초안

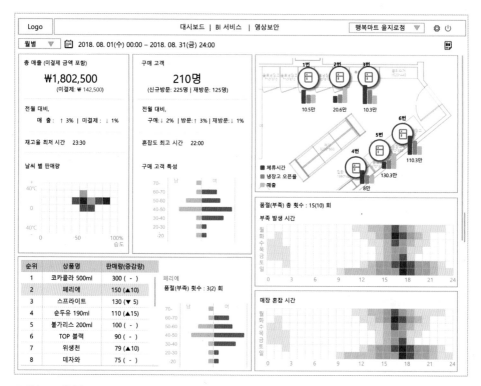

BI 서비스 UI 개선안

이렇게 BI 서비스를 완성했다. CCTV를 연동해서 더 많은 정보를 녹여 넣고 싶었지만 개발 기간이나 비용 등 여러 여건상 Phase 2로 넘기기로 했다.

사실 Phase 2를 진행할 수 있을지는 알 수 없다. 이 프로젝트가 통째로 다른 팀으로 넘어가게 될 수도 있고, 흐지부지 사라져 버릴 수도 있다. 아쉬운 부분을 개선할 수 있는 기회가 온다는 것은 상당히 운이 좋은 편에 속한다. 그래서 가능한 한 한 번 할 때 후회 없이 하려 노력은 하지만, 짧은 일정에 쫓기다 보면 출시된 이후에 왜 이런 실수를 했을까 싶을 때도 많고, 기껏 메모까지 해두고서 깜빡하고 못 넣는 기능들도 있곤 한다.

이제 디자인팀에 BI 서비스 UI 키스크린을 넘기고 나면 드디어 한숨 돌릴 수 있겠다.

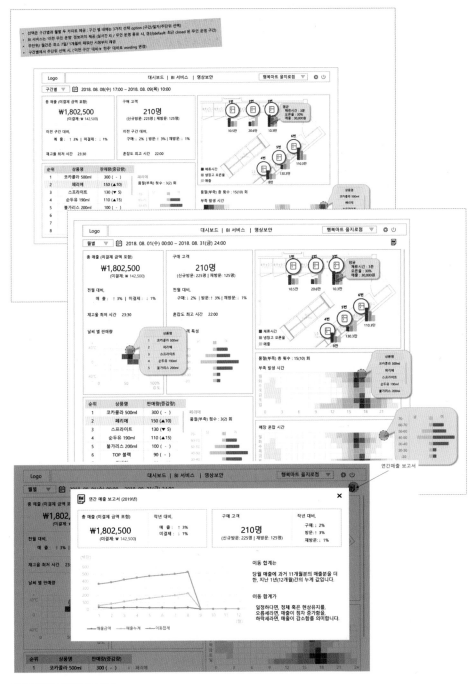

디자인팀에 넘긴 원본 키스크린

3. [D+38] 9월 5일(목) BI 서비스 GUI 작업

드디어 BI 서비스 시안만 확인하면 UX/GUI 작업이 끝나고 개발팀에 패스하면 된다.

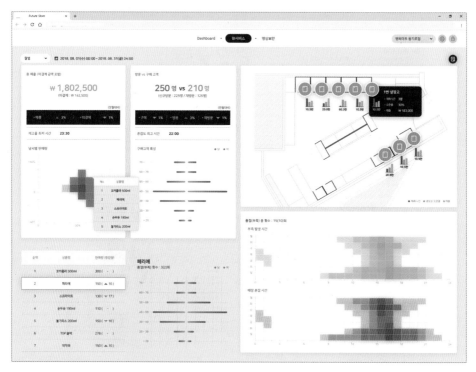

BI 서비스 GUI 초안

이미 대시보드에서 기본 콘셉트가 정해졌기 때문에 특별히 수정해 달라고 할 것도 없이 마음에 들었다. 특히 냉장고를 선택했을 때 나오는 플로팅 팝업은 기대했던 것보다 훨씬 디자인이 잘 나와서 만족스러웠다.

전반적으로 기획 의도를 잘 파악해서 중요한 정보를 살리고 비교적 덜 중요한 것들은 톤tone을 낮춰주는 등 의도한대로 잘 표현되었다. 몇 가지 소소하게 의도와 다르게 표현된 것들만 수정을 부탁했다.

- 냉장고 플로팅 팝업: 3개 그래프와 우측 플로팅 팝업에 나오는 3개 정보가 매칭된 정보라는 것을 인지하기 어려울 것 같아서 표기점을 동일한 색으로 변경했다.

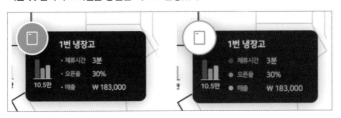

좌: GUI 초안 / 우: 개선안

- 부가 정보: 추이를 표시한 데이터를 위아래 정보와 구분하기 위한 의도는 좋았지만, 도드라지는 색상을 사용해서 오히려 메인이 되는 매출 금액이나 방문객 정보의 중요도가 밀려나는 느낌이 있어서 튀지 않도록 톤 다운을 했다. 그리고 이유는 알 수 없으나 UI 키스크린과 달리 vs로 표시되어 있는 부분은 수정을 요청했고 대시보드와 일관성을 가져가기 위해 구매/방문 고객으로 수정했다.

좌: GUI 초안 / 우: 개선안

- 색상 그라데이션: 매장 상황 영역에 있는 바둑판 모양 그래프의 색상 단계를 세분화하여 5단계에서 10단계로 변경했다. 콘셉트 이미지상으로 봤을 때는 기존안이 더 깔끔해 보일 수 있지만, 실제 매장 데이터가 입력되면 단계가 적게 나눠져 있을 때 대부분 하얗게 보이거나 붉게 보이는 등 극단적으로 보일 수 있기 때문이다.

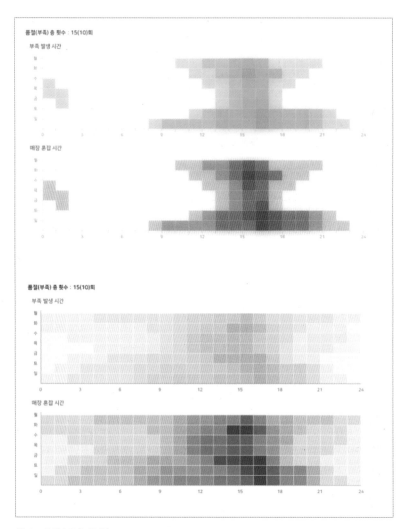

위: GUI 초안 / 아래: 개선안

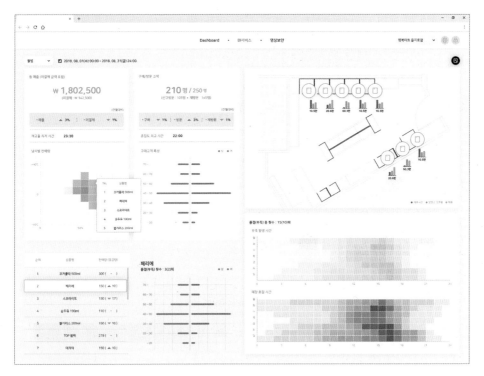

BI 서비스 GUI 최종안

PM 입장이라면 디자이너가 의지를 갖고 작업한 디자인에는 가능한 크게 손대지 않는 것이 좋다. 손을 대면 댈수록 산으로 가기 마련이어서 사용성이나 시인성에 지장을 주지 않는 선에서는 디자이너 의도대로 두는 편이 맞다. 예를 들어, 폰트가 작아야 디자인이 깔끔해 보이니 디자이너들은 허용되는 한 가능한 폰트를 줄이는 편이다. 그렇다 보니 시안을 보고 나서 폰트를 키워달라는 요청을 많이 하곤 하는데, 애초에 폰트 사이즈에 맞춰 나머지 요소들의 디자인이나 배치 등을 고려하기 때문에 폰트만 키우면 전체적인 밸런스가 무너져 버린다.

디자인에 적극적인 의견을 개진해 보겠다는 의욕에 이것저것 수정을 요청하다 보면 나중에는 뭔가 이상한데 뭐가 이상한지 알 수 없는 상태가 되는 것을 볼 수 있는데, 이런 경우에는 그 과정을 보지 않았어도 결과물만 보면 짐작할 수 있다. 간혹 앱이나 서비스들을 보면 도대체 이 앱의 디자인 콘셉트는 뭔가 싶을 때가 있다. 아마 열에 아홉은 보스의 숨결이 깃은 서비스가 아닐까 짐작해 본다.

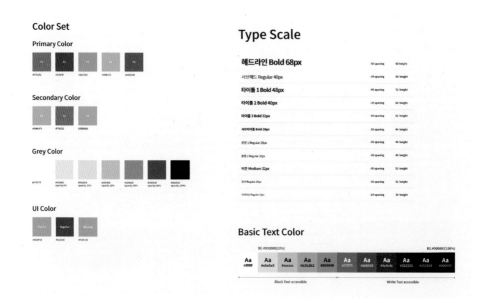

그래서 앞서 언급했듯이 명확한 기준을 프로젝트 초반에 잡아두고 시작해야 한다. 안드로이드나 iOS는 공통 가이드라인이 있기 때문에 그 기준으로 작업하면 되고, 어지간한 디자인 업체들은 앱이나 웹 등에 대한 디자인 가이드라인이 있기 때문에 초반에 확인 정도만 하고 넘어가면 된다. 다만, 자사의 디자인 가이드라인이 별도로 있는 경우에는 반드시 처음 프로젝트를 시작할 때 디자이너에게 전달해서 나중에 번복하지 않도록 챙겨야 한다.

이렇게 초반에 세팅한 대로 결과물이 나왔다면, 사이즈나 색상 조정 요청은 하지 말아야 한다. 당장 눈으로 보기에 좀 작아 보이거나 커 보일 수도 있지만, 모니터나 디바이스 환경이 평균치와 다르게 세팅되어 있거나 혹은 개인의 편향된 판단일 수도 있기 때문이다.

모바일 사이즈 GUI 시안

함께 보내온 모바일 사이즈 버전도 특별히 수정 요청할 사항은 없어서 마무리하고 개발 단계로 넘어가기로 했다. 넘어간다는 표현을 썼지만, 그동안 개발팀은 디바이스 연동이나 플랫폼 구축하는 작업을 계속해 왔고, 이제 프론트엔드front-end 개발을 본격적으로 시작한 다고 보면 된다.

한숨 돌렸다고 해서 UX 작업이 끝난 것은 물론 아니다. QA검증에 들어가기 전까지는 의도에 맞게 잘 적용이 되었는지, 디자인 시안은 제대로 반영되고 있는지 수시로 확인하고, 개발 중 이슈가 생기거나 상품기획팀을 통해 새로운 사양이 들어오면 중간중간 기획과 디자인을 수정해 나가는 작업도 계속 진행해야 한다.

이 프로젝트의 경우 인하우스와 에이전시 가릴 것 없이 상당히 촉박하게 멤버 전원이 고생하며 개발을 해서 겨우 일정을 맞춰 완료할 수 있었다. 이 일정을 참고로 해서 3개월이면 서비스 하나 만들 수 있는 게 아니냐고 생각하면 안 된다. 이 서비스는 어디까지나 데모 수준의 프로젝트였고, 상용 서비스였다면 훨씬 더 많은 시간과 검증이 필요하다. 급하게 개발한 서비스에는 기획에서든 개발에서든 구멍이 날 수밖에 없다는 것을 기억하고 적당한 일정을 잡아 진행해야 한다.

이 서비스는 어디까지나 하나의 사례이고, 모든 프로젝트는 각기 다른 상황을 갖고 있다. 예산 규모나 인력 차이, 개발 기간이나 목표 수준 등이 모두 다르기 때문에 참고 삼아 유연하게 대처해 나가면 된다.

12

UI 문서 작업

UX 기획 과정을 지나 UI 기획 단계에 접어들면 키스크린을 만들고, 프로젝트 멤버들과 의견을 나누며 수정을 거친다. 어느 정도 합의점 도달 후 본격적으로 SW 개발에 착수할 때가 되면 지금까지 해 온 작업을 UI 문서로 만들어 배포하고, 이 문서를 기반으로 디자인과 개발을 진행한다. 개발이 완료되면 UI 문서대로 서비스가 잘 구축되었는지 확인하는 QA 작업을 수행한다.

이처럼 중요한 작업임에도 불구하고 UX 업무 중 가장 하기 싫은 것을 꼽는다면 UI 문서 작업이지 않을까 싶을 정도로 귀찮고 복잡하며 아무도 알아주지 않는 작업이다. UX 담당자가 말하는 지긋지긋한 파워포인트 작업이 바로 이 과정이기도 하다. 키스크린 작업만 해도 되면 스케치로 하든 Adobe XD로 하든 심지어 손으로만 그려도 아무 상관없다. 하지만 UI 문서 작업 때문에 키스크린도 파워포인트로 그리곤 한다. 프로토타이핑 툴로 아무리 보기 좋게 그려도 결국 UI 문서 작업을 하려면 파워포인트에 옮겨 그려야 하기 때문이다.

물론 모든 서비스나 프로젝트에서 UI 문서를 만들지는 않는다. 한눈에 파악할 수 있을 정도의 소규모 서비스나 간단한 앱은 굳이 문서로 정리하지 않아도 충분히 만들 수 있다. 하지만 플랫폼 서비스처럼 여러 서비스가 연동되어 있거나 차량용 ANV Audio-Video Navigation 시스템처럼 여러 장비와 서비스가 묶여 있는 등 어느 정도 규모가 있는 서비스에는 반드시 필요하다. 그 밖에도 쇼핑이나 SNS, OTT 서비스 등 여러 개의 키스크린이나 depth를 가진 서비스는 UI 문서 작업을 해야 지속적인 관리가 가능하기 때문에 기업에서 제공하고 있는 앱이나 웹 서비스들은 거의 모두 UI 문서로 관리되고 있다고 보면 된다.

잘 만든 UI 문서는 개발사양서나 다름없을 정도로 상세하고 명확하다. 그렇게 작성하려면 서비스에 대해 속속들이 파악하고 있어야 하고, 구현 방법까지 알고 있어야 한다. 비록 재미없는 작업일지라도 UI 문서를 만들 줄 모르면 서비스 UX/UI를 한다고 볼 수 없다. 설계도를 그릴 줄 모르면서 집을 지을 줄 안다고 하는 것과 다름없다.

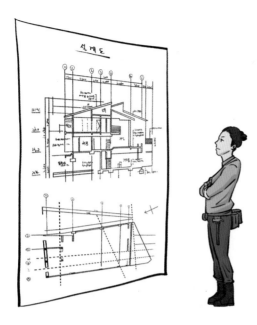

1. 문서 제목

문서 제목은 '서비스명_메뉴명_UI Guide_버전_배포일.ppt'로 한다. 서비스명은 해당 프로젝트 이름으로 하면 된다. 차량의 AVN 시스템을 예로 들면, Benz의 내비게이션 시스템 이름인 MBUX를 제목 맨 앞에 넣어주면 되는 것이다.

Benz 내비게이션 시스템 MBUX

다음으로 메뉴명은 전화, 내비게이션, 라디오와 같이 각각 독립된 아이템을 말한다. 전화에 관련된 UI 문서라면 그 제목을 'MBUX_Phone'이라고 해주면 된다. 그리고 이 아이템들은 AVN이라는 하나의 서비스 안에 속해 있기 때문에 서로 연동되거나 간섭하는 부분들이 생겨서 전체적으로 규칙을 세워줄 필요가 있다. 그러한 규칙들은 'MBUX_General'이라는 이름으로 별도의 문서를 만든다.

General 문서에는 검색이나 알림, 팝업 등 서비스 전반에 공통적으로 해당하는 UI와 규칙이 필요한 경우를 정리해 준다. 예를 들면 차에 시동을 켤 때 매번 서비스의 홈 화면을 보여줄 것인지 아니면 지난번 차의 시동을 끄기 직전까지 듣고 있던 미디어 화면을 띄워줄 것인지 등을 정해준다.

이러한 복합적인 사양들은 간단한 서비스에서는 그리 많지 않다. 하지만 포털 사이트나 OSOperating System, 차량 AVN 시스템 등 홈이라는 형태를 갖고 있는 서비스들에서는 양이 방대하고 매우 까다롭다. 여러 개발 부서가 얽혀 있어서 UX 담당자가 단독으로 결정할 수 있는 사양이 많지 않기 때문에 별거 아닌 것으로 보이는 사양이더라도 연관되어 발생할 수 있는 부작용side effect들을 검토하다 보면 많은 시간이 소요된다.

'서비스명_메뉴명_UI Guide_버전_배포일.ppt'에서 UI Guide를 붙여주는 이유는 개발사양서나 GUI Guide 문서도 비슷한 양식의 제목을 사용하기 때문에 그와 구분해 주기 위함이다.

버전은 v1.00, v1.01처럼 소수점 둘째 자리까지 쓰거나 한 자리인 v1.0, v1.1 정도로 쓰기도 한다. UI 문서에서 v1.0의 의미는 매우 큰데, 키스크린을 협의하는 단계에서는 v0.1, v0.2 정도로 표시하면서 점차 업데이트하고 개발팀과 디자인팀에 공식적으로 1차 UI 문서를 배포 할 때 v1.0을 달아 준다.

v1.0을 배포한다는 것은 변경 없이 이대로 출시하기로 협의한다는 뜻이다. 물론 하루에도 수십 개씩 이슈가 쏟아지는 마당에 현실적으로 말도 안 되는 일이지만, 공식적으로 사양 협의를 마쳤고 이대로 진행하겠다는 점을 찍고 지나가는 시점이라고 보면 된다.

v2.0이나 v3.0은 굵직한 업데이트가 있을 때 달아 준다. 그렇기 때문에 v1.0 배포 이후 프로젝트가 돌아가는 분위기를 보아하니 변경사항이 잦을 것 같으면 소수점 둘째 자리로 내려서 v1.00, v1.01로 해주고, 그렇지 않겠다 싶으면 v1.0, v1.1로 해주면 된다. 사실 변경사항이 그리 잦지 않을 거라는 예상은 늘 빗나가기 때문에 v100.0을 넘어가는 불상사가 발생하지 않으려면 v1.00으로 배포하는 것이 좋다.

국외 업체와의 협업시에는 날짜 표기 순서가 혼동되지 않도록 YYYYMMDD를 권장하기는 하지만, 국내에서만 사용할 문서라면 YYMMDD 정도로 표기해 준다.

정리해 보면 다음과 같은 형태의 제목으로 파일을 만들 수 있다.

- MBUX_General_UI Guide_v1.03_210122
- MBUX_Phone_UI Guide_v1.10_220314
- MBUX_Navigation_UI Guide_v3.01_211130

한 가지 유의할 점은 파일이 여러 곳으로 전달되거나 보관되는 과정에서 내용이 변경되지 않도록 문서는 PDF로 변환해서 배포하도록 하고, PPT 원본은 UX 담당자 본인이 직접 관리하도록 해야 한다. 그렇지 않으면 상품기획자나 개발자가 임의로 내용을 고쳐서 보고서에 쓰기도 하고, 협의용으로 쓰기 위해 살짝 수정하는 등의 과정에서 내용과 버전이 꼬여 버리는 일이 생기게 된다.

2. 표지

UI 문서 형식은 회사나 부서마다 차이는 있지만, 일반적으로 통용되는 형식과 순서가 있다. 표지부터 차례대로 살펴보자.

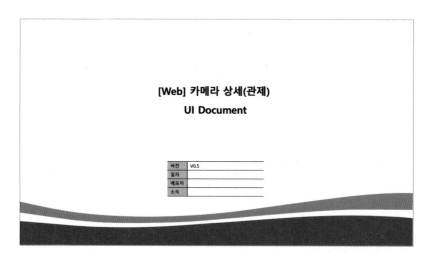

사내 공식 문서 표지 템플릿이 있다면 그대로 사용하고, 문서 제목에 기재했던 서비스명, 메뉴명, 버전, 날짜가 빠짐없이 포함되면 된다. 버전과 날짜가 파일명과 맞지 않거나 실수로 이전 버전 그대로 배포되어 버리면 회수하는 것도 불가능하고 혼선이 생기니 반드시 확인하고 나서 배포해야 한다.

문서 업데이트가 필요하거나 문의 사항이 있을 때 곧바로 연락할 수 있도록 배포자나 소속을 기재하는 것이 정석이지만, 엉망으로 굴러간 프로젝트여서 이름을 굳이 남기고 싶지 않거나 UI 문서에 이름이 있다는 이유만으로 개발팀이나 디자인팀으로 가야 할 온갖 이슈를 떠맡을 것 같다면 소속만 적어두기도 한다.

3. Revision History

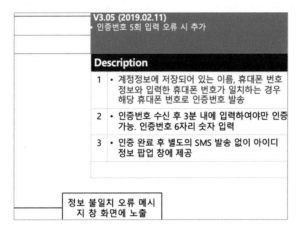

	V3.05 (2019.02.11) • 인증번호 5회 입력 오류 시 추가
	Description
1	• 계정정보에 저장되어 있는 이름, 휴대폰 번호 정보와 입력한 휴대폰 번호가 일치하는 경우 해당 휴대폰 번호로 인증번호 발송
2	• 인증번호 수신 후 3분 내에 입력하여야만 인증 가능. 인증번호 6자리 숫자 입력
3	• 인증 완료 후 별도의 SMS 발송 없이 아이디 정보 팝업 창에 제공
	정보 불일치 오류 메시지 창 화면에 노출

History Tag

변경된 내용이 있는 페이지 우측 상단에 버전과 날짜, 간단한 내용을 써서 포스트잇처럼 붙여준다. 이전에 붙여두었던 태그tag도 그대로 두기 때문에 같은 페이지에 여러 개의 태그가 붙을 수 있다. 그래서 구별하기 편하도록 버전별로 메모지의 색상을 다르게 한다. 버전이 많아지다 보면 색을 고르는 것도 한계가 있어서 전후 버전과 겹치지 않도록 해주고, 찾을 때는 Ctrl + F 로 날짜나 버전을 검색해서 찾으면 된다. 그리고 이 태그에 적힌 내용은 UI 문서 맨 앞에 있는 Revision History 페이지에 기재해 준다.

Revision History

Version	Date	내용	작성자
V2.88	2018.05.14	* 오래된 히스토리 삭제 및 불필요한 정보 삭제 24p - 출입통제 Tab 노출 정의 추가 32p - 메인화면에 노출되는 화면 (카메라 상태) 중 펌웨어 업데이트 상태 삭제 152p - 녹화 파일 없는 시간대 다운로드 시 노출 문구 및 에러 정의 추가, 녹화 파일이 존재하나 오류로 다운로드 받을 수 없을 시 문구 및 정의 추가 155p -내카메라 > 내 카메라 그룹 >, 카메라 명 오름차순으로 정렬 (공유된 카메라 우선순위 삭제)	
V2.89	2018.05.20	* 출입통제 UI 설계 통합 7p - 메뉴 구조도 변경(출입통제 병합) 12p - IA 추가 (출입통제) 28p - 언어 선택 Select box - SKT Site 만 제공 (추후 리소스 개선 후 반영) 32p - 펌웨어 업데이트 중인 카메라 상태 연결끊김으로 변경 165p - 공유하기 팝업 내 정렬 순서에 정책 변경 (공유된 카메라의 우선순위 삭제) 175p ~ 199p - 출입통제 UI 설계 통합	
V2.90	2018.06.12	67p - 정보 미입력 후 인증번호 발송 시 오류 메시지 노출 정의 변경 (desc 4) 69p - 정보 미입력 후 인증번호 발송 시 오류 메시지 노출 정의 변경 (desc5) 70p - 입력 정보 분실 후 비밀번호 찾기 방식 변경 시 정보 유지 및 삭제 정의 추가	
V2.91	2018.06.12	61p - 관리자 > 사이트 관리 > 인증 방법 설정에 따른 정보 노출 정의 추가 65p - 정보 미입력 후 인증번호 발송 시 오류 메시지 노출 정의 변경 (desc 4) 67p,69p - 관리자 > 사이트 관리 > 인증 방법 설정에 따른 아이드 찾기 팝업 노출 정보 보완 129p - 관리자 > 사이트 관리 > 인증 방법 설정에 따른 정보 노출 정의 보완 (desc 5) 131p - 관리자 > 사이트 관리 > 인증 방법 설정에 따른 정보 노출 정의 보완 166p - '신용해지' 대상자에게 공유 시 오류메시지 제공 정의 및 정책 보완 (공통, desc 4)	
V2.92	2018.07.05	157p -다운로드 유효기간 현행화 (시작 일시 삭제)	
V2.93	2018.07.06	32p - 펌웨어 업데이트 중 카메라 상태 정의 삭제 (desc2) 158p - 다운로드 불가 팝업 노출 프로세스 수정 (desc3, 정책)	
V2.94	2018.07.23	85p - 메인화면 추가 시 정의 변경 (정책) 86p - 메인화면 삭제 버튼 및 팝업 내용 추가 (desc2) 95p - 영상 내보내기 성공 시 메시지 팝업 추가 (desc3) 100p - 펌웨어 업데이트 팝업내 버튼 선택 시 동작 정의 변경 (desc5-2) 158p - 다운로드 파일명 정의 변경 (desc2) 169p - 카메라 등록코드 입력 제안 수정 (desc2-2)	
V2.95	2018.07.30	86p - 메인화면 삭제 버튼 및 팝업 내용 변경 (desc2)	
V2.96	2018.08.16	113p - 알림 종류에 따른 알림 내용 표출 정의 보완, 재생할 수 없는 영상에 대한 표출 방안 보완	
V2.97	2018.10.10	67, 69p - 인증번호 발송 완료 및 인증번호 요청 횟수 초과 안내 팝업 추가 71p - 현행화로 삭제	

Revision History 페이지에 지금까지의 모든 문서 변경 이력을 적어둔다. 기존 변경 사항을 간단히 남겨서 이력을 찾아야 할 일이 있을 때 모든 문서를 일일이 뒤져보지 않아도 찾을 수 있도록 해준다. 문서 내에 붙인 태그와 같은 색상으로 칸을 만들고 동일한 버전, 날짜, 변경 내용을 써주면 된다.

4. 목차

Table of Contents

1. General

1.1.1 메뉴 구조도

1.2.1 메뉴 영역 정의

1.3.1 카메라 상세(관제) 정책 – 상태 정의

1.3.2 카메라 상세(관제) 정책 – 타임라인 및 영상 모드 별 정의

2. Key Screens

2.1.1 화면 영역 정의

2.2.1 카메라 설정 영역 (1/2)

2.3.1 영상 영역

2.3.2 영상 영역 – 상태 표시

2.4.1 영상 정보 및 기기 조작 영역 (1/3)

2.5.1 영상 조작 영역 (1/3)

2.5.2 영상 조작 영역 – 썸네일뷰 팝업 정의

2.6.1 영상 조작 영역 (1/4)

2.7.1 알람 리스트 영역

3. UI Flow

3.1.1 펌웨어 업데이트

3.2.1 영상 다운로드 요청

3.3.1 타임라인 Flow

3.4.1 타임라인 – 알람 리스트 연동

[Appendix]

1. 메인 화면 관리 팝업

2. 카메라 정보 팝업

3. 카메라 설정 페이지

목차 정리도 파워포인트로 하는 무식한 작업 중 하나이기도 하다. 사양이 변경돼서 옵션이 늘어나고, 2.4.1과 2.4.2 사이에 추가로 들어가야 하는 상황이 되면 수동으로 하나씩 뒤로 끌어 옮겨주고, 오와 열을 맞춰 준다.

초반에는 깔끔하게 페이지 자동 매김 기능을 사용해 타이틀 옆에 페이지 번호도 표시해 보기도 하지만, 수백 페이지 문서가 중간에 꼬여버리면 수습하느라 한참 시간을 버려야 하기 때문에 과감히 페이지 번호는 포기하고 목차에는 타이틀 번호와 제목만 기재해서 찾기 쉽도록 정리해 둔다.

문서를 더 깔끔하게 만들고 자동화를 해보려 인디자인InDesign도 사용해 봤지만, 빨리빨리 문서 만들어서 배포해야 하는 일정 속에서 정리를 위한 정리 작업이 또 가중되어 버리다 보니 결국엔 파워포인트로 돌아올 수밖에 없었다.

5. Explanation Note

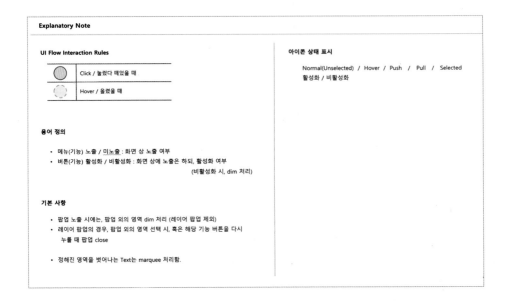

'Explanation Note'라는 거창한 제목이지만, 실제 내용은 '기타 등등'으로 보면 된다. 공통
적으로 적용되는 내용이지만 본문에 넣기는 애매한 것과 UI 문서를 읽기 위해 필요한 지
침사항 등을 기재한다.

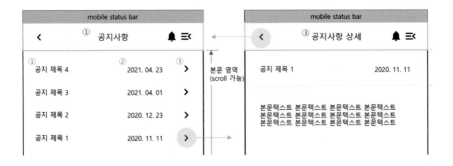

예를 들어, 문서 내에 버튼을 누르면 어떤 결과를 보여줘야 하는지 등 이런 흐름을 표시해
줄 때 어떻게 할지 정리한다. 해당 버튼에 반투명원을 그리고 화살표를 표시 해줄 때 한
번 누르면 동작하는지, 두 번 눌러야 하는지 혹은 오랫동안 누르고 있어야 하는지 등 필요

한 동작이 다를 수 있다. 그때마다 텍스트로 설명을 써주면 문서가 지나치게 복잡해지고 키스크린과 설명 글이 뒤섞여 버리게 된다.

그래서 UI 인터랙션Interaction 표기법을 기재해 준다. 누가 봐도 이해할 수 있을 적당한 이미지로 표시하면 되고, 직접 손 모양 이미지를 넣어 주기도 한다.

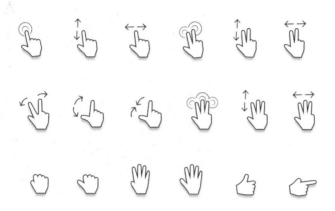

일반적으로는 선택click, 더블클릭, 홀드hold, 넘기기flicking, 두 손가락two finger 등 10개 이내 동작을 사용하지만, 그 밖에 디바이스에 따라 동작이나 음성, 표정 등을 사용하는 NUINatural User Interface를 사용하기도 한다. UI 문서 앞단에 표기 방법을 명확히 정의해 둬야 문서를 작성하거나 참고하는 여러 사람이 혼선을 겪지 않는다.

그리고 정리된 인터랙션을 참고해서 개발자는 이 서비스에 이러한 인터랙션이 사용되는 구나를 짐작하고 초기 설계에 참고하기 때문에 서비스에 쓰인 모든 인터랙션을 빠짐없이 잘 정리해 두도록 한다.

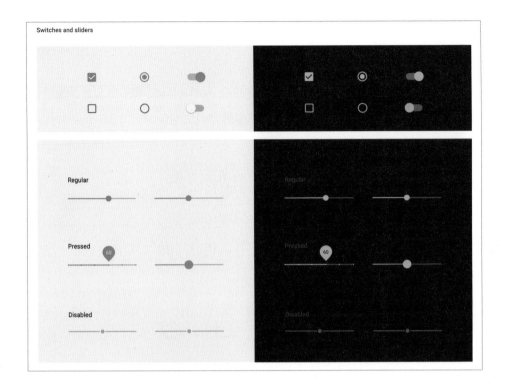

Explanation Note에는 인터랙션 외에도 화면 내에 사용되는 요소component를 정의해 두기도 한다. 요즘은 안드로이드나 iOS 기준으로 많이 정리되어 있기도 하고, 디자인 문서에서 취합해서 정의하는 경우가 많아 반드시 해야 하는 것은 아니다. 일반적인 사용법과 다르게 쓰이거나 독특한 UI 요소를 넣었다면 이 페이지에 기재해 주면 된다.

6. 메뉴 트리

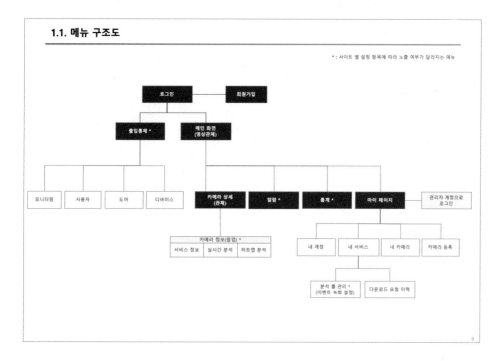

1.1. 메뉴 구조도

* : 사이트 별 설정 항목에 따라 노출 여부가 달라지는 메뉴

이 페이지부터 본격적으로 서비스에 대한 상세 UI 기획 내용이 포함된다. 메뉴 트리는 키 스크린을 기준으로 서비스 전체가 어떻게 구성되어 있는지를 보여주는 일종의 표table이다.

메뉴 트리는 서비스 규모를 짐작할 수 있는 지표이기도 하고, 에이전시 계약 시 단가를 산정하는 기준이 되기도 한다. 아무리 잦은 변경을 하는 서비스라도 메뉴 트리가 변경되는 일은 드물다. 만약 메뉴 트리를 수시로 뜯어고치고 있다면, 애초에 UX 기획이 부실했거나 프로젝트 진행 자체에 문제가 있는 건 아닌지 돌아볼 필요가 있다.

General Rule

General Rule은 서비스 전반에 걸쳐 적용되어야 하는 고정불변의 공통 규칙을 정리해 두는 것이다. 우선 화면 크기나 홈 버튼 위치, 상단 내비게이션 바 영역 등 서비스 내의 어느 페이지로 이동하더라도 변하지 않아야 하는 사양들을 정리하고, 다음으로는 용어나 조건 등 서비스 전체에 일관되게 사용되어야 하는 사양을 정리한다.

1. 영역 정의

문서 작업 처음부터 General Rule 페이지를 완벽히 정리하는 것은 당연하게도 불가능하다. 기본적인 화면 영역이나 버튼, 아이콘 위치 정도를 정해 두고 키스크린 페이지를 정리해 나가면서 배포 전까지 지속적으로 업데이트를 하면 된다. 물론 한 번 General Rule로 정해서 개발자나 디자이너에게 배포한 다음에는 가능한 한 바꾸지 말아야 한다. 파워포인트에서 버튼 위치 하나 바꾸고, 타이틀 방향 조금 바꾸는 일은 1분도 안 걸리는 일이지만, 개발이나 디자인에서는 전체적인 구조를 다시 잡아야 하는 큰 작업이기 때문이다.

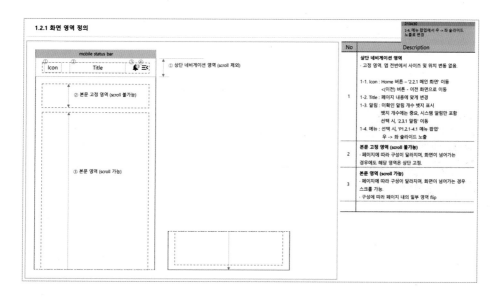

화면 영역 정의 예시를 살펴보자. ① 상단 내비게이션 영역은 스크롤을 하더라도 상단에 고정으로 위치한다. ① Icon에는 홈 버튼이나 이전 버튼이 위치하고, ② Title에는 각 페이지 제목이 위치한다. 그 옆으로는 알림 아이콘과 메뉴 아이콘이 있다. 이렇게 정해진 상단의 내비게이션 영역은 1st depth이든 2nd, 혹은 3rd depth가 되어도 변함없이 일관되게 적용되어야 한다. 일부 서비스를 보면 이전 버튼이나 메뉴 버튼이 페이지마다 다르게 위치하는 경우가 있다. 좌측 상단에 있다가 하단으로 내려오기도 하고 페이지에 내용이 많으면 없어지거나 숨겨지는 경우도 있다. 당장은 보기에 넓어 보이고 디자인적으로 좋아 보일 수도 있지만, 결국 사용하기 불편하다는 평가를 받을 수밖에 없다. 특히 내비게이션 바를 숨겨두는 것은 동영상 시청처럼 불가피한 경우가 아닌 이상 오작동 할 가능성이 높아서 사용자의 불평을 유발하기 마련이다.

① Icon은 그 안의 내용이 가변적으로 변하는 영역인데, 홈 아이콘만 위치하는 것이 아니라 때에 따라 이전 버튼으로 바뀐다. 이럴 때는 위치만 고정해 주고 내용을 표시해 주면 된다. 다만, 그 위치와 영역 크기는 페이지에 상관없이 일관되게 고정되어야 한다.

만약 휴대폰 상태표시 영역처럼 여러 개의 아이콘이 가변적으로 나오는 곳이라면, 한번에 나올 수 있는 최대치와 확장성을 고민해야 한다. 단순하게 6개의 아이콘을 표시할 만큼의 공간, 위치를 만들어 두는 것이 아니라 표시될 아이콘들에 대한 사양을 파악해서 배치해야 하는 것이다.

예를 들어, 여섯 칸에서 2개 아이콘은 항상 필수적으로 표시되어야 하고, 상황에 따라 나머지를 표시할 수 있다면, 표시할 아이콘이 3개 이하일 때는 하단을 비워 둘지 아니면 중앙에 정렬할 것인지 정해줘야 하고, 4개 이상일 때는 2줄로 나눠 위아래에 2개씩 표시할지 아니면 상단에 3개, 하단에 1개를 표시할지를 정해줘야 한다. 그리고 6개가 넘어가면 나머지는 생략할 것인지 아니면 마지막 여섯 번째 칸에 말줄임표(...)를 사용할 것인지도 고민해서 정리해 둬야 한다. 제대로 된 UI 설계를 하고 싶다면, 개발자가 알아서 해주길 기대하기보다 개발자가 UI 문서만 봐도 더 이상 질문을 할 필요가 없게끔 꼼꼼히 작업해야 한다.

다음으로는 ② 본문 고정 영역(scroll 불가능)과 ③ 본문 영역(scroll 가능)을 보자. 여러 페이지를 작업하다 보면, 리스트 형태 중 상단에 정렬sorting 등을 할 수 있도록 고정 영역이 필요한 경우가 있고, 환경설정처럼 본문 영역 전체가 스크롤 될 수 있도록 고정 영역이 필요 없는 경우가 있다.

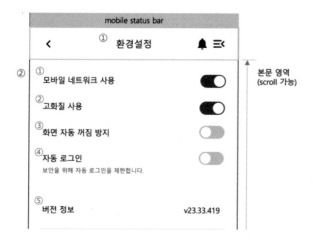

고정 영역 위치는 서비스마다 다를 수 있다. 상대적으로 디스플레이 사이즈가 여유로운 PC 브라우저나 태블릿이라면 좌측에 고정 영역이 있을 수도 있고, 모바일 앱이라면 하단에 고정된 메뉴 바가 있기도 한다.

General Rule 화면 영역 정의는 간단해 보이지만, 결코 간단한 작업이 아니다. 서비스의 전체 페이지에 대한 그림이 어느 정도 그려져서 예외 사항 없이 적용할 수 있다는 것을 확인해야 한다. 변경하기 어려운 건물의 뼈대를 세우는 작업이다. 2층 집 철골조를 다 세웠는데, 1층 차고의 높이가 부족하다며 전체적으로 높이를 높여달라고 하면 어느 누가 같이 일하고 싶어 하겠나. UI 설계를 대충 하면 대충 한 만큼, 아니 그 이상으로 개발자가 고생한다는 것을 명심해야 한다.

2. 기본 정의

여러 페이지에 걸쳐 얽혀 있어서 키스크린 페이지에 기재하는 것이 불가능한 사양들을 정리해 두는 곳이다. 예를 들어, 서비스에서 유료 기능을 사용하는 데는 다양한 조건이 있을 수 있다. 유료로 이용하고 있는 회원들은 당연히 사용이 가능해야 하지만, 아직 비용을 내지 않은 고객들에게는 맛보기로 일단 모두 보여주고 그중 일부 기능만 제한적으로 사용할 수 있게 할 수도 있고, 아예 보이지 않게 막을 수도 있다.

유료 기능은 서비스 전반에 걸쳐 여러 가지가 있기 때문에 키스크린마다 매번 기재해 주는 것은 비효율적이기도 하고, 다음에 사양이 바뀌면 모든 페이지를 찾아 내용을 바꿔줘야 한다. 미처 바꾸지 못한 페이지가 있기라도 하면 유료 기능이 모든 고객에게 공개되어 버리는 대참사가 발생하기도 한다.

1.3.1 카메라 상세(관제) 정책 – 상태 정의

카메라 상태 정의 및 상세 화면 구성

Case 번호 및 정의		카메라 상태	서비스 상태	상세 화면 진입 가능 여부	상세 화면	
					실시간 영상	팝업
Case 1	카메라와 연결되지 않은 상태	인증 대기	이용 중	X	안내 문구	-
Case 2	카메라가 연결되었으나 녹화가 되지 않는 상태	연결		O	-	-
Case 3	카메라의 펌웨어가 업데이트 진행 중인 상태			O	안내 문구	-
Case 4	카메라가 연결되고 녹화가 진행 중인 상태	녹화 중		O	-	-
Case 5	특정 오류로 인해 카메라 정보를 호출하지 못한 상태	연결 끊김		O	안내 문구 · N초 후 재 연결 시도 · 새로 고침 기능 제공	-
Case 6	카메라 이용을 중지한 상태	서비스 중지		O	안내 문구	P2.3.2-1 [case 6]
Case 7	카메라를 해지하여 삭제 예정인 상태	서비스 해지		O	안내 문구	P2.3.2-2 [case 7]
Case 8	서비스 해지를 하여 카메라가 삭제 예정인 상태		해지 유지	O	안내 문구	P2.3.2-3 [case 8]

잘 사용하면 문서 작업을 효율적으로 할 수 있는 페이지이지만, 주의할 점은 조건이나 상태를 나타내는 용어들이 반드시 개발팀의 개발사양서와 일치해야 한다. 예를 들어, 서비

스 '중지' 상태인 사용자와 '해지' 상태의 사용자가 동일한 조건으로 서비스를 사용하고 있다고 해서 대충 하나로 합쳐 기재해서는 안 된다.

당장 눈에 보이는 차이는 없어 보여도, 중지와 해지 고객은 시스템적으로나 영업적으로 차이가 있어서 싱크sync를 맞추지 않으면 다음에 일이 복잡해질 수 있다. 특히 기본 조건에 기재하는 내용은 개발팀과 의논하거나 자료를 요청해서 일치하도록 작성해야 한다.

간혹 문서에 작성하는 용어들을 대충 사용하는 UX 담당자들을 볼 수 있는데, 용어는 반드시 문서와 서비스 전반에 걸쳐 일관되게 쓰여야 하고 개발사양서와 가능한 – '반드시'라고 말하고 싶지만, 현실적으로 쉽지 않은 일이다 – 일치하도록 해야 한다. 단순한 앱이나 서비스는 개발 인원 규모가 작기 때문에 이심전심으로 해결해도 큰 문제가 없지만, 규모가 커지고 관계가 복잡해지면 용어 하나가 나비효과를 불러일으키기도 한다.

STEP3 키스크린

키스크린은 말 그대로 서비스에서 메인 페이지를 뜻한다. 일반적으로 메뉴 트리 맨 윗줄인 1st depth에 위치한 각 페이지(블록)들이라고 보면 된다. General Rule에 정리해 둔 규칙을 기반으로 각 페이지에 속한 세부 기능들을 배치하며 채워 나가면 된다.

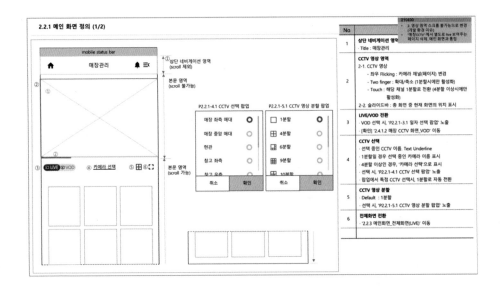

키스크린 UI 문서를 작업할 때, 일반적으로 좌측 2/3에는 화면 영역 구성과 요소component 들을 배치한 설계도면을 그려주고, 우측의 나머지 1/3에는 각 요소에 대한 정의와 구체적인 사양들을 적어 둔다description. 키스크린 UI 문서에는 각각의 요소에 대한 설명이 빠짐없이 명확하게 적혀 있어야 한다.

화면 내에 있는 어떤 버튼을 눌렀을 때, 사용자에게 줄 피드백 효과를 포함해서 팝업이 열린다거나 다른 페이지로 넘어간다거나 하는 등 모든 액션이 설명되어 있어야 하고, UI 문서에 기재할 때는 개발자와의 협의가 끝나 구현이 가능한 것만 넣어야 한다. 혹 UI 문서를 기반으로 개발 협의를 진행하고자 한다면, v0.1이나 v0.2와 같이 문서의 버전을 1.0 미만으로 적도록 한다.

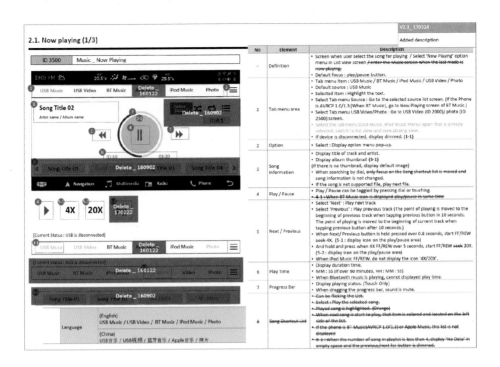

키스크린에서 사양이 삭제되었다면 문서에서 아예 지워버리는 것이 아니라 언제 삭제되 었는지와 그 흔적을 남겨 둔다. 그리고 해당 사양이 있는 부분은 문서 내에서 모두 찾아 동일하게 삭제 표시를 해야 한다. 예를 들어, 4배속 버튼이 사라졌다면 키스크린에서만 삭제 표시를 남기는 것이 아니라 문서 내 4배속 버튼이 있는 모든 이미지를 찾아서 동일하 게 처리해 주어야 한다.

사양 하나가 삭제되었을 때, 심하면 수십 페이지에 표시를 해야 하기도 하는데 그 수십 페 이지를 찾아내기 위해 수백 페이지를 뒤져야 한다. 이 부분이 PPT의 가장 큰 장점이자 최 악의 단점이다. 삭제 표시하고 삭제 이유를 남겨서 히스토리 관리를 할 수 있다는 장점은 있지만, 문서 관리를 위해 매번 수백 페이지를 뒤지는 어마어마한 시간 낭비를 해야 한다 는 단점이 있는 것이다. 이렇게 삭제하고 추가되는 사양들이 늘어나다 보면 문서가 점점 누더기가 되어 가곤 한다.

삭제된 사양을 굳이 계속 남겨둘 필요가 있는지에 대한 의문이 생기겠지만, 장기적으로 운영하는 서비스는 히스토리 관리가 매우 중요하다. 예를 들어, 2020년도에 A라는 기능이 있었는데, 운영해보니 시스템 구조상 이유로 잦은 에러가 발생해서 결국 사양을 삭제했다고 하자. 몇 년이 지나 멤버들이 모두 바뀌고 그 일을 아무도 기억하지 못할 때쯤 누군가가 왜 A 기능은 없는 거지? 라며 다시 넣었다가 결국 다시 빼는 작업이 주기적으로 벌어질 수도 있고, 백지부터 검토해야 하는 일도 문서에 그 기능에 대한 흔적과 삭제 사유가 남겨져 있다면 인력과 시간을 훨씬 절약할 수 있다.

그리고 냉정한 일이지만 큰 규모의 프로젝트에서는 기획, UX, UI, 디자인, 프런트 개발, 백엔드 개발 등이 개인이 아니라 팀 단위로 움직이기 때문에 이슈가 발생했을 때 변경된 시점과 이유를 찾아 귀책 팀에게 책임을 지우기도 한다. PPT에서 벗어날 수 없는 가장 큰 이유이기도 하다. 유지보수 업무가 주는 스트레스의 절반은 파워포인트 작업 때문이 아닐까 싶기도 하지만, 히스토리 관리 문제가 해결되지 않는 이상 당분간은 벗어나기 쉽지 않을 것 같다.

STEP 4 UI Flow

UIUser Interaction Flow는 말 그대로 사용자User와 서비스 간의 상호작용Interaction이 어떻게 흘러가는지flow 보여주는 것이다.

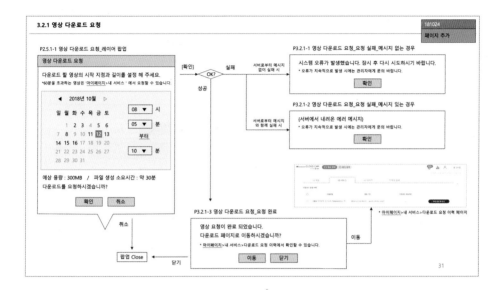

모든 플로우를 문서에 표기할 필요는 없고, 따로 정리하지 않으면 혼선이 생길 것이 분명한 부분들만 그려주면 된다. 예를 들어, 파일을 다운로드하는 버튼을 눌렀을 때 팝업을 띄워 지금 페이지에 남아 있을지 아니면 다운로드 리스트를 보여주는 페이지로 이동할지 선택하게 할 수 있다. 그리고 다운로드에 실패 했을 때는 실패 원인에 따라 다른 내용의 팝업을 띄우고, 지금 페이지에 남거나 문제를 해결할 수 있도록 설정 페이지로 이동하게 할수 있다.

다운로드 버튼을 누르는 간단한 동작이지만, 다음 단계는 많으면 10개 이상으로 갈라질수 있다. 이 모든 내용을 키스크린 description에 구구절절 표시하면 텍스트가 너무 많아져서 개발자가 읽기도 이해하기도 어려워진다. 결국 파악하기를 포기하고 대충 알아서 개발을 진행해 버리면 여기저기 구멍 난 서비스가 될 수밖에 없다.

UI 기획을 하는 입장에서도 키스크린만 그릴 때는 생각하지 못했던 문제들을 발견할 수 있어서 깔끔하게 도식화해 UI Flow에 정리해 주면 서비스의 사용성을 훨씬 높일 수 있다.

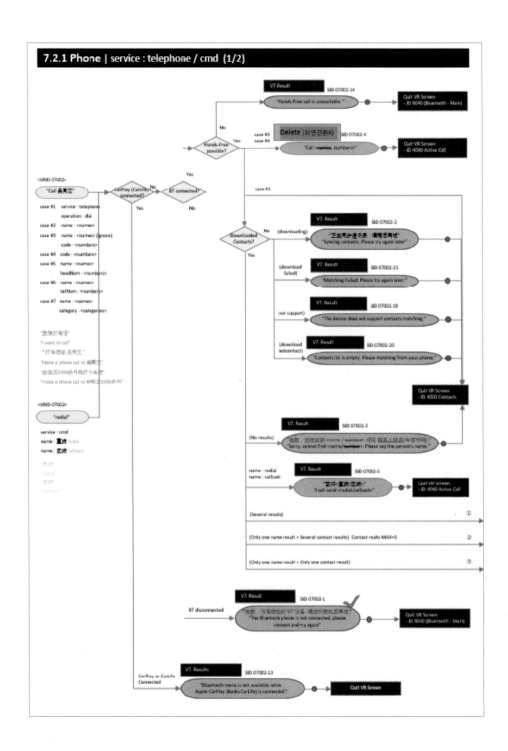

음성 인식은 눈에 보이는 화면이 없기 때문에 UI 문서에 키스크린 페이지가 없고, UI flow 페이지만 있기도 하고, 애초에 파워포인트가 아닌 엑셀로 정리하기도 한다.

UX 기획자 중에 키스크린 작업은 잘하지만, UI flow 작업을 소홀히 하는 경우가 종종 있다. 아예 UI 문서에 UI flow 페이지가 없는 경우도 있고, 심지어 개발자가 하는 일 아니냐고 되묻는 기획자도 있다. UI flow를 그릴 줄 모른다는 것은 서비스를 수박 겉핥기 식으로만 이해하고 있는 것과 마찬가지이다. 당연히 UI 기획자가 챙겨야 하고, 잘 해내야 하는 작업이다.

STEP5 E.O.D

마지막으로 문서의 마지막을 표시하는 E.O.D.End of Document 페이지를 넣으면 UI 문서가 마무리된다.

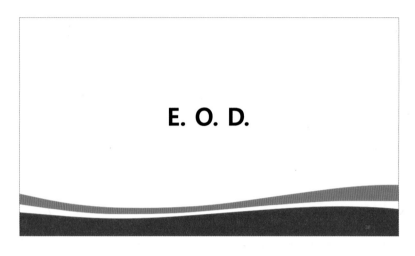

UI 문서를 만들 때 유의할 점이 몇 가지 있다.

- 이미지를 통으로 넣지 말아야 한다: 간혹 스케치나 포토샵 등에서 작업한 키스크린 이미지를 그대로 넣는 경우가 있다. 그렇게 하면 수정이 필요할 때 상당히 번거로워진다. 기획 단계에서 프로토타입 툴로 기껏 멋지게 키스크린을 만들어 놓고서 정작 UI 문서에는 흑백 와이어프레임으로 다시 그리는 이유이기도 하다.
- 처음부터 깔끔하게 정리해야 한다: 아무리 깔끔하게 정리해도, 버전이 늘어나면 점점 누더기가 되고 복잡해지기 마련이다. 하물며 처음부터 정신 없이 만든 문서는 조금만 지나도 수습이 불가능해져 버린다.
- 배포 버전 끊어가기: 배포를 자주하게 되면 아무도 신경 쓰지 않는 상태가 되어 버린다. 작은 수정 사항은 개발자와 협의해서 문서 배포 없이 먼저 개발을 진행하고, 많이 쌓였을 때 모아서 한 번에 배포하는 것도 한 방법이다. 일주일에 두어 번씩 문서를 배포하면 스팸 메일처럼 여겨지기 마련이다.

문서는 개발 현황과 일치해야 한다. 그래야 UI 문서를 기준으로 QA를 진행할 수 있다. 사양이 바뀌었을 때 문서는 문서대로 배포하고, 개발자는 개발자대로 진행하는 식의 말 그대로 너는 너대로 나는 나대로의 상황이 돼서는 안 된다. 문서가 배포되는 시점에는 개발자와 일정 및 반영 여부에 대한 협의가 끝나서 개발 반영이 확정되어 있어야 한다.

그렇지 않으면 UI 문서를 기준으로 test case를 만든 QA 팀에서 서비스에 제대로 반영되지 않았다고 이슈로 올리게 된다. 개발이 앞서갔든 UI 문서가 앞서갔든 양쪽 모두 문제가 된다. 이슈로 올라오면 그에 대해 해명을 하고, 수정하고 다시 올려서 테스트해야 한다. 시점만 확인했으면 생기지 않았을 이슈인데도 불구하고, 모두를 지치게 만드는 악순환이 계속된다. 그렇기 때문에 UX/UI 담당자는 초반 작업을 해서 넘기고 끝이 아니라 서비스가 문을 닫을 때까지 손을 놓을 수가 없다.